Horst Zank

STALINGRAD

Kessel und Gefangenschaft

4. Auflage

SEIT 1789

Verlag E.S. Mittler & Sohn · Hamburg · Berlin · Bonn

Bildnachweis:
Umschlag: Stalingrad November 1942. Russische Soldaten gehen gegen die eingeschlossene deutsche 6. Armee vor.
Stalingrad Januar/Februar 1943. Deutsche und rumänische Soldaten ziehen nach der Kapitulation in russische Gefangenschaft.

Fotos: Ullstein Bild

Inhalt: Die Abbildungen stammen aus der Sammlung des Verfassers.

Skizzen: Erik Bauer, Potsdam.

Ein Gesamtverzeichnis der lieferbaren Titel der Verlagsgruppe Koehler/Mittler schicken wir Ihnen gern zu.
Sie finden uns auch im Internet: www.koehler-mittler.de

Bibliografische Information Der Deutschen Bibliothek
Die Deutsche Bibliothek verzeichnet diese Publikation in der Deutschen Nationalbibliografie; detaillierte bibliografische Daten sind im Internet über http//: dnb.ddb.de abrufbar.

ISBN 3-8132-0831-1

Gesamtherstellung: Hans Kock Buch- und Offsetdruck GmbH, Bielefeld
Printed in Germany

Inhaltsverzeichnis

Vorwort

Vieles ist und wird geschehen in den Tagen vom 19. November des einen Jahres bis zum 2. Februar des anderen Jahres, aber immer werden diese sechsundsiebzig Tage und Nächte der Jahre 1942 auf 1943 in der Geschichte mit dem Namen »STALINGRAD« verbunden und belastet bleiben.
In vielen Ländern der Erde sind Millionen deutscher Soldaten während und nach dem Zweiten Weltkrieg in der Kriegsgefangenschaft gewesen. Aber immer werden davon Tausende aus Stalingrad mit dem Stempel – »Vermißt« – versehen bleiben, von denen nicht einmal ihre Gräber zu finden sind.
Einst waren es in und um Stalingrad 250.000 Männer, die dort mit der 6. Armee in einem Kessel eingeschlossen waren. 123.000 waren es noch, die am Ende der Schlacht an der Wolga hungernd und frierend in die russische Gefangenschaft gezogen sind.
Von Jahr zu Jahr werden es immer weniger lebende Zeitzeugen, die bei den wenig mehr als 5.000 waren, die viele Jahre später wieder in die deutsche Heimat zurückgekehrt sind.
Alle die, die aus Stalingrad und der Gefangenschaft in das Leben zurückkehren konnten, sind in ihren Erinnerungen und Träumen oft zurückgegangen in diese Tage und Nächte der grausamen Schlacht zwischen Don und Wolga und in die zermürbenden Jahre hinter Stacheldraht in den Weiten Rußlands.
Einer der 5.000 Überlebenden aus Stalingrad und der russischen Gefangenschaft hat hier einiges von dem niedergeschrieben, was er und wie er es in diesen Jahren von 1942 bis 1949, zwischen seinem 23. und 30. Lebensjahr erlebt und erlitten hat.
Es soll denen, die nicht dabei waren, und denen, die danach gekommen sind und noch kommen und hoffentlich niemals ein derartiges Schicksal erleben werden, ein wenig verständlich machen, welche Not über die Menschen kommt, wenn sie einem Geschehen ausgeliefert sind, das sie nicht mehr selbst bestimmen können. Es soll aber auch aufzeigen, daß es selbst in Zeiten größter menschlicher Not und bedrükkender Unfreiheit gelingen kann, nicht zu verzweifeln und wie ein Einzelner allein und in einer Gemeinschaft mit dem unausweichlichen Schicksal fertig geworden ist.
Vieles von dem, was hier berichtet wird, war unvermeidlich, aber trotzdem war so Manches dem möglich, dem Kraft und Glauben geschenkt wurde.
Wer diese Berichte liest, mag sich erschüttert abwenden – sich glücklich schätzen, nicht selbst dabei gewesen zu sein – oder diejenigen verdammen, die sich nach seiner Ansicht schwere Schuld aufgeladen haben.
Über Stalingrad und die russische Gefangenschaft ist schon viel gesagt und geschrieben worden. Manches von Autoren, die es selbst erlebt haben, und beim Schreiben um Authentizität bemüht waren, oder von Anderen, die ihr eigenes Tun

und Lassen glaubten nachträglich rechtfertigen zu müssen, oft auch von Außenstehenden, die das Geschehen und die Auseinandersetzung damit aus unterschiedlichen Gründen weitergeben wollten, wobei Dichtung und Wahrheit zuweilen ineinander übergehen.
Kriegsgeschichtliche Abläufe und Hintergründe der Schlacht um Stalingrad sind in oft mühsamer Arbeit zusammengetragen und analysiert worden. Wertvolle Dokumentationen sind das Ergebnis dieser verdienstvollen Bemühungen.
Hier wird der Versuch unternommen, das Geschehen im Kessel, in der – »Festung Stalingrad« – vor dem Hintergrund des kriegsgeschichtlich aufgearbeiteten Ablaufes so von einem Einzelnen wiederzugeben, wie er es in diesen sechsundsiebzig Tagen und Nächten mit seinem Grenadier-Regiment erlebt und überlebt hat.
Die Zeit danach wird ebenso als Einzelerlebnis einer fast siebenjährigen Gefangenschaft aufgezeichnet – als Weg durch diese endlosen Jahre hinter Stacheldraht – anhand der in Erinnerung gebliebenen Ereignisse.
Im Zusammenhang mit dem Bericht über die russische Gefangenschaft werden auch politische Vorgänge behandelt, mit denen deutsche Kriegsgefangene in der Sowjetunion konfrontiert worden sind. Bei dieser bis dahin wohl noch nie so massiv versuchten Politisierung von Kriegsgefangenen haben nicht wenige deutsche Soldaten eine bemerkenswert aktive Rolle gespielt. Deshalb soll dazu beigetragen werden, etwas mehr Licht in diese, oft nur einseitig dargestellten und bewerteten Vorgänge zu bringen. Gleichzeitig soll das Verständnis für diejenigen verbessert werden, die sich in der russischen Kriegsgefangenschaft nicht zu Handlangern einer kommunistischen Propaganda und stalinistischer Machtpolitik machen ließen.
Der Weg, den Millionen deutscher Soldaten durch den Zweiten Weltkrieg und durch eine Kriegsgefangenschaft gehen mußten, ist so unübersehbar und unterschiedlich verlaufen, daß es dafür kein allgemein zutreffendes Bild geben kann.
Daher kann und soll dieser Bericht lediglich ein Beispiel für ein Einzelschicksal sein, ohne den Anspruch erheben zu wollen, besonders herausragende oder weniger bedeutend erscheinende Ereignisse in einer einzig möglichen Form aufgegriffen zu haben. Gegenüber manchen anderen, schwereren und tragischeren, ja auch grausameren Schicksalen muß er sogar weniger bedeutsam erscheinen. Vielleicht kann er aber wenigstens etwas dazu beitragen, alle diejenigen Soldaten nicht zu vergessen, die diese Jahre des Krieges und der Gefangenschaft nicht überlebt haben.
Am 22. August 1985 – fast auf den Tag genau als 43 Jahre davor, am 23. August 1942, die ersten Soldaten des Panzer-Regiments 2 der 6. Armee nördlich von Stalingrad die Wolga erreichten – war es für den Verfasser dieses Berichtes ein unvergeßliches Erlebnis, auf der Höhe 102 in Stalingrad zu Füßen des Monuments einer namenlosen, um ihren gefallenen Sohn trauernden Mutter einige Blumen zum Gedenken an seine Kameraden niederlegen zu können, die nicht mehr aus Stalingrad und der russischen Kriegsgefangenschaft nach Hause zurückgekommen sind.

Der Verfasser

Vorwort zu der 3. Auflage

Seit dem Erscheinen dieses Buches 1993 über die Schlacht um Stalingrad und die sowjetische Kriegsgefangenschaft hat diese kriegsgeschichtliche Tragödie 1942/43 immer wieder in der in- und ausländischen Öffentlichkeit erstaunlich weite Beachtung gefunden. Zahlreiche Fernseh-, auch Filmproduktionen und vielfache Publikationen haben sich mit diesem Thema und den daran Beteiligten auseinandergesetzt.

Gerade inzwischen zugänglich gewordene Dokumentationen, insbesondere aus russischen Archiven, haben dazu Anlaß gegeben.

Aber auch die ständig geringer werdende Zahl noch lebender, kompetenter Zeitzeugen tritt dabei nachdrücklich in Erscheinung.

Stets wurden dabei die Zeitzeugenausführungen in diesem Buch als zutreffendes und beeindruckendes Beispiel bestätigt. Daher ist das Erscheinen einer überarbeiteten und ergänzten dritten Auflage besonders begrüßenswert.

Das unveränderte Anliegen, mit diesem Buch dazu beizutragen, die aus Stalingrad und der Gefangenschaft nicht mehr zurückgekehrten Soldaten nicht in Vergessenheit geraten zu lassen, wurde nun nach über 56 Jahren eindrucksvoll durch eine zentrale Kriegsgräberstätte des Volksbundes Deutsche Kriegsgräberfürsorge im ehemaligen Kessel von Stalingrad, in Rossoschka, unterstützt. In diesem Sammelfriedhof haben auch Angehörige meines GrenRgt 673 eine letzte, würdevolle Ruhestätte gefunden.

Aber auch für die Bemühungen um eine verständnisbereite Aussöhnung mit den damaligen Gegnern leistet dieses Buch einen Beitrag, indem es in dem großen russischen Armee-Museum zu der Schlacht um Stalingrad im heutigen Wolgograd aufgenommen worden ist.

Bonn, im Jahr 2000 *Horst Zank*

Zur Geschichte des Grenadier-Regiments 673

Im Frühjahr 1942 wurden im Bereich des Oberbefehlshabers *West* in Frankreich vier Infanterie-Divisionen der 19. Welle aufgestellt. Die Bezeichnung dieser sogenannten »Wellen« ergab sich aus der seit Kriegsbeginn laufend fortgesetzten Aufstellung weiterer Verbände des Heeres, die im August/September 1939 mit der bereits im Frieden vorbereiteten Mobilmachung von Reserve-Divisionen der 1. bis 3. Welle begonnen hatte.
Zur 19. Welle gehörte außer der 370., 371., 377. auch die **376. Infanterie-Division.**
Von den drei Grenadier-Regimentern 672, 673, 767 dieser neuen 376. Division wurde das **Grenadier-Regiment 673** in der Zeit März/April 1942 im Raum Angoulème in Südfrankreich aufgestellt.
Den Grundstock für das II. Bataillon/Grenadier-Regiment 673 bildeten Einheiten, die ursprünglich aus dem Friedens-Infanterie-Regiment 38 in Glatz/Schlesien stammten.
Bei dem III. Bataillon/Grenadier-Regiment 673 waren es Einheiten des II. Bataillons aus dem Friedens-Infanterie-Regiment 83 aus Hirschberg im Riesengebirge, wo ich im November 1937 als Fahnenjunker bei der 11. (Jäger)Kompanie eingetreten bin.
Der Stamm der 9. Kompanie/Grenadier-Regiment 673, als deren Kompaniechef ich im März 1942 die Aufstellung auf einem kleinen Übungsplatz – La Braconne – bei Angoulème durchzuführen hatte, wurde von Angehörigen der 5. Kompanie/ Infanterie-Regiment 83 gebildet.
In dieser 5. Kompanie/Infanterie-Regiment 83 war ich im August 1939 Leutnant geworden und am 1. September als Zugführer südlich von Gleiwitz in Oberschlesien in den Polenfeldzug gezogen.
Der weitere Weg dieser Kompanie und damit des II. Bataillons des Infanterie-(späteren Jäger-)Regiments 83 führte im Frühjahr 1940 über die Aufstellung des Infan-

Mit dem Unteroffizierkorps der 9. Kompanie GrenRegiment 673 im Sommer 1942.

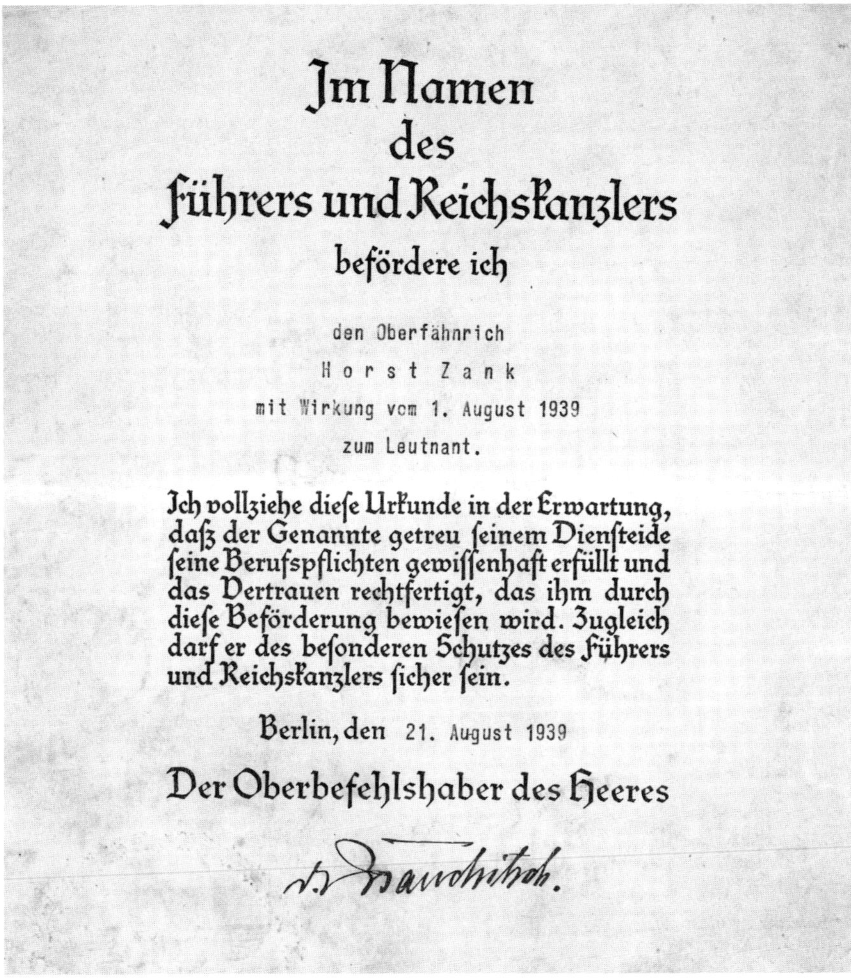
Im Namen
des
Führers und Reichskanzlers
befördere ich

den Oberfähnrich
H o r s t Z a n k
mit Wirkung vom 1. August 1939
zum Leutnant.

Ich vollziehe diese Urkunde in der Erwartung, daß der Genannte getreu seinem Diensteide seine Berufspflichten gewissenhaft erfüllt und das Vertrauen rechtfertigt, das ihm durch diese Beförderung bewiesen wird. Zugleich darf er des besonderen Schutzes des Führers und Reichskanzlers sicher sein.

Berlin, den 21. August 1939

Der Oberbefehlshaber des Heeres

terie-Regiments 526 – 298. Infanterie-Division und – nach der Teilnahme am Frankreichfeldzug – im Herbst 1940 des Infanterie-Regiments 684–335. Infanterie-Division schließlich im Frühjahr 1942 zur Aufstellung des **Grenadier-Regiments 673**–376. Infanterie-Division.

In dieser Zeit vom Frühjahr 1940 bis Anfang 1942 war ich als Zugführer in der 4.(Maschinengewehr)Kompanie/526, als Bataillons-Adjutant, I. Bataillon/684, und als Kompaniechef, 1. Kompanie/684, eingesetzt.

Im Mai 1942 wurde das Grenadier-Regiment 673 mit der 376. Infanterie-Division von Frankreich nach Rußland in den Raum Poltawa–Charkow verlegt. Dort hatte am 12. Mai eine russische Offensive begonnen, die nach einem deutschen Gegenangriff am 28. Mai mit der Gefangennahme von rund 260.000 russischen Soldaten endete. Bei diesen Kämpfen wurden Teile der 376. Infanterie-Division unmittelbar

Offizierstellenbesetzung bei der Aufstellung des Grenadier-Regiments 673 April 1942

Regiments-Kommandeur		Oberst Rupprecht
Adjutant		Oberleutnant Scheuermann
Kommandeur	I. Bataillon	Hauptmann Kulich
Kommandeur	II. Bataillon	Oberstleutnant Wölfel
Kompaniechef	5. Kompanie	Oberleutnant Seehaus
Kompaniechef	6. Kompanie	Oberleutnant Brigelius
Kompaniechef	7. Kompanie	Oberleutnant Prause
Kompaniechef	8. Kompanie	Oberleutnant Dorst
Kommandeur	III. Bataillon	Major Schiefler
Kompaniechef	9. Kompanie	Oberleutnant Zank
Kompaniechef	10. Kompanie	Oberleutnant Niethammer
Kompaniechef	11. Kompanie	Leutnant Hertel
Kompaniechef	12. Kompanie	Oberleutnant Adamy

Stellenbesetzung bei der 9. Kompanie
Grenadier-Regiment 673

Kompaniechef	Oberleutnant Zank
Kompaniefeldwebel	Oberfeldwebel Plümecke
Kompanietruppenführer	Feldwebel Rassel
Zugführer 1. Zug	Leutnant Nerb
Zugführer 2. Zug	Oberfeldwebel Wallstab
Zugführer 3. Zug	Feldwebel Scholz
Rechnungsführer	Feldwebel Krems
Gefechtstroßführer	Unteroffizier Gertler
Küchenunteroffizier	Unteroffizier Scholz
Gruppenführer	Unteroffizier Boer
Gruppenführer	Unteroffizier Kratochvil
Gruppenführer	Unteroffizier Pohl
Gruppenführer	Unteroffizier Speer
(weitere Unteroffiziere sind nicht mehr zu ermitteln)	

vom Ausladebahnhof aus zur Abwehr eines anfangs drohenden russischen Durchbruchs eingesetzt.
Mit Beginn der Sommeroffensive 1942 der Heeresgruppe Süd begann für das Grenadier-Regiment 673 im Verband der 6. Armee aus dem Raum Charkow der Angriff und Vormarsch nach Osten mit dem Ziel: Stalingrad.
Am 19. Juni 1942 wurde ich bei einem Angriff südlich von Bjelgorod bei Schebekino als Kompaniechef der 9. Kompanie/Grenadier-Regiment 673 verwundet; kurz darauf fiel mein Kompanieoffizier, Leutnant Nerb.
Im September 1942 kehrte ich zum Grenadier-Regiment 673 zurück und übernahm die Führung des II. Bataillons.
Mit dem Oktober beginnen die folgenden Aufzeichnungen über die letzten Wochen und Monate und den Untergang des Grenadier-Regiments 673 im Kessel von Stalingrad.

Teil 1

Aufzeichnungen über die Kämpfe im Kessel von Stalingrad

Die Entwicklung bis zum 19. November 1942

Am 19. Oktober 1942 übernehme ich mit meinem Bataillon – dem II. Bataillon des Grenadier-Regiments 673 (Kommandeur: Oberst Borst) der 376. Infanterie-Division (Kommandeur: Generalmajor Edler v. Daniels) – den Abschnitt des Infanterie-Regiments 212 (Kommandeur: Oberst v. Aulock) der 79. Infanterie-Division am linken Flügel der 6. Armee an der Grenze zur 3. rumänischen Armee. Unmittelbarer Nachbar ist die 1. rumänische Kavallerie-Division.

Die Hauptkampflinie (HKL) verläuft auf einem Höhengelände südlich des Don im Raum Ossinkij – Logowskij/Jarkij. Das Südufer des Don und der gesamte Donbogen im Raum Kremenskaja – Perekopskaja befinden sich in russischer Hand. Hier, im großen Donbogen, ist im September 1942 der Vormarsch des XI. Armeekorps (Kommandeur: General der Infanterie Strecker) zum Stehen gekommen. Das XI. Armeekorps bildet seitdem in einer Sehnenstellung in diesem Donbogen mit den, von West nach Ost eingesetzten, 376., 44., 384. Infanterie-Divisionen den linken Flügel mit der Front nach Norden innerhalb der nach Stalingrad vorgestoßenen 6. Armee. Ostwärts des Don schließen sich dann in der Nordriegelstellung bis zur Wolga das VIII. Armeekorps und das XIV. Panzerkorps an.

Links von meinem Bataillon ist bis zur Armeegrenze am Westrand von Logowskij das III. Bataillon des Regiments eingesetzt, rechter Nachbar ist das Grenadier-Regiment 672 (Das I. Bataillon des Regiments wurde nach der Sommeroffensive aufgelöst). (– Skizze 1 –)

Mit der Übernahme des neuen Abschnitts wird mir die Radfahr-Kompanie der Aufklärungs-Abteilung 376 unterstellt. Eine Abteilung des Artillerie-Regiments 179 der 79. Infanterie-Division verbleibt zusätzlich zu der Artillerie der eigenen Division in diesem Abschnitt.

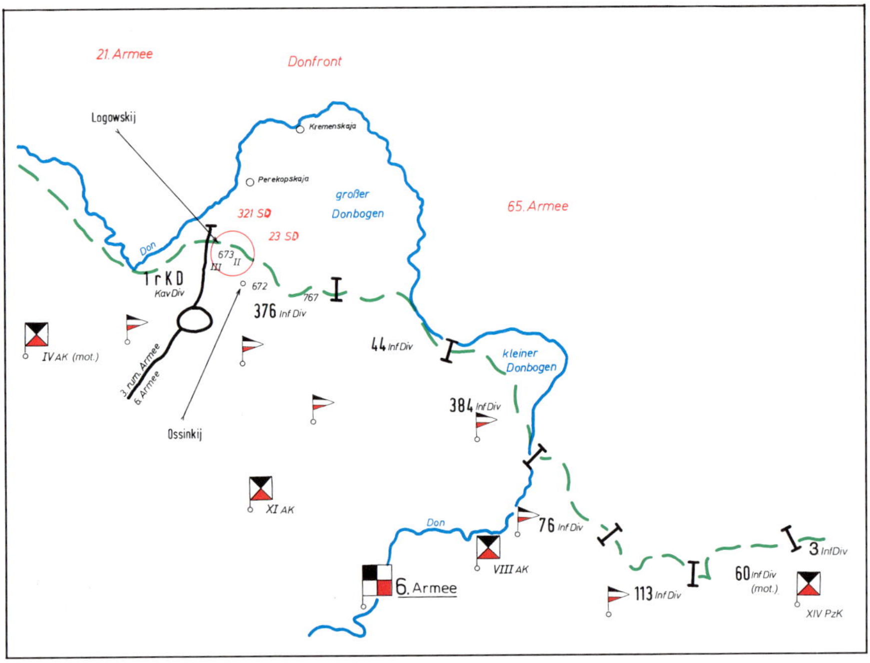

Zeichenerklärung:

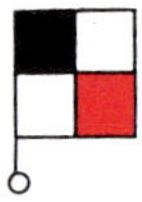

Armee-Gefechtsstand

Korps-Gefechtsstand

Divisions-Gefechtsstand

Skizze 1: Ausschnitt aus der Lagenkarte Nr. 125 zum Kriegstagebuch Nr. 14 des Oberkommandos der 6. Armee — Lage am 16.11.42 20.00 Uhr — Frontverlauf mit dem Einsatzraum des II. Bataillons/Grenadier-Regiment 673 in der Zeit vom 19. Oktober bis zum 22. November 1942.
Der Abschnitt des Bataillons nördlich von Ossinkij im großen Donbogen ist mit einem roten Kreis gekennzeichnet. Die eigene HKL — Hauptkampflinie — ist in allen Skizzen — Grün — gekennzeichnet.

Auf der Lagenkarte sind folgende Großverbände der 6. Armee am Don und in der Nordriegelstellung Stalingrad eingesetzt:

XI. Armeekorps (XI.AK)	*mit der*	*376. Infanterie-Division (InfDiv)* *44. InfDiv* *384. InfDiv*
VIII. Armeekorps (VIII. AK)	*mit der*	*76. InfDiv* *113. InfDiv*
XIV. Panzerkorps (XIV. PzK)	*mit der*	*60. Infanterie-Division (mot.)* *3. InfDiv (mot.)*

links (westlich) der 6. Armee ist eingesetzt:
3. rumänische Armee mit der 1. rumänischen Kavallerie-Division (KavDiv)

1942. Oberleutnant und Kompaniechef im Grenadier-Regiment 673.

Angeblich soll dieser Abschnitt später im Wechsel mit der noch in Stalingrad-Nord eingesetzten 94. Infanterie-Division wieder abgegeben werden.
Die Breite des Bataillonsgefechtsstreifens beträgt ca. 2.000 Meter. Bei dieser großen Breite ist eine durchgehende Hauptkampflinie nicht zu besetzen. In Anpassung an das Gelände kann aber mit Stützpunkten der drei in der Hauptkampflinie eingesetzten Kompanien eine lückenlose Verteidigung sichergestellt werden.

Deutsche Frühjahrs- und Sommeroffensive 1942

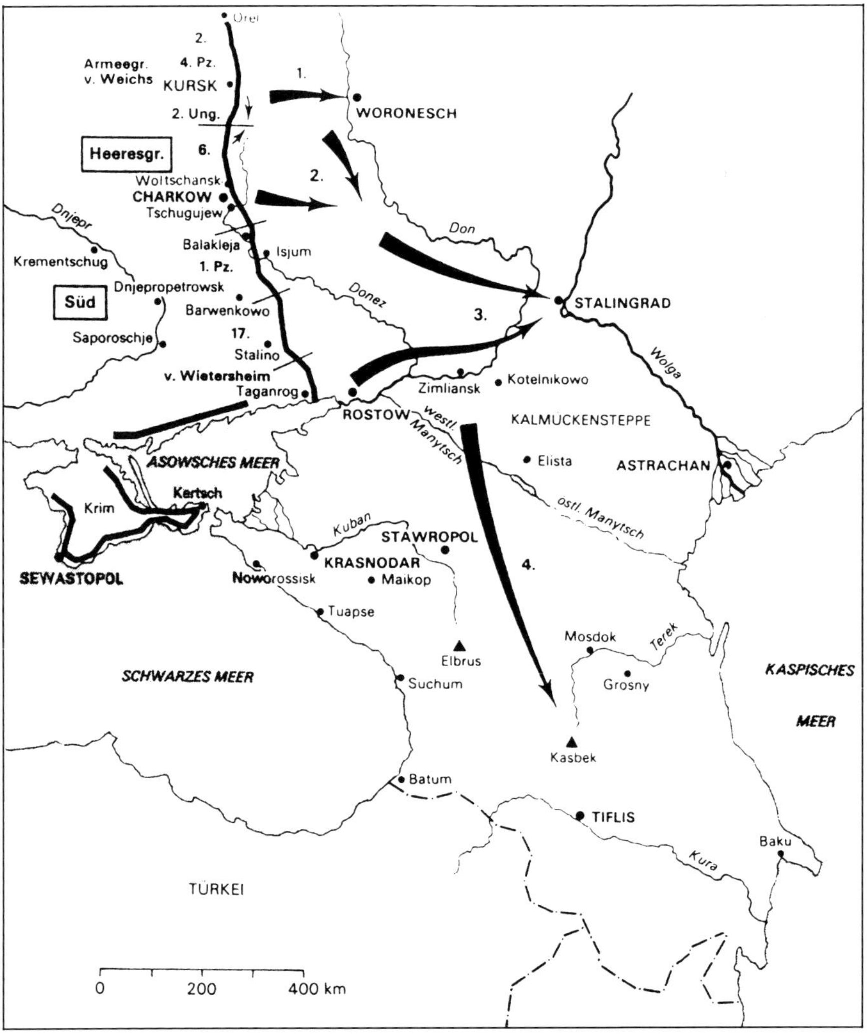

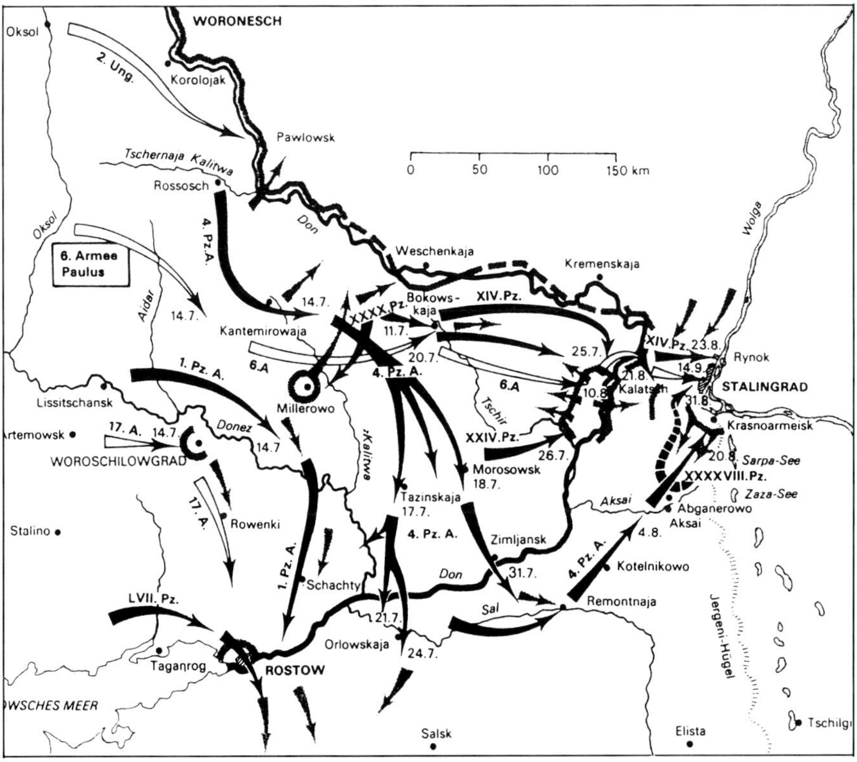

Deutsche Frühjahrs- und Sommeroffensive 1942

In der Hauptkampflinie werden eingesetzt: Vorn links die 5. Kompanie – in der Mitte die Radfahr-Kompanie – vorn rechts die 6. Kompanie. Der Einsatz von schweren Maschinengewehren (sMG) und Granatwerfern der 8. (Maschinengewehr-)Kompanie erfolgt gruppenweise mit Schwerpunkt bei der 5. Kompanie. Die 7. Kompanie als Reserve-Kompanie ist hinter dem linken Flügel des Bataillons eingesetzt. Der Bataillons-Gefechtsstand befindet sich auf der Höhe 156,7. Von dort kann der gesamte Abschnitt des Bataillons am besten übersehen werden. (– Skizze 2 –)
Mit der Übernahme dieses Abschnittes beginnt ein systematischer Ausbau der Verteidigungsstellungen. Infolge des mehrfachen Wechsels bisher eingesetzter Verbände – 113. Infanterie-Division, rumänische Verbände, 79. Infanterie-Division – finden wir nur unvollkommen ausgebaute Stellungen vor. Ebenso unvollständig sind die Unterlagen über bereits verlegte Minensperren.
Ein Problem beim Stellungsbau ist die Beschaffung des dazu benötigten Holzes, da in diesem Raum südlich des Don kaum Holz vorhanden ist. Dafür erhalten wir von dem Pionier-Bataillon des Korps fertig zugeschnittenes Holz für den Bau von Unterständen und Feuerstellungen. Die Anlage von Drahthindernissen und Minensperren wird durch eine Pionier-Kompanie der Division unterstützt.

Der Autor (rechts) mit Generalmajor Edler von Daniels, Divisions-kommandeur, und Hptm. i. G. Ehrich (links).

Alle Arbeiten beim Ausbau der Verteidigungsanlagen können nur während der Dunkelheit durchgeführt werden, da die Entfernung von den vordersten Stützpunkten bis hinüber zum Feind zwischen 100 und 400 Metern beträgt. Auch der gesamte Versorgungsverkehr spielt sich daher in dieser Zeit ab.
Die Nachrichtenverbindungen innerhalb des Bataillons sind ausreichend durch Fernsprechverbindungen, die zusätzlich mit Funk überlagert werden, sichergestellt.
Das Gelände vor dem Bataillonsabschnitt ist zwar aufgrund der eigenen Höhenlage bis zum Don und darüberhinaus nach Norden gut einzusehen, es wird jedoch bis in die eigenen Stellungen hinein von Mulden und Schluchten durchzogen, die dem Feind günstige Annäherungsmöglichkeiten bieten. Beiderseits des Don, besonders nördlich davon, befinden sich Waldstücke, durch die die eigenen Beobachtungsmöglichkeiten erheblich erschwert werden.

Die Unterstützung durch schwere Waffen, zu denen neben der Artillerie je ein Zug schwere Infanteriegeschütze (sIG) und leichte Infanteriegeschütze (lIG) der 13. Kompanie und ein Zug der 14. (Panzerabwehr)Kompanie gehören, ist durch die Beobachtungs (B)-Stellen beim Bataillonsgefechtsstand sichergestellt. Mit Hilfe von Karte, Luftaufnahmen und Erkundungsstoßtrupps wird die Lage der Sperrfeuerräume sorgfältig festgelegt. So entsteht ein Feuer- und Sperrplan, der allen Angriffsmöglichkeiten des Feindes angepaßt werden kann.
Der Russe beschränkt sich zunächst in dieser Zeit auf kleinere Stoßtruppunternehmen und Feuerüberfälle mit Artillerie und Granatwerfer mit Schwerpunkt im linken Abschnitt des Bataillons bei der 5. Kompanie. Die von dieser Kompanie besetzte Höhe 115,2 ist infolge ihrer vorgeschobenen Lage ein bevorzugtes Angriffsziel des Russen. Alle feindlichen Unternehmungen bleiben aber ohne Erfolg; bis auf einen Einbruch bei der 6. Kompanie, der aber sehr schnell wieder bereinigt werden kann. Dabei bewährt sich erneut der Einsatz der schweren Infanteriegeschütze als Punktfeuerwaffe.

9. Kompanie: Grenadier-Regiment 673 auf dem Vormarsch nach Stalingrad.
2. Zug, Oberfeldwebel Wallstab, daneben Oberleutnant Zank und Divisionskommandeur Generalmajor von Daniels.

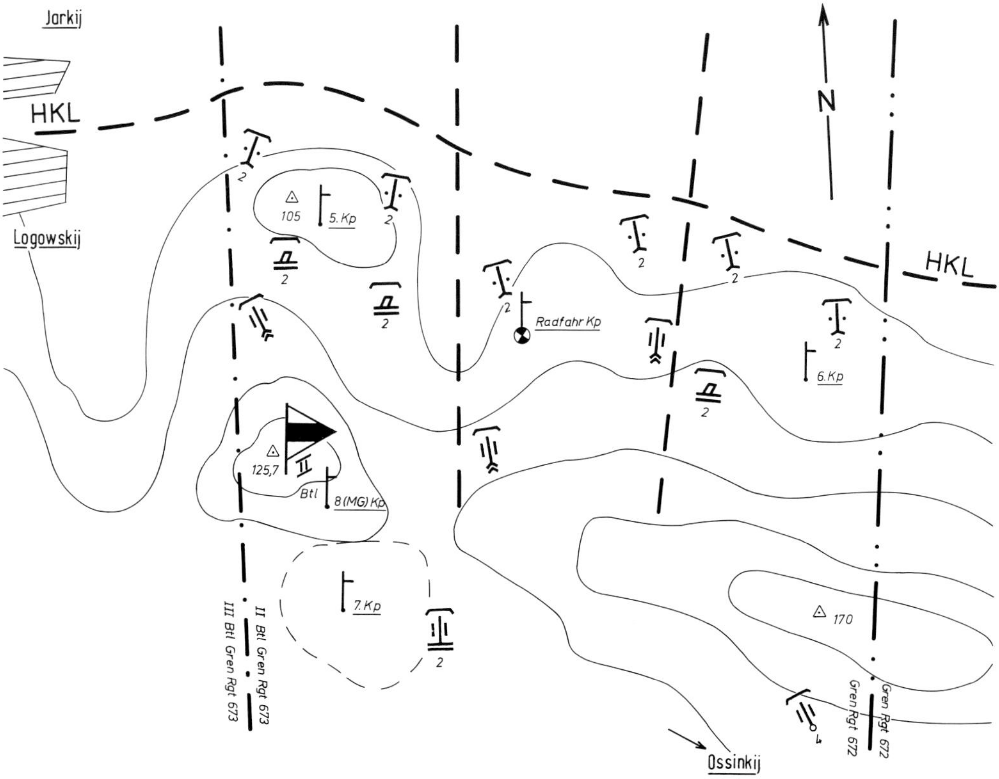

Skizze 2: Einsatz des II. Bataillons/Grenadier-Regiments 673 Oktober–November 1942 im großen Donbogen nördlich von Ossinkij.

Lageskizze mit Einsatzgliederung im Gefechtsstreifen des Bataillons mit Stand vom 19. November 1942.

Zeichenerklärung:

Bataillons-Gefechtsstand (BtlGefStd)

Kompanie-Gefechtsstand (KpGefStd)

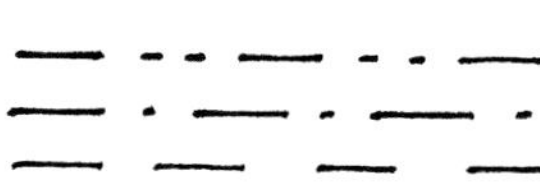

Regimentsgrenze
Bataillonsgrenze
Kompaniegrenze

Feuerstellung schweres Maschinengewehr (sMG)
8.(MG)Kp = 12 sMG

Feuerstellung schwerer Granatwerfer (sGrW)
8.(MG)KP = 6 sGrW

Feuerstellung schweres Infanteriegeschütz (sIG)
13.(IG)Kp = 2 sIG

Feuerstellung 5-cm-Panzerabwehr-Kanone (Pak)
14.(PzAbw)Kp = 1 Zug 3 Pak

Feuerstellung 10,5-cm-Kanone
1 Batterie = 4 Kanonen

Nicht eingezeichnet sind:
leichte Maschinengewehre (lMG): 9 je Kompanie
leichte Granatwerfer (lGrW): 3 je Kompanie
leichte Infanteriegeschütze (lIG): 2 der 13. Kompanie
leichte Feldhaubitzen (lFH): 12 je Artillerieabteilung
leichte Raketenwerfer (lRakWerf): 6 je Batterie

3. Zug Feldwebel Scholz

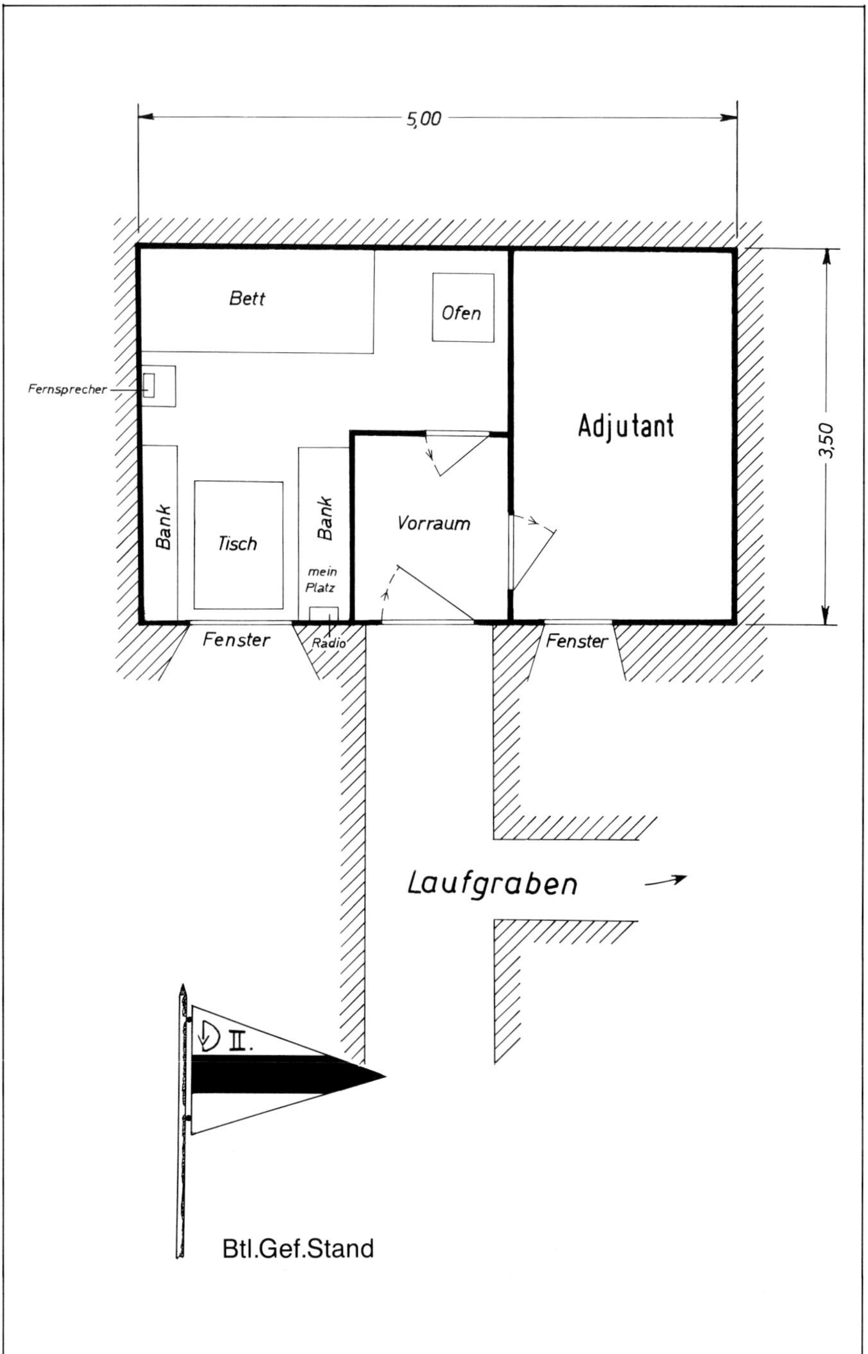

Skizze aus einem Feldpostbrief vom 3.11.1942 (s. Seite 77)

Die eigene Gefechtstätigkeit besteht einmal im Niederhalten und Ausschalten von Feuerstellungen der feindlichen Artillerie und erkannten Infanterie-Stützpunkten. Zum anderen werden ständig nächtliche Stoßtrupps angesetzt, bei denen es gelingt, Gefangene einzubringen.
Wie gut sich der rasch fortschreitende Stellungsbau bewährt, zeigt sich auf der Höhe 156,5 mit dem Bataillonsgefechtsstand. Er ist täglich ein bevorzugtes Ziel der feindlichen Artillerie und Granatwerfer. Dabei treten weder auf dem Gefechtsstand noch auf den mit Laufgräben verbundenen Beobachtungsstellen der schweren Waffen Ausfälle ein. Das gleiche trifft auch bei Beschuß der Stützpunkte in der Hauptkampflinie, bis auf wenige Ausnahmen, zu.
So scheint der Einsatz meines Bataillons in dieser Stellung bei dem recht angenehmen Spätherbstwetter für die kommende Zeit beruhigende Aussichten zuzulassen. Wie trügerisch das aber sehr bald sein könnte, lassen Beobachtungen im feindlichen Hinterland vermuten, die uns beunruhigen. Dort sind ständig zunehmende Truppenbewegungen zu erkennen, die vermuten lassen, daß der Feind stärkere Kräfte vor dem Abschnitt des linken Nachbarn, der 3. rumänischen Armee, zusammenzieht. So weit es von uns zu sehen ist, erstrecken sich die Truppenbewegungen vornehmlich in Richtung Kletzkaja, wo der Russe bereits einen Brückenkopf südlich des Don besitzt. Dort wurde Ende Oktober ein stärkerer Angriff abgewehrt. Bei unserem unmittelbaren Nachbarn, der 1. rumänischen Kavallerie-Division, in deren Abschnitt die Hauptkampflinie teilweise bis an das Südufer des Don heranreicht, fanden bisher noch keine feindlichen Angriffe statt.
Unsere Beobachtungen und Vermutungen werden in steigendem Maß durch eingebrachte Gefangene und Überläufer bestärkt. Zusätzlich zu den laufenden Meldungen an das Regiment können sich Angehörige des Divisionsstabes und auch der Chef des Korpsstabes des XI. Armeekorps ein unmittelbares Bild von der Lage auf meinem Bataillonsgefechtsstand machen. Leider bleiben die höheren Kommandeure hier vorn ungesehen. Dabei beruhigt mich der Korps-Chef, Oberst im Generalstab Groscurth: »Es werden ein paar unruhige Tage kommen, aber Sie werden das schon schaffen.«
(Wie ich erst viele Jahre später erfahre, hat Oberst Groscurth gerade in diesen Tagen im November unter anderem an seinen Bruder geschrieben: »Die Offiziere, die etwas mitgemacht haben, sind vorzüglich. Sie sind kindlich dankbar, daß mal einer zu ihnen nach vorne kommt. Leider ist's viel zu selten. Gestern hätte ich ... jeden Landser umarmen können für das, was er da vorne leistet – Ich bin trotz allem Optimist genug zu glauben, daß dies unbeschreibliche Heldentum hier nicht einfach untergeht – Wir werden jedenfalls in den nächsten Monaten ein verdammt festes Herz gebrauchen.« Oberst Groscurth ist am 7.4.43 in Gefangenschaft gestorben.)
In diesen Novembertagen wird es für uns »da vorne« immer mehr zur Gewißheit, daß es sich bei den Maßnahmen der Russen um eine bevorstehende größere Offensive am Don handeln muß.

Obwohl der Russe seine Marschbewegungen auch bei Tage durchführt, ist es nicht möglich, diese mit den uns zur Verfügung stehenden Mitteln wirkungsvoll zu bekämpfen. Hierzu reichen die Schußentfernungen der eigenen Artillerie nicht aus. Selbst eine 10,5-cm-Kanonen-Batterie in unserem Abschnitt kann diese Truppenansammlungen in den Waldstücken nördlich des Don nicht erreichen. Der angeforderte Einsatz der Luftwaffe beschränkt sich auf unzureichende JU-87-Stuka-Angriffe, die keine spürbaren Wirkungen erkennen lassen.
Immerhin wird wenigstens die zusätzlich bei uns eingesetzte Artillerie-Abteilung nicht abgezogen.
Trotzdem haben wir nach wie vor keineswegs den Eindruck, daß dieser deutlich aufziehenden Gefahr am Don eine ausreichende Bedeutung bei der höheren Führung zugemessen wird. Die Unterstützung der in Stalingrad selbst eingesetzten Divisionen der 6. Armee behält noch den Vorrang.
Da aber bekannt ist, daß die 6. Armee im rückwärtigen Raum keine nennenswerten Reserveverbände besitzt und die Kampfkraft der benachbarten rumänischen Armee am Don mit ihrer Ausrüstung, insbesondere mit Panzerabwehrwaffen, nicht hoch einzuschätzen ist, sehen wir den kommenden Tagen keineswegs mehr so unbeschwert entgegen.
Nach dem 10. November scheint man dann endlich doch beim XI. Korps und bei der 6. Armee nicht mehr untätig dieser bedrohlichen Lage im Abschnitt unserer Division gegenüber bleiben zu wollen. So werden zur Verstärkung unseres Abschnittes eine Abteilung des Werfer-Regiments 51 und eine Panzer-Jäger-Kompanie mit 5-cm-Pak eingesetzt. An die Stelle der Abteilung des Artillerie-Regiments 179 tritt eine Abteilung des Artillerie-Regiments 194 – 94. Infanterie-Division.
Damit steht uns nun, zumal auch noch eine Panzerabteilung zugeführt werden soll, eine beruhigende Unterstützung mit schweren Waffen zur Verfügung.
Neben diesen äußerst bedenklichen Entwicklungen bei der Feindlage und den verbesserten Verteidigungsbedingungen auf unserer Seite hat sich inzwischen auch das Wetter verändert: Das schöne spätherbstliche Wetter ist vom einbrechenden Winter abgelöst worden. Eine zunächst noch dünne Schneedecke bedeckt den frisch gefrorenen Boden. Die anlaufende Ausstattung mit Winterzusatzbekleidung stellt bald einen ausreichenden Schutz gegen Kälte und Schnee sicher. In den Stellungen des Bataillons sind die Unterkünfte für die Besatzungen der Stützpunkte in der Hauptkampflinie und bei den übrigen Kampfstellungen weitgehend fertiggestellt.
Bei den Gefechtstrossen des Bataillons in Ossinkij ist die Bevorratung für den Winter und auch schon für Weihnachten in vollem Gange.

Die russische Offensive und ihre Folgen bis zum 24. November

In der Nacht vom 18. zum 19. November bin ich zunächst, wie in den meisten Fällen in dieser Zeit, bei einer der in der Hauptkampflinie eingesetzten Kompanien. Es ist das gewohnte nächtliche Bild; ab und an steigen Leuchtkugeln auf, vereinzelt fallen Schüsse oder eine Maschinengewehrgarbe zieht mit der Leuchtspurmunition eine Perlenkette hin- und herüber. Die vorgeschobenen Feldposten sind ebenso im Einsatz wie die Wachen in den Stützpunkten. Nicht nur die Beobachtung des Vorfeldes im Hinblick auf feindliche Stoßtrupps, sondern auch die Ungewißheit über einen zu erwartenden Angriff führen zu vermehrter Aufmerksamkeit und Spannung in den Stellungen.
Als ich zu meinem Gefechtsstand zurückkomme, wartet dort der übliche Papierkrieg auf mich, wie er auch im Einsatz nicht zu vermeiden ist. Dazu sind der Ia-Schreiber und der Zahlmeister vom Troß aus Ossinkij nach vorn gekommen. Auch die Verpflegung ist inzwischen eingetroffen, die die Kompaniefeldwebel nach Einbruch der Dunkelheit zu ihren Einheiten bringen, wo sie an den Ausgabestellen aus den Stützpunkten abgeholt wird. Die Feldpost gehört natürlich auch zu den erwarteten Dingen.
Nachdem danach wieder Ruhe eingetreten ist, sitze ich mit dem Bataillonsadjutanten, Leutnant Hausmann, und dem Chef der 7. Kompanie zusammen. Obwohl ich bei meinem Aufenthalt in der Hauptkampflinie nichts Außergewöhnliches feststellen konnte und auch die anderen Kompanien nichts Besonderes gemeldet haben, traue ich dieser Ruhe nicht recht. Denn in den letzten Tagen waren beim Russen keine besonderen Truppenbewegungen mehr zu beobachten. Das könnte bedeuten, daß die Angriffsvorbereitungen weitgehend abgeschlossen sind. Doch Oberleutnant Prause, der Chef der 7. Kompanie, mit dem ich seit der Aufstellung unserer Division zusammen bin, versucht mich zu beruhigen, »es werde schon in dieser Nacht nichts Gefährliches passieren«. So lege ich mich schließlich zum Schlafen hin, allerdings mit dem Auftrag, mich um 5 Uhr zu wecken.
Um 4,30 Uhr werde ich aber bereits vom Feldfernsprecher geweckt. Der Regimentskommandeur teilt mir mit, daß nach Aussage eines in dieser Nacht bei der 1. rumänischen Kavallerie-Division gefangengenommenen russischen Offiziers um 5 Uhr ein russischer Großangriff im Raum Kletzkaja beginnen soll.
Daraufhin löse ich im gesamten Bataillonsabschnitt vorsorglich erhöhte Kampfbereitschaft aus. Kurz danach eröffnet die feindliche Artillerie zusammen mit Granatwerfern und Stalinorgeln das Feuer in einer, in diesem Abschnitt noch nicht erlebten Stärke. Damit ist nicht mehr zu bezweifeln, daß dies der erwartete Großangriff werden wird. Bald läßt sich im morgendlichen Dunst über der Don-Niederung der von Panzern begleitete Angriff der russischen Infanterie ausmachen (– Skizze 3 –).
Im Abschnitt des Bataillons greift der Feind zwar auf der gesamten Breite an, besonders jedoch bei der 5. Kompanie die Höhe 105 und im rechten Teil bei der 6. Kompanie die Höhe 147. Durch die vorbereiteten Abwehrmaßnahmen, wie die

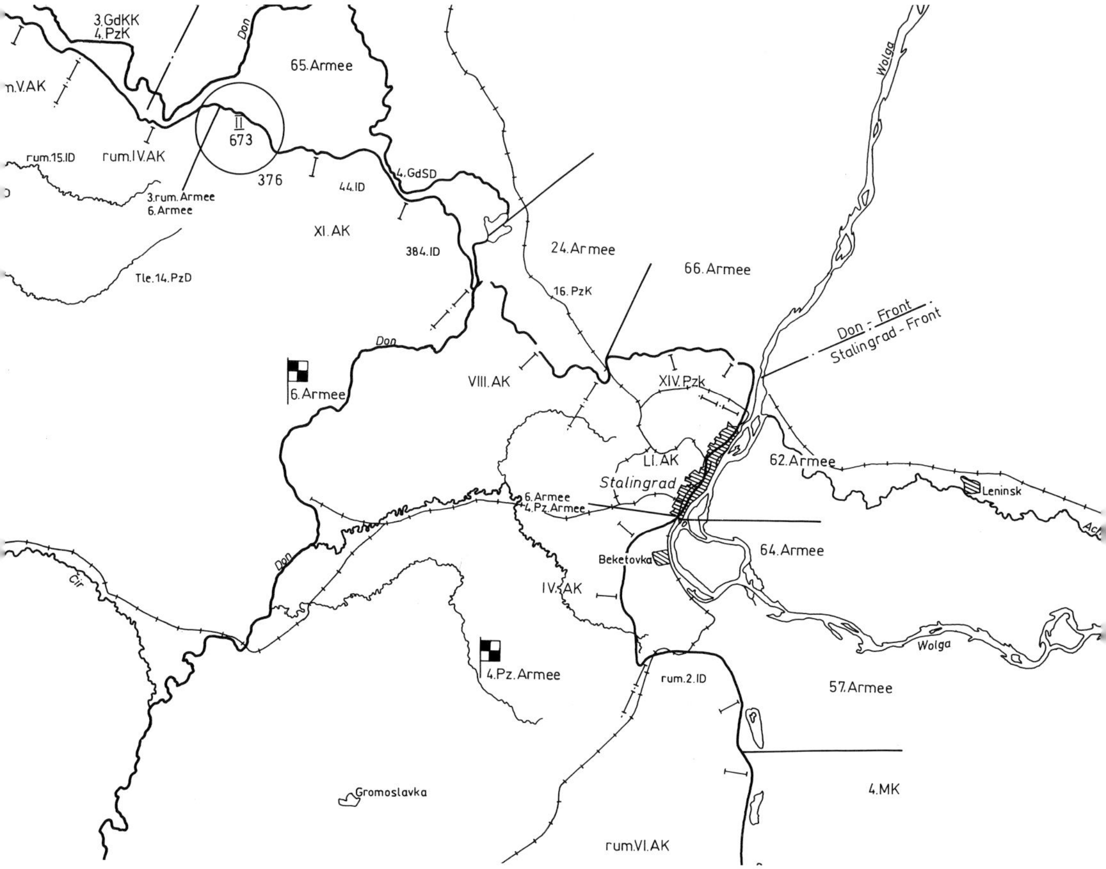

Skizze 3: Frontverlauf der 6. Armee am 19. November 1942 (mit den Nachbararmeen):
Links — 3. rumänische Armee
Rechts — 4. Panzer-Armee

6. Armee mit von links:
XI. Armeekorps westlich des Don in der Sehnenstellung im großen und kleinen Donbogen
VIII. Armeekorps und XIV. Panzerkorps in der Nordriegelstellung zwischen Don und Wolga
LI. Armeekorps in der Wolgastellung und in Stalingrad

Auf russischer Seite sind folgende Großverbände festgestellt:
Südwest-Front
Don-Front
Stalingrad-Front (von West nach Ost)

Der Abschnitt des II. Bataillons/Grenadier-Regiment 673 ist mit einem Kreis gekennzeichnet. Dem Bataillon gegenüber sind auf russischer Seite die 321. und die 23. Schützen-Division eingesetzt.

wendig geführten Einsätze der Artillerie bei der Auslösung des Sperrfeuers und das Feuer der schweren Maschinengewehre, kommt der zum Teil bis an das Drahthindernis vorgekommene Angriff zum Stehen.
Den ganzen Tag über liegen die Stellungen des Bataillons unter Granatwerfer- und Artilleriebeschuß. Um 14,30 Uhr gelingt dem immer wieder angreifenden Feind ein Einbruch bei einem Stützpunkt der 5. Kompanie. Er wird mit einem sofortigen Gegenstoß schnell bereinigt. Auch den Unterstützung leistenden russischen Panzern gelingt es an keiner Stelle, der Infanterie wirksam zu einem Erfolg zu verhelfen. Als die vereinzelt angreifenden Panzer bereits auf größere Entfernung von der Panzer-Jäger-Kompanie bekämpft werden, fahren sie in dem ohnehin nicht panzergünstigen Gelände nicht weiter vor, sondern beschränken sich auf Feuerunterstützung aus gedeckter Stellung.
Bei der 6. Kompanie gelingt es durch den Einsatz der schweren Maschinengewehre der 8. Kompanie, den angreifenden Russen im offenen Vorfeld so starke Verluste zuzufügen, daß sie sich wieder auf die Ausgangsstellungen zurückziehen müssen.
Am Abend des 19. November ist im gesamten Bataillonsabschnitt der Angriff erfolgreich abgewehrt. Die eigenen Ausfälle sind in der ausgebauten Stellung glücklicherweise gering geblieben. Jedoch war bereits zu erkennen, daß der Schwerpunkt der russischen Offensive weiter westlich im Abschnitt der 3. rumänischen Armee liegt. Genaueres ist noch nicht auszumachen, zumal links beim III. Bataillon und der anschließenden 1. rumänischen Kavallerie-Division auch noch keine Erfolge der feindlichen Angriffe festzustellen sind.
In der folgenden Nacht versucht der Feind, an verschiedenen Stellen an die Hauptkampflinie heranzukommen. Dabei gelingt es uns, einige Gefangene einzubringen. Sie bestätigen, daß die schon früher festgestellte 321. Schützen-Division, die zur 65. Armee der russischen Don-Front gehört, gegen unser Bataillon eingesetzt ist.
Auch im Lauf des 20. November setzt der Russe seine Angriffe im Abschnitt des Bataillons fort. Sie werden aber nicht mehr so stark wie am Vortage geführt. Infanterie-Begleit-Panzer treten nur noch in wenigen Fällen auf. Bald entsteht der Eindruck, daß sich der Russe vor unserer Front mit Fesselungsangriffen begnügt und hier keine Verstärkungen mehr heranführt, sondern diese zur Unterstützung weiter westlich erreichter Angriffserfolge benötigt. Damit nehmen unsere Sorgen um die weitere Entwicklung im Abschnitt der 3. rumänischen Armee zu.
Noch sind Einzelheiten darüber bei uns nicht bekannt. Aber nach dem Gefechtslärm scheint der Russe bei den Rumänen größere Fortschritte erreicht zu haben. Unsere größte Sorge gilt daher der Lage bei der 1. rumänischen Kavallerie-Division. In deren Abschnitt befindet sich westlich von uns ein Höhengelände, von dem aus unser Gefechtsstreifen und die dort befindlichen Stellungen der schweren Waffen einzusehen sind. Zwischen diesem Höhengelände mit Höhen um 200 Metern und der Höhe 125,7, auf der sich mein Gefechtsstand befindet, zieht sich von Nord nach Süd eine breite Mulde. Sie gehört mit dem Dorf Logowskij zum III. Bataillon,

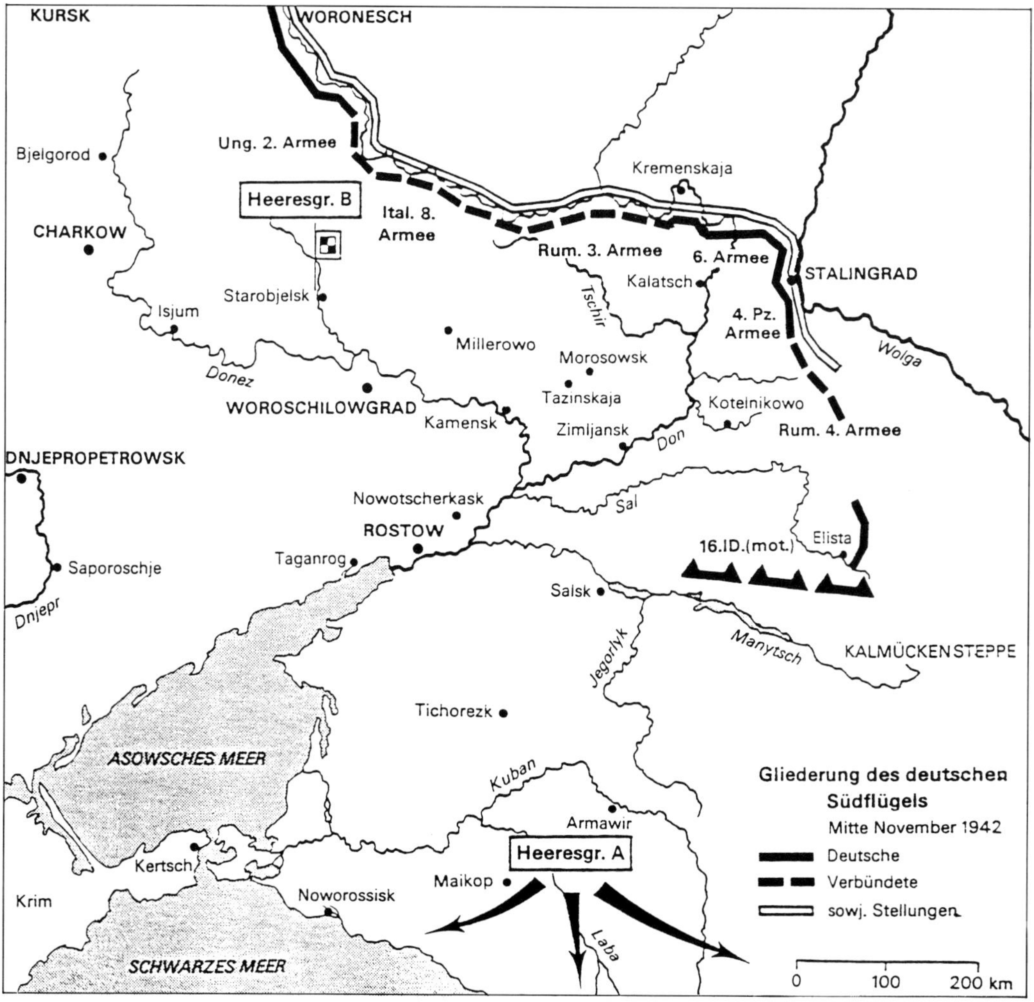

Gliederung des deutschen Südflügels

wo am Westrand die Armeegrenze verläuft. Sollte es der 1. rumänischen Kavallerie-Division nicht gelingen, dieses Höhengelände westlich von uns zu halten, wären wir in der linken Flanke erheblich bedroht.

Aber noch ist es nicht so weit. Bei meinem Aufenthalt in den Stellungen während der Nacht herrscht nach den bisherigen Abwehrerfolgen überall noch eine zuversichtliche Stimmung.

In den frühen Morgenstunden des 21. November bricht der Feind in einem Stützpunkt bei der 5. Kompanie ein. Ehe es zu einem Gegenstoß kommt, räumt der Russe den Stützpunkt. Dabei hat die Kompanie einen Verlust von zwei Gefallenen und einem Vermißten.

Später, am Vormittag, tritt dann aber doch das ein, was wir befürchten mußten, nachdem sich der Gefechtslärm links von uns verstärkt. Feindliche Panzer erreichen das Höhengelände in der Flanke bei der 1. rumänischen Kavallerie-Division, die offensichtlich ihre Stellungen nicht mehr halten kann. Zurückweichende Rumänen kommen durch unseren Abschnitt, ihre Widerstandskraft ist völlig gebrochen, insbesondere nach dem Ausfall ihrer Offiziere. Einige wenige, die im Gegensatz zu den meisten von ihnen ihre Waffen noch nicht fortgeworfen haben, bieten sich an, bei uns den Kampf fortzusetzen.
Der Feind verstärkt nun auch bei uns wieder seine Angriffe, besonders links beim III. Bataillon in Logowskij, das jetzt mit seinem linken Flügel praktisch in der Luft hängt. Zunächst gelingt es, durch einen massierten Einsatz der Artillerie dem Bataillon in dieser äußerst kritischen Lage zu helfen. Es ist aber abzusehen, daß Logowskij nicht mehr lange gehalten werden kann.
Gegen Mittag bin ich ohne Verbindung zum III. Bataillon, das inzwischen der Chef meiner 8. Kompanie, Oberleutnant Abend, führt. Mit dem Einsatz meiner 7. Kompanie soll im Anschluß an das III. Bataillon in der linken Flanke die jetzt offene Front nach Westen wenigstens dort geschlossen werden. Bei der Vorbereitung dieses Einsatzes und der Verbindungsaufnahme mit dem III. Bataillon in Logowskij fällt der Chef der 7. Kompanie, Oberleutnant Wolfgang Prause, dessen Vater im Ersten Weltkrieg gefallen ist.
Bald darauf gelingt es dem Feind, das III. Bataillon aus Logowskij zurückzuwerfen. Mit starken infanteristischen Kräften greift er von dort aus einer breiten Mulde heraus in Richtung auf meinen Bataillonsgefechtsstand an. Durch den Einsatz einer Werferbatterie, die am oberen Ausgang dieser langgezogenen Mulde in Stellung geht und in direktem Schuß mit ihren Raketensalven eine verheerende Wirkung erzielt, kommt der Angriff zunächst völlig zum Erliegen.
Dadurch wird es möglich, mit dem III. Bataillon im Anschluß an meinen Bataillonsabschnitt nun doch eine neue Abwehrstellung nach Westen aufzubauen. Weiter südlich davon kann mit dort inzwischen herangeführten Teilen der Division und anderen Verbänden der Armee Verbindung aufgenommen und so eine erste Abwehr gegen die unmittelbare Bedrohung in der linken Flanke geschaffen werden. (– Skizze 4 –)
Das Regiment beabsichtigt dabei, diese neue Verteidigungslinie nach Westen noch weiter an das Höhengelände in meinem rechten Bataillonsabschnitt zurückzunehmen. Dagegen kann ich mich mit Erfolg wehren. Denn das hätte zur Folge, daß ich sowohl die vorn links eingesetzte 5. Kompanie als auch in der Mitte die Radfahr-Kompanie aus ihren ausgebauten Stellungen heraus in eine neue ungeschützte Stellung verlegen müßte, wo bei dem gefrorenen Boden ein Eingraben so schnell gar nicht möglich ist. Dadurch wäre die Abwehrkraft des Bataillons gegenüber der jetzigen Stellung erheblich geschwächt worden.
Die Nacht nach diesem krisenreichen Tag wird durch das brennende Logowskij erhellt. Als der Feind wieder mit verstärkten Angriffen beginnt, können sie immer

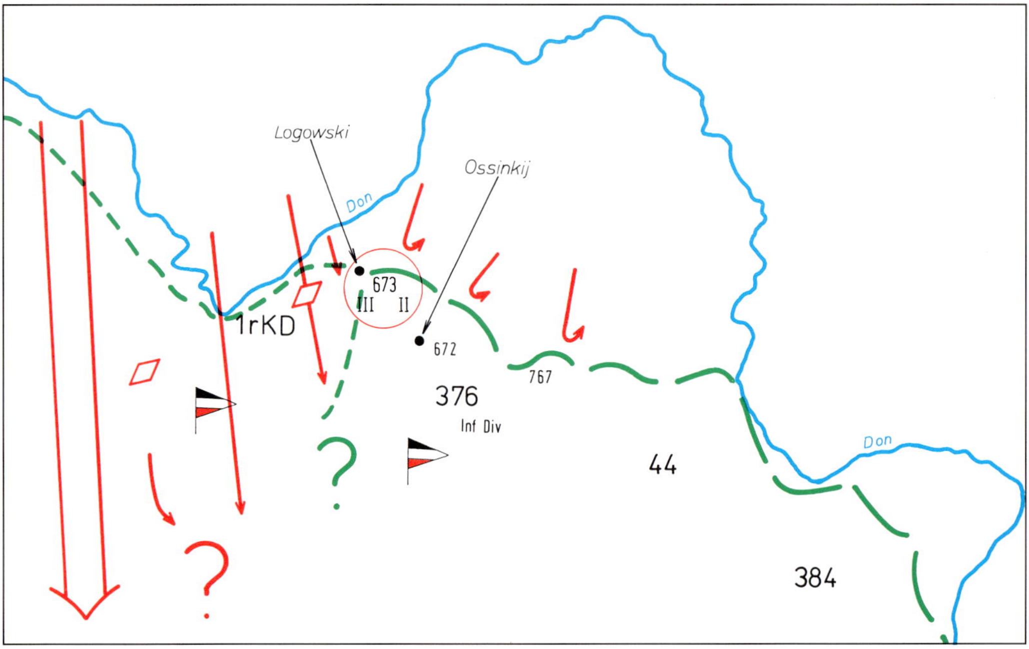

Skizze 4: Die Folgen der russischen Offensive ab 19. November 1942.
Die Lage am linken Flügel der 6. Armee für das XI. Armeekorps nach dem Durchbruch der russischen Angiffsarmee im Abschnitt der 3. rumänischen Armee, insbesondere bei dem unmittelbaren linken Nachbarn des Grenadier-Regiments 673, der 1. rumänischen Kavallerie-Division.
Im roten Kreis der Einsatz des II. Bataillons/Grenadier-Regiment 673, jetzt im »Balkon Logowskij« mit Front nach Norden und nach Westen.

noch erfolgreich abgewehrt werden. Dazu trägt die ausgezeichnet schießende Artillerie maßgeblich bei. Oft muß das Sperrfeuer bis unmittelbar vor die eigenen Stützpunkte herangezogen werden, um drohende Einbrüche im letzten Augenblick zu verhindern. Die großen Verluste bei dem immer wieder anrennenden Russen führen schließlich dazu, daß im weiteren Verlauf der Nacht diese Angriffe eingestellt werden. Bei den Kompanien im rechten Bataillonsabschnitt und weiter ostwärts erfolgen nur noch schwächere Angriffe. Ein Zeichen dafür, daß sich der Feind immer mehr auf den Durchbruchsraum bei den Rumänen westlich von uns konzentriert.
Am Morgen des 22. November greift der Feind nach verstärkter Artillerievorbereitung und mit Einsatz von Stalinorgeln nun auch von Westen gegen die linke Flanke des Bataillons an. Damit liegt mein Gefechtsstand auf der Höhe 156,7 im Brennpunkt unserer Verteidigungsstellungen. Doch auch jetzt können die 7. Kompanie und das III. Bataillon mit der nach wie vor wirksamen Unterstützung durch unsere schweren Waffen alle Angriffe abwehren. Vorsorglich lasse ich jedoch durch die beiden Chefs der 6. Kompanie und der Radfahr-Kompanie eine Auffangstellung im rechten Bataillonsabschnitt mit der Front nach Westen vorbereiten.

Mitten in diese Anspannung hinein erreicht mich der Befehl des Regimentskommandeurs: »Um 14,00 Uhr Lösen vom Feind. II. Bataillon sichert als Nachhut die nach Osten sich absetzende Division. Abmarsch der Gefechtstrosse ab Ossinkij um 10,00 Uhr.«
Der Grund für diesen überraschenden Befehl ist der Durchbruch des Feindes im Bereich der 3. rumänischen Armee, der bereits bis in den rückwärtigen Raum des XI. Armeekorps vorangekommen ist. Offensichtlich zeichnet sich dabei die Gefahr ab, daß unser XI. Armeekorps westlich des Don eingeschlossen und so von der Armee abgeschnitten werden kann.
Zum ersten Mal wird uns in etwa das tatsächliche Ausmaß der russischen Offensive am Don bewußt, allerdings ohne daß wir schon die danach drohenden Folgen für die 6. Armee insgesamt ermessen können. Immerhin sind aber offenbar die Befürchtungen bei den Beobachtungen und Meldungen über die seit Ende Oktober von uns festgestellten Angriffsvorbereitungen weit übertroffen worden.
Doch zu weiterem Nachdenken bleibt uns jetzt natürlich keine Zeit. Denn in dieser Lage bei ständigem Feinddruck alle Teile so vom Feind zu lösen, ohne daß dabei ein Durcheinander entsteht, erfordert schnelle und überlegte Entscheidungen.
Bei allen Vorbereitungen ist aber deprimierend, daß für die Masse der schweren Waffen – wie die Geschütze der Artillerie und die Infanteriegeschütze – keine Zugmittel zur Verfügung stehen. Durch die Rückführung der Pferde in den Raum Morosowskaja ist die Division praktisch bewegungsunfähig geworden. Dabei war man davon ausgegangen, daß in dieser für den Winter vorgesehenen Stellung die Masse der Pferde als Zugmittel nicht benötigt wird. Damit sollte der Nachschub entlastet werden, der in den weiten Räumen der Armee ohnehin schon sehr schwierig war. Immerhin führt nur eine eingleisige Bahnlinie bis Tschir am Don in den rückwärtigen Raum der 6. Armee. Jetzt erweist sich aber die Rückführung der Pferde als eine Fehleinschätzung der höheren Führung zum Schaden unserer Division und dem gesamten XI. Armeekorps.
Im Bataillon stehen je Kompanie nur 5 Panjefahrzeuge und die Pferde für die Feldküchen zur Verfügung, mit denen lediglich die Versorgung in einer stationären Winterstellung durchgeführt werden kann.
Der Bataillonsadjutant erhält den Befehl, den Abmarsch der Teile des Gefechtstrosses vorzubereiten, der für den Transport von Waffen und Munition benötigt wird. Damit ist die persönliche Ausstattung der Soldaten von jetzt ab auf das beschränkt, was sie selbst mit sich führen können.
Planmäßig um 14,00 Uhr beginnt der linke Flügel mit der 5. Kompanie die Stellung zu räumen. Alle schweren Waffen, die zurückgelassen und gesprengt werden müssen, verschießen von jetzt ab ihre gesamte Munition. Dies hat wenigstens den Vorteil, daß dadurch der Feind weder weiter angreift noch zu zeitig die Absetzbewegungen erkennt. Die bei dem dunstigen Wetter und der bald hereinbrechenden Dunkelheit schlechter werdenden Sichtverhältnisse sind eine weitere Hilfe für das Lösen vom Feind.

Um 14,30 Uhr fliegt der Bunker meines Bataillonsgefechtsstandes in die Luft, und mit den letzten Teilen der 7. Kompanie verlasse ich die Höhe 125,7 nach Osten zum Sammelpunkt des Bataillons, ohne daß der Russe sofort nachstößt. Erst als wir bereits außer Sichtweite sind, hören wir von der Höhe lautes Geschrei. Der Russe ist wohl selbst so überrascht, daß er sich zunächst mit dem Erreichen unserer Stellung zufrieden gibt. So kann die Versammlung und der Abmarsch des Bataillons nach Ossinkij ohne Störung durchgeführt werden.
Als wir von der Höhe 176 nach Ossinkij herunterkommen, stehen große Teile des Dorfes in Flammen. Hier sind mit dem Abrücken der Gefechtstrosse alle dort zurückgelassenen Bestände gesprengt oder in Brand gesetzt worden.
Zum ersten Mal in diesem Krieg beginnt für uns ein Rückzug, wie wir ihn bis dahin nur beim Gegner erlebt haben. (– Skizze 5 –)
Nach einer Verpflegungsrast am Ortsausgang von Ossinkij beginnt der Marsch des Bataillons nach Südosten, um so schnell als möglich den 60 Kilometer entfernten Don zu erreichen. Bei schwierigen winterlichen Wege- und Sichtverhältnissen geht der Nachtmarsch über Radnikowskij im Abschnitt des Grenadier-Regiments 672. Hier beginnt in der Nacht ebenfalls das Absetzen des Regiments 672. Trotz einer zweistündigen Aufwärm- und Ruhepause in Radnikowskij werden die Kräfte der Soldaten nach den vergangenen Kampftagen weiterhin voll beansprucht.
Am 23. November morgens erhalte ich vom Regimentskommandeur den Befehl, an diesem Tag noch bis nach Radionow weiter zu marschieren. Dabei erfahren wir, daß das gesamte XI. Armeekorps über den Don nach Osten zurückgenommen werden soll. Unsere Aufgabe als Nachhut ist inzwischen beendet, da andere Verbände der Armee zur Abriegelung westlich des Don nach Westen eingesetzt worden sind. Sie sind aber offensichtlich zu spät gekommen und nicht stark genug, um die Gefahr für unser Korps abwenden zu können.
Mich selbst will der Regimentskommandeur in ein Lazarett schicken, da ich bereits seit Anfang November Gelbsucht habe. Aber unter den derzeitigen Verhältnissen wäre das ein recht fragwürdiges Unternehmen. Mein Bataillonsarzt, Assistenzarzt Dr. Lichtenecker, hat mich anfangs noch mit einer Diätverpflegung versorgt. Bald wird die Gelbsucht sozusagen allein schon deswegen »geheilt«, weil die Verpflegung immer schlechter wird.
Beim Weitermarsch nimmt die Zahl der Kolonnen in Richtung Südosten ständig zu, und wiederholt muß energisch eingeschritten werden, um nicht ein wirres Durcheinander entstehen zu lassen. Ohne mein Beiwagenkrad wäre ich kaum in der Lage, mein Bataillon reibungslos in Marsch zu halten.
Spät am Abend erreichen wir Radionow, wo wir wenigstens für einige Stunden zur Ruhe übergehen können. Gestört werden wir dabei durch russische »Krähen«, die ihre Bomben aber glücklicherweise planlos abwerfen, ohne dabei Schaden anzurichten.
Früh am Morgen des 24. November brechen wir auf, denn an diesem Tag soll der Übergang über den Don erfolgen. Bei strahlendem Sonnenschein und klirrender Kälte erreichen wir am Nachmittag die Donhöhen. Erstaunlicherweise ist bei die-

sem günstigen Flugwetter und den zahlreichen Marschkolonnen von der russischen Luftwaffe kaum etwas zu sehen. Nur einmal werden wir von einem Bomber angegriffen, den wir zunächst für eine Do 17 angesehen hatten. Um so überraschter sind wir, als er plötzlich Bomben auslöst, deren Einschläge zwar recht dicht neben unserer Marschstraße liegen, aber keinen Schaden anrichten. Am Ablaufpunkt für den Flußübergang bei Perepolny erfahren wir, daß die Brücke über den Don im Bereich der russischen Artillerie aus der Nordriegelstellung liegt. Daher kommt es darauf an, das Bataillon mit Abständen zwischen den Kompanien möglichst schnell an und über die Kriegsbrücke zu führen. Das gelingt ohne Zwischenfälle.
Auf dem Ostufer des Don geht es dann weiter bis in den Raum von Wertjatschij, wo wir in die Troßunterkünfte der 76. Infanterie-Division, die hier in der Nordriegelstellung eingesetzt ist, einziehen.
In den weit auslaufenden Schluchten und Balkas in der Steppe zwischen Don und Wolga sind die Unterkünfte verteilt, aus denen in der sternklaren Winternacht

Skizze 5: Marschweg des II. Bataillons/Grenadier-Regiment 673 nach Lösen vom Feind am 22. November 1942 aus der Stellung nördlich von Ossinkij im großen Donbogen über Radnikowskij und Radionow bis zum Don bei Perepolny.
Dort wird am 24. November 1942 der Don nach Osten überschritten.
Der Marschweg ist durch grüne Striche gekennzeichnet.

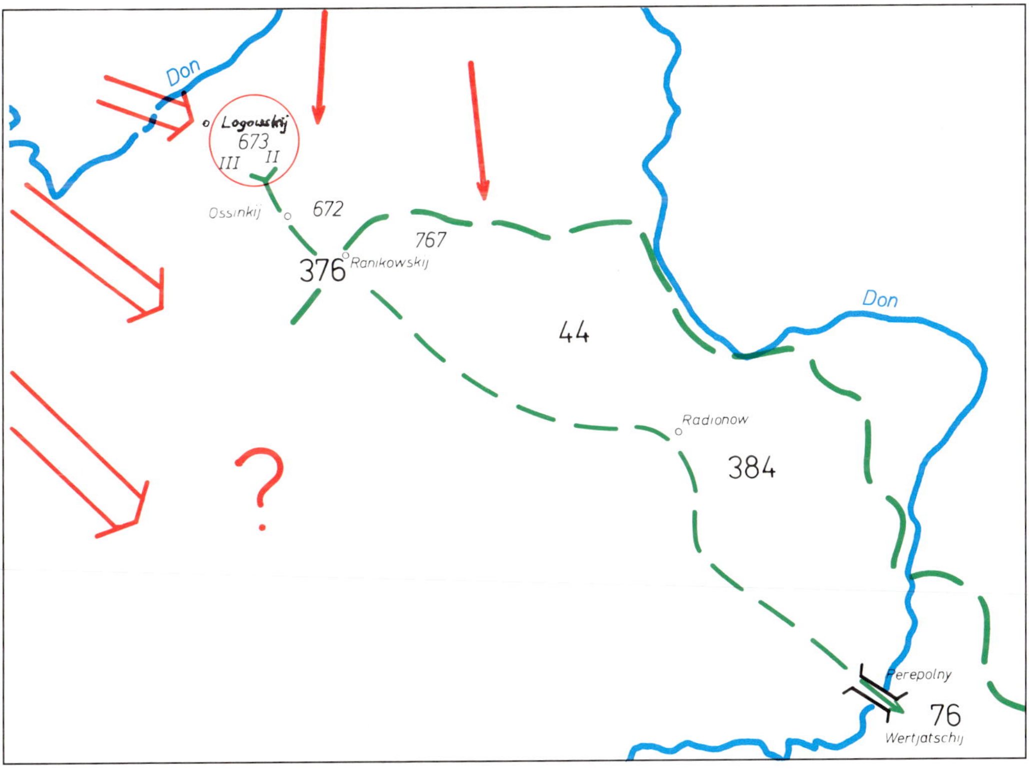

lediglich ab und an ein Lichtschein dringt. In nördlicher Richtung ist die Gefechtstätigkeit in der Nordriegelstellung zu beobachten. Im Westen und Süden, wo der Ring um die 6. Armee inzwischen geschlossen ist, herrscht noch Ruhe.
Ehe ich mich zum Schlafen hinlege, gehe ich zum Regimentskommandeur in einen benachbarten Unterstand, um ihm die Ankunft und Unterbringung des Bataillons zu melden. Dabei werde ich zusammen mit dem Führer des III. Bataillons über die inzwischen eingetretene Lage der Armee unterrichtet. Danach ist die 6. Armee sowohl durch den russischen Angriff von Norden als auch durch einen weiteren Durchbruch im Süden zwischen Don und Wolga eingeschlossen. Zum Schutz dieses Raumes nach Westen und Süden sind deutscherseits bisher nur schwächere Teile einiger Divisionen eingesetzt. Die Abwehrfront nach Westen soll nun auch durch unsere Division verstärkt werden. Wie weit und in welcher Stärke der Feind in diesen Raum bereits vorgestoßen ist und wo sich eigene Truppen im einzelnen befinden, ist noch nicht näher bekannt.
Bei dieser noch ziemlich unklaren Lage erhalte ich den Befehl, am nächsten Morgen mit dem Bataillon in südwestlicher Richtung zu marschieren, um den ca. 30 Kilometer Luftlinie entfernten Ort Illarionowskij zu erreichen. Auch dabei ist der Division nicht bekannt, ob dieser Ort bereits in feindlicher Hand ist. Es ist lediglich zu erfahren, daß der Raum um das 10 Kilometer entfernte Peskowatka noch von den eigenen Truppen besetzt ist.
Gleichzeitig wird befohlen, alle Fahrzeuge noch einmal zu überprüfen, da nur das für den Einsatz unbedingt Notwendige mitgeführt werden darf. Diese Maßnahme soll zur Vorbereitung eines auch noch möglichen Ausbruchs der gesamten Armee aus dem Einschließungsring nach Westen dienen.
So sind wir zwar nach dem Donübergang zunächst einmal der drohenden Einkesselung auf der Westseite des Don entkommen und haben den Anschluß an die Armee wieder erreicht. Aber so ganz wohl kann man sich auch jetzt nicht fühlen. Allerdings überwiegt vorerst noch das hoffnungsfrohe Gefühl, daß diese starke Armee mit 22 Divisionen letzten Endes auch diese kritische Situation meistern können muß.

Im Kriegstagebuch des XI. Armeekorps wird zu dieser ersten Phase des Abwehrkampfes gegen die Einschließung der 6. Armee im Großen Donbogen festgestellt:
Nach wechselvollen Kämpfen trat Ende August vor der Front des XI.AK, das im wesentlichen den Abschnitt von N. Akatoff bis Logowskij zu halten hatte, allmählich Ruhe ein. Trotz erheblicher Schwierigkeiten (Mangel an Menschen, Holz und Treibstoff) wurde von den 3 endgültig eingesetzten Divisionen: 384. InfDiv – 44. InfDiv – 376. InfDiv zielbewußt am Ausbau der Stellungen und Unterkünfte gearbeitet.
Mitte November waren die Arbeiten dank des sehr günstigen Wetters und der gemachten Anstrengungen so weit fortgeschritten, daß keine Sorgen für das Durchhalten während des Winters mehr bestanden. Es konnte mit Recht erwartet werden, daß trotz der dünnen Besetzung die Front jeden Feindangriff abwehren würde, zumal die Stellungen von Natur sehr günstig lagen. Bei den günstigen Wegeverhältnissen war es gelungen,

trotz der weiten Entfernung von der Zubringerbahn rechtzeitig eine gewisse Bevorratung mit Munition und besonders Verpflegung durchzuführen.
Der feindliche Durchbruch bei der links anschließenden rum. Armee führte in kürzester Zeit nicht nur in den Rücken des XI.AK, sondern auch im Verein mit einem gleichen Durchbruch südostw. von Stalingrad, zu einer Einschließung der gesamten deutschen 6. Armee.
Im Zuge dieser Entwicklung wurde es erforderlich, das XI.AK schneller als es die Lage im eigenen Bereich zu bedingen schien, über den Don zur Masse der 6. Armee heranzuziehen. Führung und Truppe wurden damit vor Anforderungen besonderer Art gestellt. Rückzugsbewegungen sind dem deutschen Soldaten schon an sich ungewohnt. Hier aber erforderte die Lage nicht nur ein Absetzen in der Front, sondern gleichzeitig auch den Aufbau einer Abwehr in Flanke und Rücken. Die Durchführung dieser Aufgabe wurde besonders erschwert dadurch, daß größte Eile geboten war, um überhaupt der 6. Armee die Bildung einer zusammenhängenden Abwehrfront ostw. des Don zu ermöglichen. Dabei bestand schon vom 21.11. ab die Gefahr, daß ein zielbewußter Feind dem Korps den Abmarsch über den Don durch kräftige Vorstöße entlang des Flusses von Norden und Südwesten her unmöglich machen würde.
Die von der Armee gegebenen, sich zeitweilig überstürzenden Befehle wurden planmäßig ausgeführt. Die Einzelbefehle wurden so sorgfälig abgefaßt, daß sie ohne irgendwelche Rückfragen seitens der Divisionen zeitgerecht ausgeführt werden konnten, wozu im übrigen die volle Einsatzbereitschaft der Soldaten aller betroffenen Einheiten und das tadellose Arbeiten der Nachrichtenverbindungen auch unter schwierigsten Verhältnissen Voraussetzungen waren.
Ungeschlagen zogen die Truppen des XI.AK unter größten Marschleistungen, immer wieder den nachdrängenden Feind abwehrend, aus ihren wohlausgebauten Stellungen, ohne dabei den Mut und die feste Zuversicht auf einen guten Ausgang zu verlieren.
Die Umstände bringen es mit sich, daß es zunächst unmöglich ist, Angaben über eigene Verluste an Menschen und Material, sowie über Feindverluste, Gefangene und Beute zu machen. Auf jeden Fall betragen die blutigen Verluste des Feindes das Mehrfache der eigenen Verluste.

In vorderster Linie – GrenRgt 673

Der Abwehrkampf an der Westfront des Kessels Stalingrad bis zum 5. Januar 1943

Am 25. November tritt das Bataillon gegen Mittag zum Marsch in Richtung Illarionowskij an, nachdem vorher alle Fahrzeuge noch einmal überprüft worden sind. Was nicht unbedingt für den weiteren Einsatz gebraucht wird und bei dem doch erhofften Ausbruch aus dem Einschließungsring nur unnötig belasten würde, wird vernichtet. Dazu gehört auch der gesamte »Papierkram« aus den Geschäftszimmerkisten bis auf die Personalunterlagen und das Kriegstagebuch. Von nun an besteht die Beladung der Fahrzeuge nur noch aus Munition und Verpflegung. Daher ist es ganz selbstverständlich, daß ich mich selbst auch von meiner Offizierkiste mit ihrem Inhalt trenne.

Bald nach dem Beginn des Marsches überqueren wir bei klarem, trockenem und kaltem Winterwetter ostwärts von Peskowatka eine größere Rollbahn, die von Ost nach West verläuft und auf der ein lebhafter LKW- und Panzerkolonnenverkehr in beiden Richtungen herrscht — ein Zeichen für die fieberhaften Umgruppierungen in der Armee zum Aufbau und zur Stabilisierung der neuen Fronten im Westen und Süden. Beim Anblick dieser massierten Kolonnen und bei den geradezu idealen Wetterverhältnissen muß man unwillkürlich daran denken, welche verheerenden Folgen ein Angriff feindlicher Flugzeuge gegen diese so gut wie ungeschützten Ziele haben würde. Doch glücklicherweise ist von russischen Flugzeugen nichts zu sehen, was wohl auch mit der Anwesenheit eigener Jagdflugzeuge zum Schutz der Armee auf dem nicht allzu weit entfernten Flugplatz in Pitomnik zu erklären ist. Bei unserem Marsch richten wir uns in erster Linie nach dem Kompaß, da in südwestlicher Richtung kaum Wege vorhanden sind und bei dem gefrorenen Boden ohne gar zu hohen Schnee recht gut querbeet marschiert werden kann.

Nachdem wir die Rollbahn hinter uns gelassen haben, ist bis zum Einbruch der Dunkelheit weder vom Feind noch von eigenen Truppen etwas zu sehen. Bei diesen ungeklärten Verhältnissen wird der Marsch in der Nacht nicht fortgesetzt, sondern im Schutz entsprechender Rundumsicherungen im Freien gezeltet. Trotz winterlicher Kälte und Schnee bleibt uns in diesem dünnbesiedelten Steppengelände keine andere Wahl.

Nach dem Hellwerden wird der Marsch fortgesetzt, und in den Mittagstunden des 26. November erreichen wir das Höhengelände nordostwärts von Illarionowskij, von wo der Ort selbst noch nicht zu sehen ist. Von dem ebenfalls inzwischen dort eingetroffenen Regimentskommandeur erhalte ich den Befehl, mich mit dem Bataillon in den hier vorhandenen ehemaligen russischen Stellungen mit Front nach Westen zur Verteidigung einzurichten. Diese Stellungen stammen aus der Zeit im August, als die 6. Armee über den Don nach Stalingrad vorrückte. Näheres über die Lage ist aber immer noch nicht zu erfahren; so zum Beispiel nicht, ob und wann der Einsatz weiterer eigener Kräfte in diesem Raum vorgesehen ist. Immerhin ist weiter südlich auf einem Höhenrücken eine offen aufgefahrene 8,8-Kanone im Feuerkampf mit drei russischen Panzern zu beobachten, der mit dem Abdrehen der Russen nach Westen endet. Der Richtung nach muß es sich dabei um feindliche Kräfte handeln, die aus der Gegend bei Kalatsch nach Osten vorgestoßen sind. In diesem Augenblick wissen wir noch nicht, daß bereits am 22. November die Donbrücke in Kalatsch unversehrt in russische Hand gefallen ist. Aber die Beobachtung der russischen Panzer deutet bereits darauf hin, daß wir in dem erreichten Gelände jederzeit mit Feindberührung rechnen müssen.

Als ob das sofort bewiesen werden sollte, erhalten wir kurz darauf — ich bin gerade dabei, die Kompanien in ihre Stellungen einzuweisen — aus einer Mulde in südwestlicher Richtung Panzerfeuer. Bei näherem Hinsehen handelt es sich dabei aber um einen eigenen Panzerspähwagen. Deshalb wird auch sofort eine Leuchtkugel zur Erkennung als eigene Truppe abgeschossen, worauf der Spähwagen zu uns heraufgefahren kommt. Von dem Kommandanten, einem jungen Leutnant, erfahren wir nun doch wenigstens etwas von der Lage in dieser Gegend. Danach befindet sich, wie wir es der Karte nach bereits festgestellt hatten, hinter den Höhen in südwestlicher Richtung das Dorf Illarionowskij, in dem und um das Teile der 3. Infanterie-Division (mot.) eingesetzt sind. Von unserem Anrücken in diesem Raum soll dort nichts bekannt sein. Da aber das Dorf auch schon von gepanzerten russischen Kräften von Westen aus angegriffen worden ist, hat man uns zunächst ebenfalls für feindliche Truppen gehalten.

Ich fahre daraufhin sofort mit dem Spähwagen zum Regimentskommandeur, der in nicht allzu weiter Entfernung dabei ist, seinen Gefechtsstand einzurichten. Dort findet sich dann auch noch der Divisionskommandeur ein, wobei sich herausstellt, daß die Division ebenfalls noch dabei ist, sich einen ausreichenden Überblick über die Verhältnisse in ihrem neuen Einsatzraum zu verschaffen. Durch den schnellen Vorstoß der Russen in den Rücken der 6. Armee, den Rückzug des gesamten XI. Armeekorps über den Don nach Osten und die Notwendigkeit, nun so rasch als möglich neue Fronten nach Westen und Süden aufbauen zu müssen, scheint die Führung in der Armee doch etwas durcheinandergekommen zu sein. Da unsere Division beim Aufbau dieser neuen Westfront die im Raum Illarionowskij vorgeworfenen Teile der 3. Infanterie-Division (mot.) für deren Einsatz weiter südlich bei Marinowka freimachen soll, erhalte ich nun den Befehl, sofort nach Illarionowskij zu marschieren, dort ein Bataillon der 3. Division abzulösen und damit die Verteidigung des Dorfes zu übernehmen.

Während sich mein Bataillon zum Vorrücken nach Illarionowskij fertig macht und sich dann dorthin in Marsch setzt, fahre ich voraus, um mit dem Kommandeur des dort eingesetzten Bataillons des Infanterie-Regiments (mot.) 29, Major Bechler, die Übernahme der Verteidigung in diesem Abschnitt vorzubereiten. Außer dem Bataillon Bechler befinden sich dort von der 3. Infanterie-Division (mot.) noch eine Panzerkompanie der Panzerabteilung 103 unter Führung von Hauptmann Haen und eine Kradschützen-Kompanie des Kradschützenbataillons 53. Während diese Teile der 3. Infanterie-Division (mot.) erst aufgrund des russischen Durchbruchs am Don

und südlich von Stalingrad hierher am 23. November aus ihren bisherigen Stellungen an der Nordfront von Stalingrad gekommen waren, hatten bereits vorher hier in dem bis dahin rückwärtigen Etappenraum der Armee untergebrachte Truppenteile eine Ortsverteidigung eingerichtet. Dabei handelt es sich um ein Pionierbaubataillon unter Hauptmann Harler und das Feldersatzbataillon der 76. Infanterie-Division. Anschlüsse oder Verbindungen zu weiteren eigenen Truppenteilen in unmittelbarer Nähe sind nicht vorhanden.
Bisher hatte der Russe nur mit schwächeren motorisierten Kräften gegen Illarionowskij vorgefühlt, war dabei aber stets ohne Erfolg geblieben und nach Westen zurückgeworfen worden. Eine unmittelbare Feindberührung besteht daher zur Zeit der Übernahme dieses Abschnittes nicht. Die Ablösung kann somit an diesem Nachmittag in den vorhandenen Stellungen reibungslos durchgeführt werden.
Nach Einbruch der Dunkelheit rückt dann das Bataillon des Infanterie-Regiments (mot.) 29 unter Führung des Major Bechler ab. (Bechler sollte später in der Gefangenschaft im Nationalkomitee Freies Deutschland und anschließend in der Ostzone bzw. DDR eine fragwürdige, auch beschämende Rolle spielen.)
Die Panzerkompanie und die Kradschützenkompanie werden noch nicht abgezogen, sondern auf Zusammenarbeit mit mir angewiesen, während die beiden ortsansässigen Bataillone mir unterstellt werden. Besonders die Verstärkung durch die Panzer ist uns natürlich sehr willkommen, zumal vorerst keine Unterstützung durch schwere Waffen vorhanden ist. Ob und in welchem Umfang unsere eigene Division überhaupt noch Artillerie zur Verfügung hat, ist nach dem Verlust der schweren Waffen beim Rückzug aus den Stellungen am Don ohnehin sehr ungewiß.
Während die beiden ortskundigen Bataillone wie bisher, aber verstärkt durch die 6. Kompanie meines Bataillons, die Stellungen am Dorfrand besetzen, behalte ich die übrigen Kompanien als Reserve im Ort selbst zurück. Zusammen mit der Panzer- und der Kradschützenkompanie werden Gegenangriffsmöglichkeiten vorbereitet. Während die Panzerkompanie bei Tage in oder sogar vor der Hauptkampflinie Feuerstellungen bezieht, um bereits auf weite Entfernung den angreifenden Feind bekämpfen zu können, zieht sie sich in der Nacht in das Dorf zurück, wo sie sich in dem dann erforderlichen infanteristischen Schutz für einen jederzeitigen Einsatz bereithält.
Bereits am nächsten Morgen erweist es sich, wie notwendig die Vorbereitungen für Gegenstöße oder Gegenangriffe sind.
Nachdem ich erst ziemlich spät in dieser Nacht zum Schlafen gekommen bin, werde ich im ersten Morgengrauen dieses 27. November plötzlich von heftigem Gefechtslärm geweckt. Sehr schnell stellt es sich heraus, daß der Russe noch vor dem Hellwerden sich im Schutz der Dunkelheit bis unmittelbar vor die Stellungen des Pionierbaubataillons angenähert hat, wobei die Sicherungen des Bataillons sich offensichtlich haben überraschen lassen. Bald sind die Stellungen dieses Bataillons an mehreren Stellen vom Russen überrannt, und im Dorf spielt sich ein zunächst noch recht wildes Geschieße ab. Doch recht bald kann ich die 5. Kompanie und

andere Teile des Bataillons zusammen mit den Panzern und auch Kradschützen so zu einem Gegenstoß ansetzen, daß es bald gelingt, den Feind unter Zurücklassen von Waffen und Gerät nicht nur wieder aus dem Dorf heraus –, sondern noch ein ganzes Stück nach Westen zurückzuwerfen. Bei den schließlich fluchtartig sich zurückziehenden Russen handelt es sich wohl immer noch um Teile der Stoßkräfte, die bisher bei Kalatsch über den Don nach Osten vorgestoßen sind und nun in der Tiefe des rückwärtigen Raumes der 6. Armee die Verbindung mit den südlich von Stalingrad durchgebrochenen russischen Kräften herstellen, um so den Ring um unsere Armee weiter zu schließen.
Bei den wenigen Ortschaften in diesem Raum zwischen Don und Wolga ist gerade in dieser Winterzeit, wo oft die eisig kalten Schneestürme unbarmherzig über die Steppe fegen, der Besitz jedes, noch so kleinen Dorfes von besonderer Bedeutung. So entbrennt in diesen Tagen auch weiterhin ein hartes Ringen um das von uns erfolgreich verteidigte Illarionowskij. Da die wiederholt angreifenden Russen aber noch nicht durch Artillerie unterstützt werden, handelt es sich nach wie vor um die vordersten Teile der russischen Durchbruchsarmee, die erst noch weitere Kräfte in den Durchbruchsraum nachführen muß.
Am 28. November wird der Regimentskommandeur, Oberst Borst, am Ostrand des Dorfes, wo sich nach einer vorübergehenden Einschließung durch schwache feindliche Panzerteile jetzt der Regimentsgefechtsstand befindet, durch Granatwerfer verwundet, als ich ihm gerade Einzelheiten über einen kurz vorher erfolgreich abgeschlossenen Gegenangriff melde. Nachdem Oberst Borst abtransportiert und später aus dem Kessel ausgeflogen wird, übernimmt Hauptmann Ehrich vom Divisionsstab die Führung unseres Regiments.
Am gleichen Tag verliere ich meinen langjährigen Burschen, den Obergefreiten Gerhard Peter, der mich seit Februar 1940 begleitet und immer fürsorglich betreut hat. Als sich am Nachmittag wieder feindliche Panzer dem Dorf nähern und bereits aus weiter Entfernung das Feuer eröffnen, wird er am Eingang des Hauses, in dem sich mein Gefechtsstand im westlichen Teil von Illiarionowskij befindet, von einer Panzergranate am Kopf so schwer verwundet, daß er bald darauf diesen Verletzungen erliegt. Auf dem Heldenfriedhof von Nowo Alexejewskij ist er einer der ersten der großen Zahl von Gefallenen des Regiments, die dort in den kommenden Tagen und Wochen von uns beerdigt werden müssen.
Als ich im Lauf des 29. November daran gehe, die eben doch recht unerfahrenen und erheblich angeschlagenen Teile des Pionierbaubataillons durch eine weitere Kompanie meines Bataillons zu ersetzen, kommt der Befehl, noch an diesem Abend das Dorf Illiarionowskij zu räumen. Die immer noch im Aufbau befindlichen Kesselfronten im Westen und Süden sollen hier, wo sie besonders weit in einem Bogen nach Westen verlaufen, weiter nach Osten zurückgenommen und damit verkürzt werden. Für uns bedeutet dies insofern den schmerzlichen Nachteil, die bei diesem Winterwetter unmittelbar bei den Stellungen vorhandenen Unterkünfte in einem Dorf nicht mehr ausnutzen zu können.

Von einem Ausbruch der Armee nach Westen, der nach unseren Eindrücken von der Stärke des Feindes bisher recht aussichtsreich erscheint, ist nichts mehr zu hören, genau so wenig, wie überhaupt über die derzeitige Lage unserer 6. Armee.
Nach Einbruch der Dunkelheit verlassen wir am Abend des 29. November das in den letzten Tagen erfolgreich verteidigte Illiarianowskij und überlassen es kampflos den Russen, die damit einen für sie wichtigen Stützpunkt ostwärts des Don vor der neuen Westfront des Kessels Stalingrad gewinnen.
Damit endet auch die Zusammenarbeit mit den hier mit uns eingesetzten Einheiten, soweit sie nicht zu unserer Division gehören. Während deren Weg in andere Richtungen führt, müssen wir in dieser Nacht noch bis zu dem ca. 20 Kilometer ostwärts gelegenen Dorf Nowo Alexejewskij marschieren. Da dieser Ort bereits mit den verschiedensten Truppenteilen völlig überbelegt ist, gelingt es nur mit großer Mühe, den Soldaten des Bataillons ein Dach über dem Kopf zu verschaffen. Mit dem Bataillonsstab komme ich in einem Haus unter, in dem schon seit längerer Zeit eine Feldpoststelle der Armee sich niedergelassen hat. Bis vor kurzem lag sie hier noch weit hinter der Front, fernab von jedem Kampfgeschehen, und noch immer spürt man so etwas von dem bisher gewohnten Etappendasein, das nun durch uns wohl oder übel empfindlich gestört wird. So fällt uns besonders die hier offensichtlich noch übliche reichhaltige Verpflegung auf, die vor unseren Augen aufgetischt, aber auch mit uns geteilt wird. Sonst sind wir für weitere Überlegungen und Feststellungen nach den vergangenen Tagen mit dem ununterbrochenem Einsatz bei der Verteidigung von Illarionowskij viel zu müde und daher froh, die Aussicht auf einen hoffentlich längeren, ungestörten Schlaf zu haben.
Nur so im Unterbewußtsein bekomme ich in meinem tiefen Schlaf mit, daß am Morgen des nächsten Tages ein Melder des Regiments mit einem weiteren Befehl erscheint. Als mich dann schließlich doch der Bataillonsadjutant weckt, ist es mit der erhofften Ruhepause schon wieder vorbei. Wie ich nun erfahre, müssen wir noch an diesem Tag wieder in Richtung Westen hinter Dimitrijewka zurückmarschieren, durch das wir gerade erst auf unserem Rückmarsch von Illarionowskij gekommen sind. Dort sollen wir dann einen bisher von schwächeren Teilen der 113. Infanterie-Division gesicherten Abschnitt übernehmen.
Damit soll nunmehr unsere 376. Infanterie-Division zusammen mit der 3. Infanterie-Division (mot.) links und der 44. Infanterie-Division rechts davon die endgültige Verteidigungslinie an der West- beziehungsweise Nordwestfront der in der sogenannten »Festung Stalingrad« eingeschlossenen 6. Armee bilden. (– Skizze 6 –)
Bei unserer Division, die inzwischen dem für diesen Frontabschnitt zuständigen XIV. Panzerkorps unter General der Panzertruppen Hube unterstellt worden ist, werden eingesetzt:
Links: Grenadier-Regiment 672 (Oberst Chrobek), in der Mitte: Grenadier-Regiment 673 (Hauptmann Ehrich) und rechts: Grenadier-Regiment 767 (Oberstleutnant Steidle).

Skizze 6: Der Frontverlauf der eingeschlossenen 6. Armee im »Kessel von Stalingrad«. Der Einsatz des Grenadier-Regiments 673 ist jeweils mit einem roten Kreis gekennzeichnet. Zunächst in der Zeit vom 1. Dezember bis zum 5. Januar westlich von Dimitrijewka und nördlich davon am Kasatschij-Hügel. Danach an der Südfront bei Rokotino und danach bei der 3. InfDiv(mot) an der Bahnlinie nördlich von Woroponowo bis zum 23. Januar.

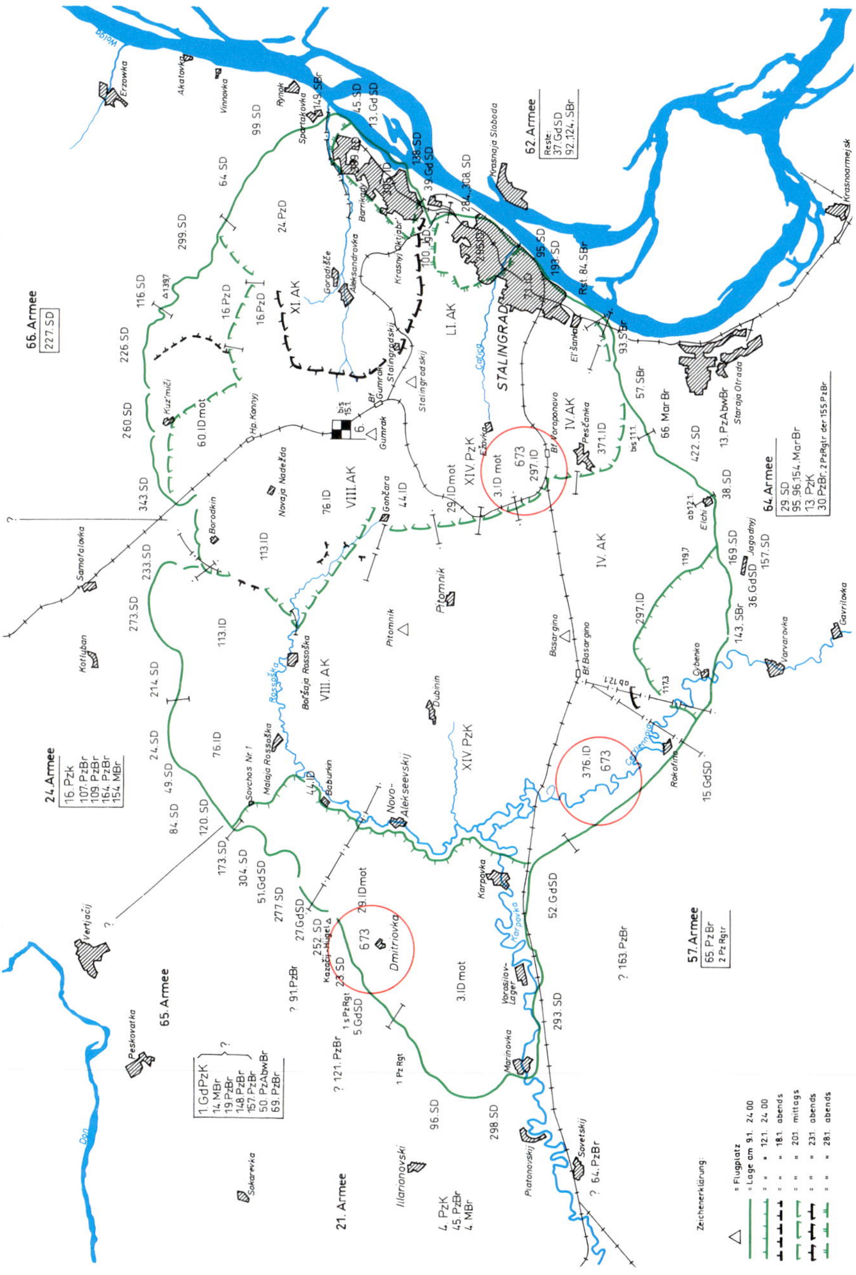

Im Lauf des 30. November fahre ich bei Schneetreiben mit meinen Kompanieführern über Dimitrijewka in den neuen Abschnitt, um dort von einem Offizier der 113. Infanterie-Division im Gelände eingewiesen zu werden.
Unser neuer Einsatzraum liegt auf dem halben Weg zwischen Dimitrijewka, wo nun die Gefechtstrosse des Regiments unterziehen, und Illarionowskij, und so etwa 8.000 Meter nordostwärts von der Ortschaft, die wir ja gerade am Abend vorher geräumt haben. Hier soll jetzt auf einem flachen, von Südwest nach Nordost verlaufenden Höhenrücken die neue Verteidigungsstellung von uns eingerichtet werden, da irgendwelche vorbereiteten Stellungen in dieser Schneelandschaft natürlich nicht vorhanden sind.
Bei der inzwischen eintretenden Dunkelheit erschweren die schlechten Sichtverhältnisse die ohnehin nicht einfache Orientierung in diesem gleichförmigen Gelände. Kennzeichen für die Kompanieabschnitte und die Hauptkampflinie geraten zudem bei dem Schneetreiben schnell in Gefahr, wieder verweht zu werden. Im Lauf der Nacht werden dann die Kompanien in ihre Abschnitte vorgeführt, glücklicherweise ohne zunächst vom Feind dabei gestört zu werden. Für den Ausbau der Stellungen kommt es in erster Linie jetzt darauf an, so schnell als möglich in den gefrorenen Boden wenigstens erst einmal Deckungslöcher zu graben, um auf der Schneefläche nicht völlig ungeschützt den Abwehrkampf führen zu müssen. So gelingt es auch bis zum Hellwerden, einen ersten Teilausbau in den Stellungen des Bataillons zu erreichen.
Im Abschnitt des Regiments bin ich mit dem II. Bataillon rechts eingesetzt, links das III. Bataillon. Die Breite des Gefechtsstreifens und die in diesem Gelände notwendige Staffelung in die Tiefe lassen es nur zu, daß ich lediglich zwei Gruppen im Bataillon als Reserve für Gegenstöße zur Verfügung behalten kann. Ein besonderer Schwerpunkt in der Verteidigung ist im Gefechtsstreifen des Bataillons noch nicht zu erkennen. Die schweren Maschinengewehre der 8. Kompanie werden daher den Grenadierkompanien unterstellt, während der Granatwerferzug so in Höhe des Bataillongefechtsstandes in Stellung geht, daß er vor dem gesamten Abschnitt des Bataillons wirken kann. Es sollte sich bald herausstellen, daß diese Einsatzgliederung des Bataillons sich unter den gegebenen Umständen durchaus bewährt.
Die für das Steppengebiet an Don und Wolga typischen kleinen Schluchten, hier »Balkas« genannt, verlaufen in unserem Abschnitt meist in ostwärtiger Richtung vom Höhengelände herab in eine breite Talmulde, wo sich weiter unten das Dorf Dimitrijewka befindet. In diesen Balkas finden wir Erdlöcher, ja sogar einige wenige ausgebaute Unterstände, die wenigstens für Gefechtsstände, Verbandsplatz und Unterkunft von Reservegruppen etwas besseren Schutz vor Kälte und Schnee bieten.
Für die Nachrichtenverbindungen innerhalb des Bataillons und auch zum Regiment sind wir fast nur noch auf Funkverbindungen angewiesen, da die Fernsprecheinrichtungen bei dem plötzlichen Räumen unserer so gut ausgebauten Stellungen am

Don bei Ossinkij am 24. November so gut wie gar nicht mehr abgebaut und mitgeführt werden konnten.
Das fieberhafte Einrichten und Ausbauen der Stellungen kann am 1. Dezember zunächst noch weitgehend ungestört fortgesetzt werden. Lediglich kleinere, durchaus zu erwartende Spähtrupps der Russen, die ja erst die für sie sicher ebenso überraschende Zurücknahme unserer Stellungen bei Illarionowskij aufklären müssen, können ohne Schwierigkeiten abgewehrt werden.
Bei dem daher bei Tageslicht möglichen Gang durch die eigenen Stellungen bestätigt sich die Annahme, daß die Kompanien unter weitgehender Ausnutzung der Sicht- und Schußweiten auf dem flach nach Westen abfallendem Höhenrücken durchaus günstige Abwehrmöglichkeiten gegen feindliche Infanterieangriffe haben. So vorteilhaft das aber auch einerseits sein mag — sieht man einmal von den in der vordersten Linie fehlenden Schutzmöglichkeiten gegen Schnee und Kälte ab —, so lassen sich aber erst recht nicht auf der anderen Seite die völlig unzureichenden Schutz- und Abwehrmöglichkeiten gegen feindliche Panzerangriffe übersehen. Denn die uns hierfür zur Verfügung stehenden Mittel sind keineswegs dazu geeignet, erfolgreich gegen feindliche Panzer zu bestehen. Für die Anlage von Minensperren, Drahthindernissen oder auch für geballte Ladungen fehlt nicht nur das dazu erforderliche Material, sondern bald noch mehr die entsprechende Vorbereitungszeit. Da unser Regiment in der 14. Panzerabwehrkompanie nur noch über einen Pak-Zug verfügt, die 13. (Infanteriegeschütz)Kompanie sogar überhaupt keine Geschütze mehr hat, sind wir bei der Unterstützung durch schwere Waffen auf das angewiesen, was uns aus anderen Verbänden zugeführt werden kann. Das gilt auch für die Artillerie, bei der die eigene Division so gut wie kein Geschütz mehr besitzt. Bei der Unterstützung durch andere Einheiten wird die Flak-Batterie der 9. Flak-Division mit ihren 8,8-Kanonen, die in unserem Abschnitt in Stellung geht, der wichtigste Rückhalt bei der Panzerabwehr.
Mit dem 2. Dezember beginnt in unserem Abschnitt und zugleich bei unseren Nachbarn an der West- und Nordwestfront des Kessels Stalingrad der Russe mit starken Infanterie- und Panzerkräften eine fast ununterbrochene Angriffstätigkeit. Dabei verfolgt er offensichtlich das Ziel, die eingeschlossene 6. Armee von hier aus ein- und zusammenzudrücken. Damit stehen wir in diesen nächsten Tagen und Wochen im Brennpunkt des Abwehrkampfes unserer Armee.
Am ersten Tag unseres Einsatzes in der Stellung westlich von Dimitrijewka wird der Regimentsführer, Hauptmann Ehrich, verwundet. Daraufhin werde ich vom Divisionskommandeur mit der Führung des Grenadier-Regiments 673 beauftragt. (Mit Wirkung vom 1.12.1942 werde ich wegen Tapferkeit vorm Feind vorzugsweise zum Hauptmann befördert. Nach dem Eisernen Kreuz 1. Klasse und dem Infanteriesturmabzeichen werde ich mit dem Deutschen Kreuz in Gold ausgezeichnet, was ich erst nach der Rückkehr aus der Kriegsgefangenschaft erfahre.)
Zu diesem Zeitpunkt, als ich die Führung des Regiments übernehme, besteht es noch aus dem II. und III. Bataillon, der 13. (Infanteriegeschütz)Kompanie, die man-

gels Geschützen infanteristisch eingesetzt ist, der 14. (Panzerabwehr)Kompanie mit einem Pak-Zug und der dem Regiment noch unterstellten Radfahrkompanie der Aufklärungsabteilung 376. Die Gefechtsstärke des Regiments beträgt Anfang Dezember — ohne Gefechtstrosse — noch rund 600 Soldaten.
In einem, in seinen Einzelheiten kaum nachzuzeichnenden Einsatz gelingt es, mit dem Regiment in der Zeit vom 2. bis zum 18. Dezember die Stellung trotz ständiger Angriffe der Russen zu halten. Allerdings werden diese Abwehrerfolge des Regiments mit so starken Verlusten an Gefallenen, Verwundeten und Kranken errungen, daß sich unsere Gefechtsstärke täglich spürbar verringert.
Dabei spielt es zweifellos eine nicht unwesentliche Rolle, daß wir uns im Vergleich zu der Abwehrkraft, die wir in den gerade für den Winterkampf gut ausgebauten Verteidigungsstellungen am Don bis zum 22. November besessen haben, jetzt uns allein schon im Hinblick auf die stellungs- und waffenausstattungsmäßigen Voraussetzungen in einer erheblich schlechteren Lage befinden.
Dazu kommt aber auch noch die unter diesen erschwerten Einsatzverhältnissen besonders nachteilige, unzureichende Ernährungssituation. Denn alle Verpflegungsvorräte des Regiments und der gesamten Division mußten jenseits des Don zurückgelassen werden, wo sie inzwischen dem Feind in die Hände gefallen sind. So sind wir auch dabei auf einen Ausgleich innerhalb der Armee angewiesen. Ob und in welchem Umfang die angekündigte Luftversorgung möglich und ausreichend sein wird, können wir ohnehin nicht übersehen. Ständig sind die Zahlmeister des Regiments unterwegs, um so gut wie irgend möglich die Verpflegung sicherzustellen. Aber bald muß die tägliche Brotration auf 100 g herabgesetzt werden. Die jeden Abend in die Stellungen nach vorn gebrachte Warmverpflegung kann meistens nur noch mit Pferdefleisch aufgebessert werden.
Unter allen diesen wohl kaum schlechter vorstellbaren Zuständen ist es immer wieder mehr als erstaunlich, wie die Angehörigen des Regiments in den Schützenlöchern die Angriffe der Russen erfolgreich abwehren. Bei den ersten Angriffen fährt die russische Infanterie meistens aufgesessen auf den Panzern an unsere Stellungen heran, um bei dem tiefen Schnee das Gelände leichter und schneller überwinden zu können. Das ist aber für die erfolgreiche Bekämpfung der dadurch ungeschützten Infanteristen auf den Panzern, insbesondere durch unsere Maschinengewehre, nur von Vorteil. Die dabei zwangsläufig eintretenden hohen Verluste der Russen führen bald dazu, daß dieses Angriffsverfahren nicht lange beibehalten wird und die russischen Infanteristen zu Fuß und damit langsamer, meist als Trauben um die Panzer herum oder dahinter angreifen. Diese uns schon länger bekannte und nach wie vor bei den Russen übliche Methode der massierten Infanterieangriffe stellt uns bei der Verteidigung an sich vor keine großen Probleme, wenn man einmal von den Panzern absieht.
Bezeichnend ist bei diesen russischen Angriffen auch wieder das Schreien der Kommissare, die bemüht sind, ihre Soldaten nach vorn zu treiben. Aus Gefangenenaussagen erfahren wir, daß den russischen Soldaten als Anreiz von dem hinter

unserer Stellung liegenden Dorf Dimitrijewka erzählt worden ist, wo sie nicht nur warme Unterkünfte, sondern insbesondere auch wieder deutsche Verpflegung erbeuten könnten, wie sie es bereits bei ihrem Vorstoß über den Don erlebt hatten. Natürlich sind warme Unterkünfte etwas Erstrebenswertes, denn die Russen sind ebenso wie wir der Kälte ausgesetzt; deutsche Verpflegung zu erbeuten, ist erst recht sehr verlockend für russische Soldaten. Die Beute, die sie in den zum Teil völlig unzerstörten Verpflegungsdepots unserer Armee bei ihrem Angriff südlich und westlich des Don gemacht haben, bestand doch aus Dingen, die diese russischen Landser nicht einmal vom Hörensagen gekannt haben. Bei einzelnen Gefangenen finden wir noch Teile dieser erbeuteten deutschen Verpflegung. Man kann sich leicht vorstellen, daß durch diese Depots im rückwärtigen Armeegebiet, soweit sie den Russen bei ihrem weiträumigen Durchbruch in die Hände gefallen sind, die Nachschubsituation für sie erheblich erleichtert worden ist. Dabei hat es auch Fälle gegeben, wo größere Mengen an erbeuteten Alkoholvorräten einzelne Einheiten vorübergehend »kampfunfähig« gemacht haben.
Was aber bei diesen ständigen Angriffen erwartungsgemäß nicht verhindert werden kann, ist der Einbruch und auch Durchbruch russischer Panzer, die dann, zwar getrennt von den ursprünglich mit ihnen zusammen angreifenden Schützen, so gut wie unbehelligt in und durch unsere Stellungen fahren können. Verbissen wehren sich die Soldaten des Regiments in ihren mühsam im tiefgefrorenen Boden ausgegrabenen Deckungslöchern, wenn die Panzer dazwischen herumfahren und auch versuchen, diese Deckungslöcher zusammenzufahren. Doch glücklicherweise ist dies eben bei dem gefrorenen Boden so gut wie unmöglich. Immer wieder kommt es vor, daß wir im toten Winkel der Waffen eines russischen Panzers liegen oder stehen und nicht einmal eine Mine oder geballte Ladung zur Verfügung haben, um sie unter die Ketten oder auf den Motorraum des Panzers legen zu können, damit er zunächst wenigstens bewegungsunfähig gemacht werden kann. Die inzwischen aus längerer Erfahrung nach Überwindung eines anfänglichen Panzerschrecks gewonnene Sicherheit gegenüber den Schwachstellen eines Panzers in derartigen Lagen bringt uns jetzt immer wieder in ohnmächtige Wut, weil wir daraus keinen Nutzen ziehen können. Nur in ganz wenigen Fällen gelingt es, einen Panzer im Nahkampf außer Gefecht zu setzen, wenn die Besatzung eben doch einmal unvorsichtigerweise die Luke öffnet. Das kommt aber nur dann vor, wenn sich die Besatzung offensichtlich nicht mehr anders zu helfen weiß, um sich über ihren eigenen Standort zu orientieren. Denn die damit verbundenen Gefahren für einen Panzer in einer feindlichen Stellung sind den Panzerleuten natürlich bekannt.
In diesen sich schon fast täglich wiederholenden kritischen Situationen wird der Einsatz der 8,8-Flak-Batterie in unserem Abschnitt zu einem entscheidenden Rückhalt für die eigene Verteidigung. Alle feindlichen Panzer, die unsere Stellungen durchbrechen, geraten nämlich dann im rückwärtigen Teil unseres Gefechtsstreifens in den Schußbereich dieser Fla-Kanonen, die sich immer wieder so ausgezeichnet im Erdeinsatz bei der Panzerbekämpfung bewähren. Die großen

Erfolge dieser Batterie sind an der ständig in diesem Raum zunehmenden Zahl abgeschossener russischer Panzer zu erkennen. Diese wichtige und erfolgreiche Unterstützung bei der Panzerabwehr wirkt sich auf die ohnehin stark strapazierte Moral der eigenen Soldaten spürbar positiv aus, während sich allmählich auch eine abschreckende Wirkung gegenüber den feindlichen Panzervorstößen feststellen läßt.
Trotz allem läßt es sich aber nicht verhindern, daß der Feind mit seinen offensichtlich vor unserer Front stärker werdenden Kräften — zunächst allerdings noch geringfügige — Erfolge erzielen kann.
So gelingt ihm am 5. Dezember ein Einbruch in unsere Stellungen an der Naht zum linken Nachbarn, dem Grenadier-Regiment 672, dessen rechter Flügel ebenfalls zurückgedrängt wird. Trotz eines, wie in derartigen Situationen inzwischen eingespielten, Gegenstoßes gelingt es aber diesmal nicht, die alte Hauptkampflinie in vollem Umfang wieder zurückzugewinnen, sondern nur noch in einer etwas zurückverlegten Stellung die Einbruchsstelle gemeinsam mit dem linken Nachbarn abzuriegeln. Mit dem Kommandeur des Nachbarregiments, Oberst Chrobek, bin ich mir einig, keine weiteren Versuche zu unternehmen, um an dieser Stelle die ursprüngliche vorderste Linie unserer Verteidigungsstellungen wiederherzustellen und damit den Einbruch restlos zu beseitigen. Wie es sich nach eingehender Beobachtung bald erkennen läßt, hat der Feind sich dort bereits mit stärkeren Kräften, dabei auch mit vier Panzern in gedeckter Stellung, so festgesetzt, daß ein voraussichtlich für uns recht verlustreicher Gegenangriff infolge nicht ausreichend möglicher Unterstützung durch schwere Waffen bei dem relativ geringen Geländeverlust nicht gerechtfertigt werden kann. Die unseren Regimentern befohlene Verteidigung wird dadurch nicht wesentlich beeinträchtigt.
Für mein eigenes Regiment bleibt dies der einzige bemerkenswerte Geländeverlust bei diesen Abwehrkämpfen in der Stellung westlich von Dimitrijewka bis zum 18. Dezember.
Die Zusammenarbeit mit Oberst Chrobek ist für mich als ungewöhnlich jungem Regimentsführer, wie es das wohl nur in einer Ausnahmesituation geben kann, in diesen Tagen ein besonderer Lichtblick. Um seinen Rat und seine Unterstützung zu bekommen, suche ich ihn, wenn es die Lage erlaubt, auf seinem nicht weit entfernten Gefechtsstand auf. — »Zank, die Lage ist hoffnungslos, aber nicht ernst, kommen Sie, erst einmal einen Schnaps!« sind seine aufmunternden Begrüßungsworte, bevor wir uns dann über die Sorgen und Nöte in unserer schwierigen Situation unterhalten oder zum Ausgleich über unsere gemeinsame Heimat in Schlesien sprechen.
Als Oberst Chrobek am 8. Dezember fällt, trifft mich der Verlust dieses bewährten Vorgesetzten und Eichenlaubträgers, den ich in dieser Zeit mehr als jeden anderen Vorgesetzten oder älteren Offizier schätzen und achten gelernt habe, recht hart. Bei einer Erkundung in seinem Regimentsabschnitt fällt er durch die Kugel eines feindlichen Scharfschützen.

In dem offenen Gelände ist es eben besonders gefährlich, am Tage nach vorn in die Stellungen zu gehen oder auch hinter der Hauptkampflinie die Balkas zu verlassen und über das deckungslose Höhengelände zu laufen. Dort hat man so gut wie überhaupt keinen Schutz vor feindlicher Sicht und insbesondere vor den auf der Lauer liegenden russischen Scharfschützen. Deshalb sind unsere vorn in den Schützen- und Panzerdeckungslöchern eingesetzten Soldaten tagsüber in ihren Stellungen praktisch festgenagelt. Doch versuchen sie mit immer neuen Tricks, die feindlichen Scharfschützen auszumachen, um sie dann ausschalten zu können. Wie bei Panzer- oder Flugzeugabschüssen werden durch Zeugen bestätigte Erfolge bei der Bekämpfung dieser feindlichen Scharfschützen registriert. Zur Belohnung gibt es die uns Kommandeuren besonders zugeteilten Zigaretten oder Schokolade, die sonst nicht mehr als normale Zuteilung vorhanden sind. Wenn mehrere derartige erfolgreiche Einsätze im Kampf gegen feindliche Scharfschützen bestätigt werden, erfolgt die unter diesen außergewöhnlichen Verhältnissen verdiente Auszeichnung mit dem Eisernen Kreuz.
In den Fällen, wo ich tagsüber in den Stellungen vorn in der Hauptkampflinie unterwegs bin, habe ich jedes Mal viel Glück. So auch, als ich einmal beim Rückweg aus der vordersten Linie zu meinem Gefechtsstand von einem feindlichen Angriff überrascht werde. Als ich dabei von einem russischen Panzer entdeckt und in dem tiefen Schnee gejagt werde, gelingt es mir dann doch noch, in seinen toten Winkel und in eine schützende Balka zu entkommen. Der Panzer, der sich dabei zu weit allein hinter unsere Stellungen wagt, wird kurz darauf von der Flak-Batterie mit der 8,8-Kanone abgeschossen.
Normalermeise bin ich in den langen Winternächten oft unterwegs, um die vorn eingesetzten Kompanien des Regiments in ihren Stellungen aufzusuchen, allein schon deswegen, um mich selbst von dem Zustand der Soldaten und ihrer Waffen überzeugen zu können. Bei diesen nächtlichen Rundgängen dreht sich dann aber verständlicherweise das Gespräch in den Deckungslöchern und Unterständen in erster Linie um die Frage, ob und wann wir hier aus diesem Schlamassel überhaupt noch einmal herauskommen und dazu aus dem Kessel ausbrechen oder etwa von außerhalb befreit werden. Da ich mir selbst zu dieser Zeit noch nicht vorstellen kann, daß man unsere Armee mit ihren 22 Divisionen hier in Stalingrad aufgeben und untergehen lassen wird, fällt es mir auch gar nicht schwer, den Männern immer wieder Mut und Hoffnung zu machen. Es ist schon erstaunlich, wie nach den Erlebnissen in den Tagen seit dem 19. November unter diesen unglaublichen Verhältnissen der Einsatzwille und die Widerstandskraft zusammen mit der optimistischen Erwartung für ein baldiges glückliches Ende ungebrochen geblieben sind. Über die Einzelheiten der Gesamtlage bei unserer Armee und außerhalb des Kessels sowie die weiteren Absichten der höheren Führung erfahren wir in dieser Zeit so gut wie nichts.
Von meinem nächsten Vorgesetzten, dem Divisionskommandeur Generalmajor von Daniels, ist weder auf meinem Gefechtsstand noch vorn in der Stellung etwas zu

sehen. Der Verkehr mit der Division beschränkt sich auf die üblichen Meldungen und von dort kommende Befehle sowie auf einen Besuch, den ich in diesen Tagen auf dem Divisionsgefechtsstand und bei dem General mache, nachdem ich zu einer Lagebesprechung dorthin befohlen worden bin. Wie ich dabei erfahre, ist von dem ursprünglich vorgesehenen Ausbruch der Armee nichts Bestimmtes bekannt; es soll aber ein Entsatzangriff von außerhalb des Kessels in Vorbereitung sein.
Um den Soldaten bei ihrem ständigen Einsatz in Kälte und Schnee in der Verteidigungsstellung wenigstens etwas zu helfen, ist für die Kompanien ein internes Ablöseverfahren eingeführt worden, zumal ich im Regiment keine eigenen Reserven zur Verfügung habe, die eine Ablösung ganzer Einheiten möglich machen würde. Bei diesem Verfahren kommen jeden Abend in ständigem Wechsel einige Soldaten der vorn eingesetzten Kompanien für einen Tag nach hinten in die Unterkünfte der Gefechtstrosse des Regiments in Dimitrijewka. Dort können sie sich dann in diesen 24 Stunden bei einem Dach über dem Kopf zunächst einmal wieder gründlich aufwärmen und reinigen, um dann auch mal wieder einige Stunden ungestört zu schlafen. Da wir inzwischen aber auch von der Verlausung nicht verschont geblieben sind, gehört die »Läusejagd« nun ebenfalls zu dem »normalen« Tagesablauf, soweit es die Zeit und die Umstände zulassen. Dieser Troßaufenthalt wird so geregelt, daß jeder der Kompanieangehörigen mindestens alle zehn Tage in den Genuß eines derartigen Erholungstages kommt.
Doch alle Strapazen dieser Zeit in der Verteidigungsstellung an der Westfront des Kessels Stalingrad werden überschattet von der am meisten bedrückenden Tatsache, daß die Reihen des Regiments von Tag zu Tag immer weiter durch Tod, Verwundung und auch durch stärkere Erfrierungen gelichtet werden. Was sich in diesem Zusammenhang tagtäglich in unserem Abschnitt abspielt, ist das traurigste Kapitel.
So fallen von den Offizieren des Regiments der Führer des III. Bataillons, Oberleutnant Abend, ein Försterssohn aus Militsch in Schlesien, der Führer der 10. Kompanie, Leutnant Schmidt aus Sachsen, mit dem ich nach seiner schweren Verwundung auf dem Regimentsverbandsplatz ein unvergeßliches, beeindruckendes Gespräch, kurz bevor er seiner Verletzung erliegt, führen kann. Bei einem der öfter notwendig werdenden Gegenstöße, bei dem wir erneut den in der Nacht in die Stellung eingebrochenen Feind zurückwerfen oder zum Teil gefangennehmen können, fällt neben mir durch einen Kopfschuß der Regimentsadjutant, Oberleutnant Scheuermann. Der Ordonnanzoffizier des Regiments, Leutnant Spitznagel, kehrt von einem Aufklärungseinsatz nicht mehr zurück und bleibt vermißt. Die Leutnante und Kompanieführer Hönig, Gordziel, Schröder, der Adjutant des II. Bataillons, Leutnant Hausmann, werden verwundet und können aus dem Kessel ausgeflogen werden.
Die durch die starken Ausfälle stark gesunkene Gefechtsstärke des Regiments und der damit verbundene Verlust an Offizieren und Unteroffizieren führen dazu, daß Mitte Dezember das Regiment in einem Bataillon mit drei Kompanien und einer Maschinengewehr-Kompanie zusammengefaßt werden muß.

Aufgrund meiner wiederholten, eindringlichen Meldungen an die Division, wonach mit der von Anfang an zu geringen und jetzt erst recht nicht mehr ausreichenden Grabenstärke der bisherige Gefechtsstreifen kaum noch erfolgreich verteidigt werden kann, wird zunächst vorübergehend eine aus Angehörigen der im Kessel befindlichen Luftwaffeneinheiten zusammengestellte Kampfgruppe dem Regiment zur Verstärkung unterstellt. Doch da diese Luftwaffensoldaten verständlicherweise weder eine Ausbildung noch eine Erfahrung im infanteristischen Einsatz haben, ist ihr Kampfwert natürlich nicht sehr groß. Deshalb werden sie von erfahrenen Angehörigen des Regiments bei ihrem Einsatz unterstützt. Das erfolgt beinahe wie bei einer Ausbildung auf einem Übungsplatz im scharfen Schuß. Es trägt aber etwas dazu bei, sowohl bei der Abwehr feindlicher Angriffe als auch bei einem Gegenstoß nicht allzu große Verluste durch falsches eigenes Verhalten eintreten zu lassen. Dabei sind diese Soldaten bemüht, mit vollem Einsatz und durchaus auch mit Erfolg, die für sie ungewohnten Aufgaben zu erfüllen. Die gute Bewaffnung, insbesondere das leichte Maschinengewehr der Luftwaffe mit einer erstaunlich großen Munitionsausstattung, ist für uns in dieser kurzen Zeit eine vorteilhafte Unterstützung.
Doch der Verbleib dieser Luftwaffenkampfgruppe ist nur auf wenige Tage begrenzt, da dann ein Bataillon der inzwischen aufgelösten 384. Infanterie-Division dem Regiment zugeführt wird. Damit kann wieder eine erheblich verbesserte Besetzung der Hauptkampflinie im Gefechtsstreifen meines Regiments sichergestellt werden.
Außerdem wird mir dann noch eine Schwadron – aus den Resten der 1. rumänischen Kavallerie-Division gebildet – zum Einsatz in unserem Abschnitt unterstellt. Da deren Kampfwert nach den Erfahrungen aus der Zeit des gemeinsamen Abwehrkampfes am Don zu Beginn der russischen Offensive nur als recht gering zu beurteilen ist, setze ich zwei Züge, beide werden von einem Leutnant geführt, in der Hauptkampflinie aufgeteilt zwischen den eigenen Kompanien ein. Der dritte Zug verbleibt als Reserve in der Nähe des Regimentsgefechtsstandes.
Gleich in der ersten Nacht gibt es bereits Ärger mit den rumänischen Soldaten, als sie reichlich unbekümmert trotz der geringen Entfernung von den eigenen bis zu den Stellungen der gegenüberliegenden Russen in vorderster Linie in ihren Stellungen, das heißt in ihren Schnee- bzw. Deckungslöchern, Feuer zum Aufwärmen machen wollen. Damit bringen sie natürlich nicht nur sich selbst, sondern auch andere Stellungen in die größte Gefahr.
In unserer, ohnehin schon äußerst angespannten Lage können wir derartige zusätzliche Gefährdungen natürlich nicht gebrauchen. Weitere Aufregungen gibt es, als der Zug der Rumänen, der sich mit dem Schwadronschef, einem Major, in der Nähe des Regimentsgefechtsstandes befindet, einen Gegenangriff durchführen soll. Dabei geht es um die Bereinigung eines schon üblich gewordenen örtlichen Einbruches, diesmal etwa in der Mitte unseres Abschnittes, nicht allzu weit vom Gefechtsstand entfernt. Dieser Angriff gelingt schließlich nur, weil ich mit meiner kleinen Regiments-Reserve-Stoßgruppe die Rumänen nach anfänglichem Zögern doch noch

mitreißen kann. Als wir dieses Unternehmen beendet haben und wieder zu unseren Unterständen zurückkommen, stellen wir fest, daß einige angeblich nicht einsatzfähige zurückgebliebene Rumänen unsere Erdlöcher durchwühlt haben.
Die ohnehin schon fragwürdige Moral bei den rumänischen Soldaten sinkt bei den vorn eingesetzten Zügen noch stärker ab, als die beiden als Zugführer eingesetzten Offiziere gefallen sind. Deshalb löse ich dann auch alle restlichen Angehörigen der rumänischen Schwadron aus der Stellung vorn heraus und beantrage bei der Division die Beendigung der Unterstellung unter unser Regiment und die Rückführung. Der Schwadronschef ist offensichtlich nur daran interessiert, von mir zur Verleihung des Eisernen Kreuzes vorgeschlagen zu werden. Um das noch »schmackhafter« zu machen, stellt er zum Ausgleich dafür für mich und andere Angehörige des Regiments rumänische Auszeichnungen in Aussicht.
Als ich mich zum ersten Mal in dieser Zeit eine Nacht beim Troß hinten in Dimitrijewka aufhalte und dort am frühen Morgen von stärkerem Gefechtslärm in unserem Abschnitt geweckt werde, mache ich mich sofort wieder auf den Weg zum Regimentsgefechtsstand. Überraschenderweise begegnet mir die rumänische Schwadron mit ihrem Chef an der Spitze auf dem Weg nach hinten. Auf meine Frage, was das zu bedeuten habe, zumal doch gerade wieder ein feindlicher Angriff bei unserem Regiment zu erwarten ist, erklärt mir der Major, er habe den Befehl erhalten, sich wieder bei seiner Division zu melden. Damit ist das Zwischenspiel mit den Rumänen bei uns beendet.
Mein nächtlicher Aufenthalt beim Gefechtstroß in Dimitrijewka wurde nur möglich, nachdem seit dem 12. Dezember die feindliche Angriffstätigkeit doch etwas nachgelassen hatte. So hoffte ich, einmal eine Nacht etwas ausschlafen zu können. Immerhin waren seit dem 2. Dezember alle feindlichen Versuche, unsere Stellungen zu durchbrechen, letztlich ohne Erfolg geblieben. Soweit der Russe noch Angriffe mit Panzerunterstützung durchführt, bleiben jetzt die Panzer meistens bereits in einiger Entfernung vor der Hauptkampflinie stehen und beschränken sich dann auf die Feuerunterstützung der angreifenden Schützen. Daran sind zweifellos die Abschußerfolge der 8,8-Flak-Batterie hinter unserer Stellung schuld.
Das Nachlassen der feindlichen Angriffstätigkeit vor unserer Front könnte aber auch damit zusammenhängen, daß der Feind hier Kräfte abgezogen hat, um sie gegen den von Südwesten in Gang gekommenen Entsatzangriff einzusetzen. Denn dort im Südwesten unseres Kessels ist, wie wir inzwischen erfahren haben, am 12. Dezember eine Panzerarmee unter der Führung des Generalobersten Hoth im Raum Kotelnikowo zum Angriff angetreten, um die Einschließung unserer Armee aufzubrechen.
Diese hoffnungsvollen Nachrichten sorgen natürlich dafür, daß die Stimmung in unserem, inzwischen erheblich abgekämpften Regiment wieder etwas angehoben wird. Nachts wird in erster Linie nun nach Zeichen der heranrückenden Panzerarmee Ausschau gehalten. Dabei passiert es immer wieder, daß Leuchtzeichen und Feuertätigkeit in der in dieser Richtung verlaufenden Südfront und Südwestecke des

eigenen Kessels bei Marinowka für die noch mindestens 100 Kilometer Luftlinie entfernten Befreier gehalten werden. Aber immerhin läßt die Zuversicht, Weihnachten vielleicht nicht mehr eingeschlossen und abgeschnitten zu sein und dann doch bald wieder einmal auf Urlaub nach Hause fahren zu können, die so schweren körperlichen und seelischen Belastungen in diesen Tagen etwas leichter ertragen. Glücklicherweise ist bisher die feindliche Luftwaffe hier bei uns in dieser Zeit kaum in Erscheinung getreten. Das liegt in erster Linie schon einmal am Wetter. Denn bis auf einige Tage Anfang Dezember sind der oft bewölkte Himmel oder auch neblig-trübe Tage für Fliegereinsätze wenig geeignet. Dazu kommen noch die auf dem für die Luftversorgung der eingeschlossenen Armee entscheidenden Flugplatz Pitomnik stationierten Jagdflugzeuge, die tagsüber nach wie vor für einen möglichst feindfreien Himmel über dem Kessel Stalingrad sorgen.
Dafür sind es dann nachts die sogenannten, inzwischen altgewohnten »Nähmaschinen« — einmotorige Bombenflugzeuge mit einem typischen Geräusch, das ihnen diese Bezeichnung verschaffte —, die sich als Ziel ihrer Bomben besonders die rückwärtsliegenden Dörfer aussuchen. So auch unsere Gefechtstroßunterkunft in Dimitrijewka, allerdings ohne nennenswerten Erfolg, da die »Eier« mehr ins offene Gelände als in das Dorf selbst fallen. Als so eine Maschine sogar am Tage bei tiefhängenden Wolken ganz niedrig über unsere Stellungen angesurrt kommt, gelingt es, sie mit Maschinengewehr- und Gewehrfeuer kurz hinter unseren Linien zur Landung zu zwingen. Nach Aussage des Flugzeugführers hat er sich bei der schlechten Sicht infolge des Nebels verfranzt und ist dabei unbeabsichtigt über unser Gebiet geraten. So können wir bei unseren Abwehrerfolgen nun immerhin auch noch einen Flugzeugabschuß verbuchen.
Über das, was sich bei der für unsere Armee jetzt lebenswichtigen Luftversorgung abspielt, ob die dabei eingeflogenen Versorgungsgüter, wie Munition und Verpflegung, ausreichend sind, erfahren wir überhaupt nichts. Unsere kaum ausreichende Verpflegung bessert sich jedenfalls nicht. Mit der Munitionszuteilung ist es nicht anders, lediglich vereinzelte Feldpost kommt in der ersten Dezemberhälfte noch an.
Recht plötzlich und daher überraschend erfolgt dann am 18. Dezember der Befehl zur Ablösung für unser Grenadier-Regiment 673, das ja inzwischen nur noch die Stärke eines nicht mehr in jeder Beziehung voll einsatzfähigen Bataillons besitzt. Der Abschnitt des Regiments wird nun von einem Verband unter Führung von Major Schulze übernommen, der ebenso wie das bereits unserem Regiment in dieser Stellung unterstellte Bataillon aus der 384. Infanterie-Division stammt.
Nach fast drei Wochen ständigen, harten und verlustreichen Abwehrkampfes westlich von Dimitrijewka, der wesentlich dazu beigetragen hat, die doch unter den gegebenen Verhältnissen reichlich provisorische Westfront des Kessels Stalingrad praktisch unverändert zu halten, kann ich nun zunächst das Regiment, das heißt, was davon übrig geblieben ist, in diesem Dorf versammeln. Das läßt uns natürlich zunächst erst einmal hoffen, daß wir dort wenigstens einige ruhigere, erholsame Tage in den Unterkünften bei unserem Gefechtstroß haben werden. Gerüchteweise

heißt es ja auch, daß wir vorerst nicht wieder eingesetzt werden, sondern für besondere Aufgaben im Zusammenhang mit dem Entsatzangriff durch die Panzerarmee Hoth vorgesehen sind. Angeblich werden nämlich Teile der 6. Armee, insbesondere noch einsatzfähige Panzer, im Raum von Nowo-Alexejewskij bereitgestellt, die zum Herstellen einer Verbindung mit der Armee Hoth in Richtung Süden bzw. Südwesten aus dem Einschließungsring heraus vorstoßen sollen.
Doch nachdem am Abend dieses 18. Dezember die Ablösung reibungslos durchgeführt und das Regiment in Dimitrijewka untergezogen ist, kommt bereits am folgenden Morgen, es ist der 19. Dezember, die nächste Überraschung und damit das jähe Ende aller Hoffnungen auf einige ruhige Tage.
Nach Anruf des Kommandeurs des Grenadier-Regiments 767, Oberstleutnant Steidle, ist in seinem Regimentsabschnitt am rechten Flügel unserer Division, unmittelbar an der Grenze zur rechts davon eingesetzten 44. Infanterie-Division dem Russen ein größerer Einbruch gelungen. Auf Befehl der Division soll ich nun mit Teilen meines Regiments und mit Unterstützung der Panzerabteilung des Hauptmann von Pogrell von der 14. Panzerdivision diesen Einbruch so bald als möglich bereinigen, da das Regiment 767 mit eigenen Kräften dazu nicht mehr in der Lage ist. Diese Aktion soll auf jeden Fall noch im Laufe dieses Tages durchgeführt werden, da man sonst mit weiterer Ausdehnung des Einbruchraumes durch den Russen rechnen muß.
Um mir zunächst einmal selbst einen Eindruck von den näheren Umständen machen und den Angriff so gut wie möglich vorbereiten zu können, fahre ich sofort nach Erhalt des Befehls von der Division in diesen Teil des Abschnitts nördlich von Dimitrijewka. Auch dort ist das Gelände beim Kasatschij-Hügel völlig offen und im Bereich des Einbruchraumes weitgehend eben, wie es in diesem winterlichen Steppengelände zwischen Don und Wolga oft anzutreffen ist. Ein Angriff in diesem Gelände gegen einen offensichtlich bereits wieder abwehrbereiten und abwehrstarken Feind erscheint mir ohne ausreichende Unterstützung durch schwere Waffen, dabei aber nicht nur durch einige Panzer, sondern vor allem Artillerie, doch recht problematisch. Dagegen könnte ein Zurückverlegen der Hauptkampflinie in diesem flachen Gelände eigentlich keine größeren Nachteile für die Gesamtverteidigung in diesem Abschnitt, auch im Hinblick auf die Verbindung zur rechten Nachbardivision, haben. Die Lage hier erinnert mich an ähnliche Situationen in unserem bisherigen Verteidigungsabschnitt, wo wir auch bemüht waren, unnötige Verluste nur wegen einiger Meter im Gelände nicht zu riskieren.
Als ich Oberstleutnant Steidle meine Überlegungen und Bedenken vortrage, erklärt er mir, daß die Division auf Verlangen der Armee darauf besteht, daß die Hauptkampflinie hier am Kasatschij-Hügel unverändert gehalten oder wiederhergestellt wird. Daher sei auch von der Division aus sichergestellt, daß dieser Angriff zusammen mit den Panzern von starken Artilleriekräften mit einer besonders bewilligten Sonderzuteilung von Munition vorbereitet und unterstützt wird. Bei dem vorgesehenen Angriffsbeginn um 14,00 Uhr, nach Ortszeit 16,00 Uhr, soll ein starker Feuer-

schlag auf den Einbruchsraum und die feindlichen Feuerstellungen der Granatwerfer, Artillerie und Pak fünf Minuten vor der X-Zeit beginnen und auch im weiteren Verlauf des Angriffs fortgeführt werden.
Bei der noch notwendigen Absprache mit dem Kommandeur der Panzerabteilung stellt sich heraus, daß er noch ganze fünf Panzer für diesen Angriff zur Verfügung hat. Nach einigem Hin und Her einigen wir uns über die Form des gemeinsamen Vorgehens, bei dem die Panzer angesichts der zu erwartenden starken Panzerabwehr bei den Russen auch kein allzu großes Risiko eingehen wollen. Schließlich treten wir nach einer kurzen Bereitstellung mit der aus Teilen des Regiments von mir zusammengestellten verstärkten Kompanie um 14,00 Uhr nach einem im Gegensatz zu dem, was uns in Aussicht gestellt worden war, enttäuschenden Feuerschlag der eigenen Artillerie zum Angriff am Kasatschij-Hügel an.
Dieser Angriff löst sofort ein starkes Sperr- und Abwehrfeuer der Russen mit Artillerie, Granatwerfern und Pak aus. Die Feuerunterstützung unserer Artillerie reicht bei weitem nicht aus, um unsere Annäherung und den Einbruch in die alte Hauptkampflinie so abschirmen zu können, wie es in diesem offenen Gelände und bei der sich nun abzeichnenden Stärke des Feindes unbedingt notwendig wäre. So müssen wir uns bei starkem Beschuß und dadurch zwangsläufig eintretenden Ausfällen über die freie Fläche sprungweise vorarbeiten, bis es dann doch gelingt, wenigstens in einem kleinen Abschnitt die alte Hauptkampflinie im Nahkampf zu besetzen. Die Panzer sind, wie es vereinbart war, inzwischen etwas zurückgeblieben, um den Einbruch und die Abwehr unmittelbarer Gegenstöße zu unterstützen, was sich auch anfangs vorteilhaft bemerkbar macht. Da sich dann aber doch unsere Panzer bei dem starken Pak-Feuer der Russen nach hinten absetzen und eigene Verstärkungen nicht mehr, wie vorgesehen, nachkommen, kann es nur noch eine Frage der Zeit sein, wie lange wir uns in der gerade wiedergewonnenen Hauptkampflinie halten können. Bei der glücklicherweise bald einbrechenden Dunkelheit entschließe ich mich deshalb, die Stellung hier vorn wieder aufzugeben. Mit unseren schwachen Kräften und den bereits eingetretenen Verlusten, dazu ohne Verbindungen nach beiden Seiten zur eigenen Truppe, ist die Lage für uns unhaltbar.
Mit den noch einsatzfähigen Resten in Stärke einer Gruppe und unter Mitnahme der noch nicht geborgenen Verwundeten — die Gefallenen müssen wir zurücklassen — gelingt es tatsächlich, trotz enger Feindberührung, im Schutz der Dunkelheit, uns aus den Deckungslöchern der alten Hauptkampflinie wieder abzusetzen. Damit, daß überhaupt noch Überlebende aus der vordersten Angriffsgruppe zurückkommen könnten, hat man, wie wir dann feststellen, schon gar nicht mehr gerechnet. So war ich selbst bereits als gefallen gemeldet worden und konnte nun die Einsetzung eines Nachfolgers rückgängig machen.
In Höhe der Ausgangsstellung unseres Angriffes bilde ich jetzt mit den dort zurückgebliebenen Teilen der Angriffskompanie und weiteren, aus Dimitrijewka herangeführten Verstärkungen eine neue Verteidigungslinie, mit der nun eben der Einbruchsraum lediglich abgeriegelt werden kann.

So bestätigt sich leider erneut, daß man unter den gegebenen Verhältnissen derartige risikoreiche Unternehmungen lieber vermeiden sollte. Letztlich wird dadurch die ohnehin schon angespannte eigene Abwehrkraft eher weiter geschwächt, die sonst bei geringeren Geländeverlusten wenigstens erhalten bleibt. Auch bei der Division und weiter oben muß man schließlich einsehen, daß sich trotz des Einbruches hier am Kasatschij-Hügel die Abwehr in einer etwas zurückverlegten Verteidigungsstellung sicherstellen läßt.
Nach diesem 19. Dezember, der wie der 19. November mit dem Beginn der russischen Offensive für uns so sehr folgenschwer verlaufen war, bleibt unser Regiment nun auch gleich weiter hier am rechten Flügel der 376. Infanterie-Division im Einsatz und ist für die Verteidigung dieser Stellung im Anschluß an den rechten Nachbarn, die 44. Infanterie-Division, zuständig.
In den folgenden Tagen beschränkt sich der Russe, außer einigen Stoßtruppunternehmungen, auf Feuerüberfälle mit Granatwerfer und Artillerie sowie Scharfschützentätigkeit. Dabei wiederholt er mit ziemlicher Pünktlichkeit täglich zu bestimmten Zeiten seine Feuerüberfälle.
Die kleine Anhöhe, oder auch bald mehr Bodenwelle, in dem sonst fast ebenen Höhengelände, auf der sich nun mein Gefechtsstand in einem Panzerdeckungsloch befindet, ist ein bevorzugtes Ziel der sich in bestimmten Zeitabständen wiederholenden Granatwerfereinsätze. In den Deckungslöchern sind wir aber vor den Einschlägen durchaus gut geschützt. Sogar bei einem Volltreffer in unseren Gefechtsstand detoniert die Granate mit ihrem sehr empfindlichen Aufschlagzünder bereits bei der Berührung mit der als Kälteschutz über dem Deckungsloch angebrachten Decke. Die wird dabei zwar in Fetzen gerissen, aber wir kommen wieder einmal mit dem sicher nicht geringen Schrecken davon.
Inzwischen haben wir es auch gelernt, mit Galgenhumor über manche kritische Situation hinwegzugehen und damit keine Resignation aufkommen zu lassen. Zwar fällt es uns keineswegs leicht, untätig ansehen oder anhören zu müssen, wie der Russe nachts seine am Tag vor unserer Stellung abgeschossenen Panzer wieder abschleppt. Aber bei unserer knappen Munition und deshalb nur noch in besonderen Fällen möglichen Unterstützung durch schwere Waffen müssen wir uns damit abfinden. Entscheidend ist das Halten unserer Stellung.
Der 24. Dezember unterscheidet sich natürlich nicht von den anderen Tagen, zumal an diesem Tag wieder einmal ein eisiger Wind zusätzlich zur klirrenden Kälte über unsere Stellungen in diesem Steppengelände beim hart umkämpften Kasatschij-Hügel fegt. Um so mehr freuen wir uns, als an diesem Heiligen Abend die Essenträger eine warme Suppe nach vorn bringen.
Noch größer ist die Freude, als wir am 1. Weihnachtsfeiertag wenigstens für zwei Tage abgelöst werden und uns in den warmen Unterkünften in Dimitrijewka wieder einmal ausschlafen und säubern können. Nächtliche Besuche einer »Nähmaschine« sind dann für uns überhaupt kein besonderes Ereignis, das uns dabei stören könnte. Die Zahlmeister des Regiments, Pohl, Ketterer und Brummer, haben sich zusam-

men mit den Feldköchen die größte Mühe gegeben, uns mit einer besonderen »Weihnachtsverpflegung« zu überraschen. So gibt es eine doppelte Brotration, inzwischen beträgt die tägliche Menge nur noch 50 g. Dazu kommt ein seit langem nicht mehr so reichhaltiger Eintopf, wobei Pferdefleisch nichts außergewöhnliches mehr ist. Pferde, meist nur noch russische Panjepferdchen, gehören jetzt wegen der unzureichenden Versorgung mit Verpflegungsmitteln zu den besonders begehrten Objekten. Motorisierte Truppenteile sind deswegen schlechter als wir gestellt, doch in geringem Umfang kommt es auch zu Tauschgeschäften, weil wir andererseits nur noch so zu Benzin für unsere wenigen verbliebenen Kraftfahrzeuge kommen. Auf diese Weise kann mein Kommandeursfahrzeug, ein geländegängiger Bedford, noch fahrbereit gehalten werden, der in erster Linie für den Transport unserer Verwundeten ins Lazarett oder zum Flugplatz dringend gebraucht wird.
Eine weitere Weihnachtsüberraschung ist ein kleiner Weihnachtsbaum, der in einem Raum der Gefechtstroßunterkunft in Dimitrijewka aufgestellt ist. Er ist ein Geschenk von unseren Panzerleuten, die ihn in einem besonderen Unternehmen aus einem kleinen Kiefernbestand drüben in den russischen Linien geholt haben.
Für die Stimmung in diesen Weihnachtstagen im Kessel von Stalingrad spielt bei uns die Hoffnung auf den baldigen Entsatz durch die Panzerarmee Hoth eine entscheidende Rolle. Immerhin waren in den letzten Tagen und Nächten in südlicher Richtung Anzeichen für eine Kampftätigkeit außerhalb unseres Kessels zu beobachten, die wir für die nicht mehr allzu weit entfernten Angriffsspitzen der »Befreiungsarmee« ansehen konnten. Noch wissen wir nichts davon, daß in diesen Tagen der Entsatzangriff, nachdem er bis auf 50 Kilometer an der nächsten Stelle an unseren Einschließungsring herangekommen ist, dann doch noch gescheitert ist.
Nach dieser kurzen, aber wohltuenden Auffrischung bei unserem Gefechtstroß übernehmen wir am 27. Dezember wieder unsere Stellungen nördlich von Dimitrijewka. Bereits am folgenden Tag werden wir dort von einem weiteren starken Angriff der Russen überrascht. Wir können ihn dann doch abwehren, wenn es dem Feind dabei auch gelingt, rechts von uns bei der 44. Infanterie-Division einen Einbruch in die Verteidigungsstellung zu erzielen. Es gelingt danach nicht mehr, die bisherige Stellung in vollem Umfang wiederherzustellen. Doch immer noch kann mit einer geringfügig veränderten Hauptkampflinie, trotz der nur noch schwachen eigenen Kräfte, die Abwehr am Kasatschij-Hügel sichergestellt werden.
Am 31. Dezember veranstaltet der Russe zum Jahreswechsel ein Feuerwerk mit seinen Waffen, das sich dann mit Leuchtkugeln und Leuchtspurgeschossen auf beiden Seiten rings um die ganze Kesselfront fortsetzt und so einen deutlichen Eindruck davon vermittelt, auf welch' engem Raum wir mit unserer Armee eingekesselt sind.
In dieser Silvesternacht suche ich auch den Gefechtsstand des Grenadier-Regiments 767 auf, um dem Kommandeur, Oberstleutnant Steidle, zu seiner Beförderung zum Oberst zu gratulieren. Steidle war zu meiner Zeit als Fähnrich 1938/39 auf der Kriegsschule in München dort als Hauptmann und Taktiklehrer eingesetzt. Jetzt werde ich als benachbarter Regimentsführer von ihm als »seiner Majestät jüngster

Hauptmann« in einer kleinen Versammlung einiger Offiziere seines Regiments begrüßt. In einer Ansprache von Oberst Steidle an seine Offiziere ist viel von Treue und Vertrauen zum »Führer« die Rede, der uns hier wieder rausholen wird. Dabei bekomme ich schon beinahe den Eindruck, als ob wir kurz vor einem großen Erfolg ständen und nicht das neue Jahr mit den allergrößten Sorgen beginnen würden. Immerhin sind die meisten von uns aufgrund der Ereignisse in den letzten Wochen doch schon etwas skeptischer gegenüber der Führung Hitlers und der Wehrmacht in diesem Krieg geworden. Bei den in dieser Zeit erlebten Rückschlägen, wie wir sie vorher nie für möglich gehalten hätten, wird es immer unverständlicher, wie man es nicht verhindern konnte, eine Armee mit 22 Divisionen in eine derartig kritische, vielleicht sogar aussichtslose Lage kommen zu lassen.

Unter diesen Umständen mutet mich jetzt diese von Oberst Steidle geäußerte »Führergläubigkeit« und Siegesgewißheit schon etwas merkwürdig an, so gern man sicher auch in unserer Lage immer noch etwas Optimismus behalten möchte.

Neun Monate später wird allerdings derselbe Oberst Steidle mit den Worten »Los von Hitler!« zu denen gehören, die in russischer Gefangenschaft aufgrund maßgebender Initiative kommunistischer Emigranten den Bund Deutscher Offiziere gründen.

Doch noch stehen wir am Beginn dieses Jahres 1943 voll in einem Abwehrkampf, der allein schon unsere körperlichen und geistigen Kräfte bis an die Grenze der Leistungsfähigkeit in Anspruch nimmt, wobei die Verantwortung für die uns anvertrauten Soldaten und die in diesem Kampf eintretenden Opfer an Leben und Gesundheit am schwersten wiegen.

Am 3. Januar bestätigt sich das uns recht willkommene Gerücht, daß unsere gesamte 376. Infanterie-Division mit den inzwischen eingegliederten Teilen der 384. Infanterie-Division, deren Divisionsführung ausgeflogen worden ist, aus den Stellungen an der West- und Nordwestfront herausgelöst und an die bisher relativ ruhigere Südfront des Kessels verlegt werden soll. Dabei wird unsere Division im Tausch mit der 29. Infanterie-Division (mot.), deren Abschnitt im Raum Rokotino — nordwestlich von Zybenko — zwischen der 3. Infanterie-Division (mot.), nun als rechten Nachbarn, und der links davon befindlichen 297. Infanterie-Division übernehmen.

Daß der Russe nach seinem Durchbruch am Don in den Rücken der 6. Armee im Raum Stalingrad von Westen her die größten Anstrengungen unternehmen wird, um seine Anfangserfolge weiter auszubauen, war nicht verwunderlich. Dazu sah er, sicher nicht zu Unrecht, die Ende November von uns zwangsläufig nur behelfsmäßig eingerichtete Westfront mit ihren völlig unzureichenden Stellungen in der schneebedeckten, gefrorenen Steppenlandschaft als kein allzu großes Hindernis an. Damit läßt es sich erklären, daß die uns nun ablösende Division demgegenüber an der Südfront in dieser ganzen Zeit nicht so wie wir ständig starken Angriffen ausgesetzt gewesen ist. Daher befindet sich diese 29. Infanterie-Division (mot.) mit einer fast normalen Stärke, Bewaffnung und sonstigen Ausrüstung bis hin zu ihrer

Der vergebliche Befreiungsversuch der 4. Panzerarmee

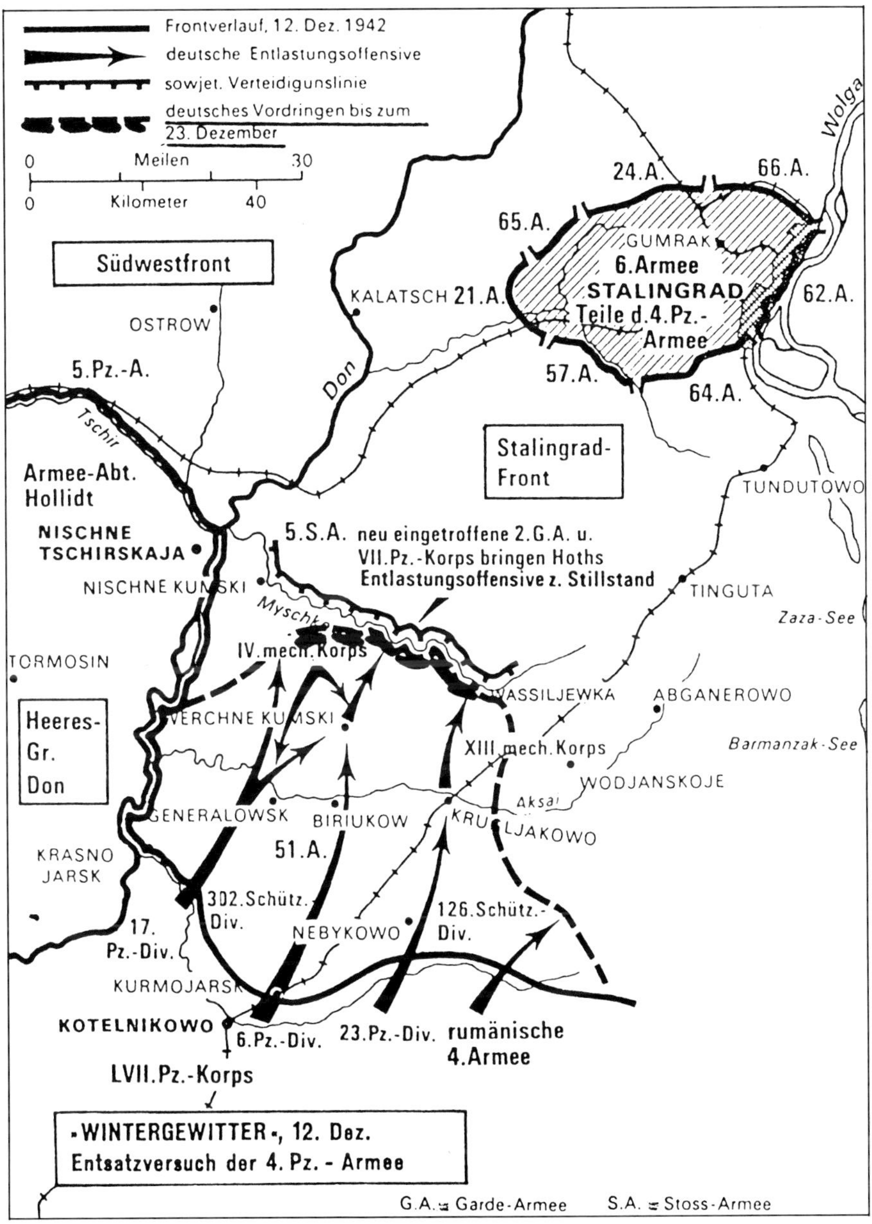

Beweglichkeit als motorisierter Verband in einem Zustand, den wir bei einer Division der 6. Armee in Stalingrad nicht mehr für möglich gehalten haben.
So ist es nicht verwunderlich, wenn die Angehörigen dieser noch so kampfkräftigen Division etwas mitleidsvoll auf unsere abgekämpfte und in vieler Hinsicht ihnen gegenüber »arme Division« herabsehen. Bei der Übernahme unserer Stellungen, die nach eingehenden Einweisungen in der Nacht vom 4. auf den 5. Januar beendet wird, zeigen sich unsere Nachfolger entsprechend zuversichtlich und überzeugt davon, ohne allzu große Mühe jeden Feindangriff erfolgreich abwehren zu können. Unsere Warnungen vor der Unterschätzung der von uns teuer bezahlten Erfahrungen in den letzten Wochen hier an dieser Front werden manchmal etwas recht überheblich abgetan. Aber bereits nach der Übernahme eines meiner Stützpunkte am Kasatschij-Hügel treten bei einer Gruppe der jetzt dort eingesetzten Aufklärungsabteilung unnötige Verluste ein, als sie unsere Ratschläge und eindringlichen Hinweise auf die örtlichen Verhältnisse glauben nicht ernstnehmen zu müssen.
Doch schließlich können wir unseren Nachfolgern hier am Kasatschij-Hügel und westlich von Dimitrijewka nur noch alles Gute wünschen. Einige Tage danach sollten sie erfahren, wie wenig übertrieben unsere Ratschläge gewesen sind, als sie innerhalb kurzer Zeit aus den von uns so lange gehaltenen Stellungen geworfen werden. Aber dann wird die Ruhe an der Südfront ebenso vorbei sein.

Tagebuchaufzeichnung des I C / Stab 376. InfDiv vom 1. Januar 1943 (Oberleutnant Dr. Ostarhild):
Es gibt da bei allen Truppenteilen ganz einzigartige Leistungen. Wir haben Kompanien, die seit Monaten nicht aus den Erdlöchern in vorderster Linie herausgekommen sind. Die sich in den vergangenen Wochen tagelang und nächtelang auf freier Wintersteppe geschlagen haben, lange Zeit ohne einen Bissen Essen, fast ohne Schlaf, immer kampfbereit. Ihre Füße sind angefroren, die Hände und Gesichter schwarz von Pulverrauch. Sie leben nur dem Kampf, alle anderen Gefühle und Gedanken sind tot. Wenn sie das Glück haben, jetzt doch einmal lebend herauszukommen, kennen sie nur: Schlafen – Essen, Schlafen und Vergessen.
Sie haben uns die Festung, deren Hauptangriffsfront *wir* haben, bisher gehalten. Ihnen ist der Erfolg in erster Linie zu danken, wenn wir wirklich das Bollwerk an der Wolga halten und erneut zum Ausgangspunkt künftiger Taten machen können. Das ist der Infanterist und der Artillerist, wie sie nicht hoch genug eingeschätzt werden können.
Mit ihnen zusammen leben die Kompanie- und Bataillons-Führer, die Ari-Beobachter und Batterie-Offiziere. Sie sind das Rückrat und die wenigen Säulen im Kampf Mann gegen Mann.
Dahinter stehen dann die Kommandostellen, sie haben es äußerlich und persönlich etwas besser: Bunker, Waschmöglichkeiten, Wärme.

Das Ende im Kessel Stalingrad

Mit dem 5. Januar wird das Grenadier-Regiment 673, neun Monate nach seiner Aufstellung in Südfrankreich, als eigenständiger Kampfverband aufgelöst.
Mit zwei Bataillonen und einer Gefechtsstärke von ca. 700 Soldaten hatte es am 24. November den Don nach Osten überschritten und am 26. November in Illiarionowskij den Abwehrkampf an der Westfront der eingeschlossenen Armee aufgenommen und ab dem 1. Dezember bei Dimitrijewka ununterbrochen weiterführen müssen.
Jetzt, am 5. Januar, beträgt die Stärke des Regiments an einsatzfähigen Soldaten noch knapp 150 Mann. Diese letzten 150 Soldaten des Regiments werden mit den Resten der beiden anderen Grenadier-Regimenter in einer Kampfgruppe der 376. Infanterie-Division zusammengefaßt und mit den bereits unterstellten Teilen der aufgelösten 384. Infanterie-Division an der Südfront bei Rokotino eingesetzt. Die Reste des Grenadier-Regiment 673 werden von den Leutnanten Lüthe und Jordan geführt, nachdem auch die Leutnante Utz, Bernauer und Perzel ausgefallen sind. Die Divisionskampfgruppe führt jetzt Oberst Steidle.
Bei einem Besuch von Verwundeten im Feldlazarett Dubininskij, wo sich auch der letzte Führer der 12. (Maschinengewehr)Kompanie, Oberfeldwebel Hauffe, befindet, mit dem ich seit dem Polenfeldzug zusammen bin, und der von dort ausgeflogen wird, stellt der Arzt bei mir fest, daß ich mit einer sogenannten Grabenkrankheit als nicht mehr einsatzfähig zur Ausheilung ausgeflogen werden müßte. Es handelt sich dabei um eine durch Mangelernährung hervorgerufene unangenehme Hautkrankheit. Bei der Behandlung einiger kleinerer Granatsplitterverletzungen, die noch vom Einsatz am Kasatschij-Hügel stammen, ließ sich das nicht verheimlichen. Als ich aber kurz darauf mit meinem Bedford einige Verwundete zum Flugplatz nach Pitomnik zum Ausfliegen bringe und dort sehe, wie viele Schwerverwundete noch auf einen Platz in einem Flugzeug warten, fahre ich zurück zum Divisionsgefechtsstand. Dort erhalte ich den Befehl, die noch vorhandenen Teile der Gefechtstrosse des Regiments bei Jablonowskij zusammenzufassen und die notwendigen Abwicklungen für unser Regiment durchzuführen.
In einem Unterstand westlich von Jablonowskij und im Dorf selbst beziehen wir eine neue Unterkunft, die durch Zusammen- und Abrücken anderer Einheiten freigemacht wird. Von dort aus können wir über das Rossoschka-Tal nach Westen bis zu dem Höhengelände westlich von Dimitrijewka sehen, wo jetzt die 29. Infanterie-Division unsere alte Stellung zu verteidigen hat.
In diesen Tagen sind wir in erster Linie damit beschäftigt, die Ausfälle des Regiments in den letzten Wochen noch einmal zusammenzustellen, um die noch notwendigen Benachrichtigungen der Angehörigen durchzuführen. Dies ist allerdings nur möglich, weil ich im Gegensatz zur Praxis bei anderen Regimentern die Kompaniefeldwebel noch nicht nach vorn in die Stellung geholt und das Vernichten von Personalunterlagen verboten hatte. Ob diese Post auf dem Luftweg noch ihr Ziel

erreicht hat, ist leider sehr zweifelhaft. Die letzte Post von mir, die zu Hause angekommen ist, stammte vom 29. Dezember 1942.
Am Morgen des 10. Januar werden wir von einem Trommelfeuer geweckt, das, wie wir sehr bald feststellen können, unsere gesamte Kesselfront im Nordwesten, Westen und auch im Süden erfaßt. Der feindliche Waffen- und Munitionseinsatz ist dabei so groß, wie wir ihn bis dahin noch nicht erlebt haben. Selbst unser Unterstand bei Jablonowskij wird von den Einschlägen westlich des Rossoschka-Tals erschüttert.
Bald kann kein Zweifel mehr daran bestehen, daß es sich hier um den angekündigten Großangriff des Feindes auf die 6. Armee zu deren endgültiger Vernichtung handeln muß, wie er nach der Ablehnung des russischen Kapitulationsangebots in den vergangenen Tagen angedroht worden war. In den Propagandasendungen der Russen, mit den ständig wiederholten Worten »In jeder Minute stirbt in Stalingrad ein deutscher Soldat – Stalingrad – Massengrab« wird auch bestätigt, daß die russischen Truppen nun zum entscheidenden Angriff auf die 6. Armee angetreten sind.
Da wir keine Nachrichtenverbindung zu unserer Division haben und die Sicht in diesen Tagen infolge des diesigen Wetters sehr schlecht ist, können wir zunächst nicht feststellen, ob und in welchem Umfang diese massierten Feindangriffe die eigene Front erschüttert haben; doch der Gefechtslärm läßt das Schlimmste erwarten.
Am nächsten Tag verstärkt sich die Befürchtung, daß die 3. und 29. Infanterie-Division (mot.) im Südwesten und Westen ihre Stellungen nicht mehr halten können. Von unserer Division erfahren wir am 12. Januar, daß es dort bei den nur noch schwachen Kräften und der völlig unzureichenden Unterstützung durch schwere Waffen lediglich eine Frage der Zeit sein kann, bis die Stellungen aufgegeben werden müssen.
Nachdem am 13. Januar bei Dimitrijewka Teile der 29. Infanterie-Division (mot.), die so selbstbewußt den über vier Wochen von uns gehaltenen Abschnitt übernommen hatte, im Rückzug auf das Rossoschka-Tal sind, beginnen überall die Vorbereitungen für das Absetzen. Tags darauf liegt der gesamte Raum ostwärts der Rossoschka im Bereich der feindlichen Artillerie und Stalinorgeln, und es beginnt nun der allgemeine Rückzug der rückwärtigen Teile in ostwärtiger Richtung.
So geraten wir auf dem Weg über Pitomnik in den Rückzugsstrom der verschiedensten Teile von Verbänden und Einheiten. Daß es dabei nicht zu verhängnisvollen Auflösungserscheinungen kommt, liegt einmal an immer wieder energisch eingreifenden Offizieren und zum anderen daran, daß sich die Soldaten doch an ihre Einheiten halten, weil sie nur noch dort mit einer, wenn auch nur minimalen, Verpflegung rechnen können. Dadurch werden jetzt die Feldküchen zu wichtigen Ordnungsfaktoren!
Das diesige Wetter läßt glücklicherweise wieder keine größeren Angriffe der russischen Luftwaffe zu; doch der Weg nach Pitomnik liegt bereits unter Beschuß von Artillerie und Stalinorgeln.

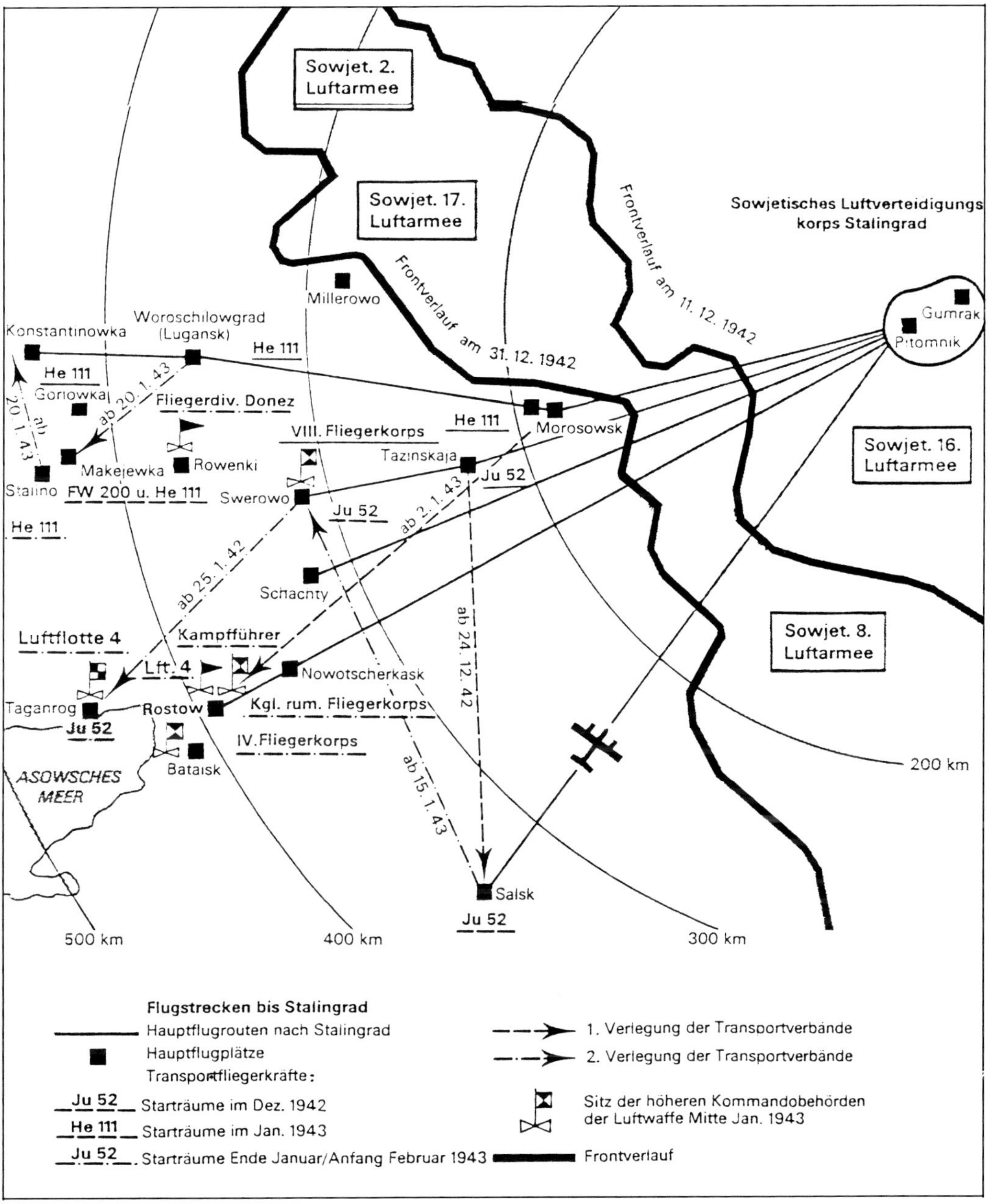

Die Versorgung der 6. Armee aus der Luft.

Diese Tage lassen einen selbst bei dem Bemühen, die eigenen Soldaten zusammenzuhalten und keine Panik entstehen zu lassen, kaum noch zu weiteren Überlegungen kommen. Der Glaube an einen noch möglichen Entsatz von außen oder gar an eine eigene Befreiung aus dem Einschließungsring ist in dieser Lage restlos verlorengegangen. Es kann nun nur noch darum gehen, sich »so teuer wie möglich zu verkaufen«, und den sich anbahnenden Untergang der Armee solange wie es eben geht im Interesse der Soldaten im Griff zu behalten. Und doch, wie deprimierend ist es, derartige nicht für möglich gehaltene Bilder einer geschlagenen deutschen Armee erleben zu müssen.
Am Abend des 16. Januar stoßen wir ostwärts von Pitomnik, das an diesem Tag mit dem für die Armee lebenswichtigen Flugplatz in feindliche Hand gefallen ist, auf Angehörige des Artillerieregiments unserer Division. Sie haben jetzt die letzten Geschütze verloren und befinden sich ebenfalls, wie die gesamte, so gut wie zerschlagene Division auf dem Weg nach Osten hinter die Bahnlinie Gumrak–Woroponowo, wo angeblich eine neue Widerstandslinie gebildet werden soll.
Daraufhin fahre ich am 17. Januar zur Erkundung voraus und treffe schließlich in der Talowoy-Schlucht, die mit ihren verzweigten Ausläufern von Stalingrad nach Westen bis in diesen Raum reicht, auf Teile der 3. Infanterie-Division (mot.), deren Gefechtsstand bereits hierher verlegt worden ist.
Zunächst gelingt es mir, in einigen der zahlreichen Unterstände in der Schlucht Unterkünfte für die bald danach eintreffenden Soldaten des Regiments sicherzustellen. Als ich mich am nächsten Tag bei der 3. Division melde, gibt es dort ein Wiedersehen mit meinem Stubenkameraden von der Kriegsschule in München, Harald Oster, den ich seit August 1939 nicht mehr gesehen hatte. Er ist jetzt als O 1 beim Divisionsstab. Auf diese Weise erfahre ich, daß die 3. Division mit den ihr jetzt unterstellten Resten unserer 376. Division westlich der Bahnlinie eine neue Verteidigungsstellung einrichtet.
In dieser Stellung erfolgt der letzte Einsatz der Reste meines Grenadier-Regiments 673. Dazu gehören auch der Leutnant Lüthe, der hier am 19. Januar fällt, ebenso wie der Unteroffizier Boer, der lange Zeit mein Pferdepfleger gewesen war.
Der Kessel Stalingrad ist nunmehr auf die Hälfte zusammengedrückt. Da der Russe nach ständigen Angriffen seine Verbände wohl neu ordnen muß, können die vorerst begrenzten Angriffe zunächst noch abgewehrt werden. Dafür tritt bei dem jetzt sonnigen Winterwetter die russische Luftwaffe in steigendem Maß in Erscheinung, zumal eigene Jagdflugzeuge im Kessel sich nicht mehr im Einsatz befinden und die noch vorhandene Flak nur beschränkt feuerbereit ist. Die feindlichen Bomber können unbehindert immer wieder anfliegen und ihre Bomben abwerfen, wobei die Schluchten westlich von Stalingrad hinter der neuen Verteidigungslinie ein bevorzugtes Zielgebiet sind.
Als der Russe am 22. Januar, wieder nach einem massierten Trommelfeuer und von Panzern unterstützt, zum Angriff antritt, wird die Stellung sehr bald mehrfach durchbrochen, und überall setzt ein fluchtartiger Rückzug auf den West-

rand von Stalingrad ein. Nur dem verzweifelten Widerstand einzelner Stützpunkte ist es zu verdanken, daß die Absetzbewegungen noch nicht in einer Katastrophe enden.
Dabei muß aber auch in unserem Abschnitt ein Verbandplatz ungeräumt zurückgelassen werden, da ein Abtransport aller Verwundeten nicht mehr möglich ist. Zu den beiden Sanitätsoffizieren, die sich bereiterklären, bei den Schwerverwundeten zu bleiben, gehört auch mein Regimentsarzt, Oberarzt Dr. Berg. Was sich dabei abspielt, ist ein für uns erschütternder, unvorstellbarer und nicht zu schildernder Vorgang!
Auf diesem letzten Rückzug nach Stalingrad selbst können wir noch eine Feldküche, zwei Panjefahrzeuge und das Kommandeurfahrzeug mitnehmen. Mit ihnen transportieren wir noch so viel Verwundete wie irgend möglich zur Ortskommandantur Stalingrad-Mitte. In diesem zum Teil zerstörten, völlig mit Verwundeten überbelegten Gebäude befinden sich nun auch noch ca. 30 Verwundete meines Regiments, unter ihnen Leutnant Jordan, der letzte außer mir noch lebende Offizier des Grenadier-Regiments 673 in Stalingrad.
Da der Gefechtsstand der 3. Infanterie-Division (mot.) und auch des XIV. Panzerkorps in das GPU-Gefängnis im Südwestteil von Stalingrad verlegt werden soll, entschließe ich mich in dieser unübersichtlichen Lage, zunächst dorthin zu gehen.
Am Abend des 23. Januar treffe ich dort auf meinen Divisionskommandeur, den inzwischen zum Generalleutnant beförderten Edler von Daniels. Er ist offensichtlich von dem Zusammentreffen genauso überrascht wie ich selbst und begrüßt mich mit den Worten: »Was, Sie leben noch?« Aber wie es weitergehen soll, kann er mir auch nicht sagen. In seiner Begleitung befinden sich Offiziere des Divisionsstabes und der Oberst Steidle, jetzt mit Ritterkreuz. Ich habe bald den Eindruck, daß man sich über die weitere Entwicklung völlig unklar und damit beschäftigt ist, bereits die Koffer für die Gefangenschaft zu packen.
Außer von Daniels sind noch andere Generale hier versammelt, darunter Generalleutnant Schlömer, Kommandeur der 3. Infanterie-Division (mot.), der aber nun das XIV. Panzerkorps führt, nachdem General der Panzertruppen Hube ausgeflogen ist.
In dieser Ansammlung von Stäben und Soldaten aller Dienstgrade läßt sich nicht mehr klar erkennen, ob und wie man noch zu einer Fortsetzung des Kampfes entschlossen ist. Neben der ausgegebenen Parole »Kampf bis zur letzten Patrone« heißt es nun, daß es allen Kommandeuren freigestellt sein soll, in aussichtsloser Lage den Kampf einzustellen.
Am 25. Januar erfahre ich, daß Generalleutnant von Daniels, der inzwischen das XIV. Panzerkorps führt, da Generalleutnant Schlömer nicht aufzufinden ist, den I B der 376. Infanterie-Division — Hauptmann Mussil — zu Kapitulationsverhandlungen zum Russen geschickt hat. Bald heißt es, es handele sich lediglich um eine Verbindungsaufnahme, um die Bedingungen für eine Kampfeinstellung zu klären.

Wie groß die Unsicherheit, Verzweiflung und Hoffnungslosigkeit inzwischen geworden ist, beweisen die ersten Selbstmordfälle. In einer benachbarten Zelle des GPU-Gefängnisses erschießt sich mein Kriegsschulfreund, Oberleutnant Harald Oster, ohne daß ich von seiner Absicht etwas ahnen konnte. Vermutlich hat für ihn dabei eine Rolle gespielt, daß er als Sohn des Stellvertreters von Admiral Canaris, dem Chef der Abwehr, Generalmajor Oster, nicht in russische Gefangenschaft gehen wollte.

In diesem Durcheinander fasse ich den Entschluß, Vorbereitungen für einen Ausbruch zu treffen, um so vielleicht der drohenden Gefangenschaft entgehen zu können. Zwei meiner letzten Unteroffiziere, die Oberfeldwebel Drieschner und Kurek, erklären sich spontan dazu bereit, sich an diesem recht riskanten und ungewissen Unternehmen zu beteiligen. Als erstes müssen dazu Schneeschuhe beschafft werden, da bei dem vorhandenen hohen Schnee ein derartiges Vorhaben zu Fuß nicht durchzuführen ist. Bereits gescheiterte Ausbruchversuche sind nicht zuletzt darauf zurückzuführen. Tatsächlich gelingt es dem Oberfeldwebel Drieschner, vier Paar Skier zu beschaffen.

Mein Plan ist es, zunächst an die Wolga zu gehen, um dort auf dem zugefrorenen Fluß erst nach Süden und dann später südlich von Stalingrad in südwestlicher Richtung im Raum nördlich von Rostow die deutsche Front wieder zu erreichen. Bei der Frage, wie die russischen Linien am besten zu überwinden sind, bietet sich der Weg nach Osten über die Wolga als günstigste Lösung an.

Am nächsten Tag, es ist der 26. Januar, melde ich mich bei meinem Divisionskommandeur ab, der ohnehin keine Einwände gegen meine Vorhaben äußert. So mache ich mich zunächst mit allen noch bei mir befindlichen Soldaten meines Regiments, es sind sechs Unteroffiziere und fünf Mannschaften, auf den Weg an die Wolga in der Nähe der Zariza-Mündung. Dort befindet sich ein Gefechtsstand der 71. Infanterie-Division, auf dem ich mich über die örtlichen Verhältnisse erkundigen will. Zu meiner nicht geringen Überraschung höre ich von dem Kommandeur in diesem Abschnitt, es ist der Major Steinmeier, daß hier bei der Division in den Stellungen an der Wolga über den Verlauf der Kämpfe im westlichen Teil des Kessels und daher über die aussichtslose Lage der 6. Armee nur recht wenig bekannt ist. Im Gegenteil, hier ist man noch fest davon überzeugt, daß ein Entsatz der Armee bevorsteht, und glaubt, dafür Beweise in der Feuertätigkeit südlich von Stalingrad im Raum Begetowka zu haben. Diese in Stalingrad mit Front nach Osten eingesetzte Division scheint bis jetzt die Einschließung der Armee ohne wesentliche Beeinträchtigung überstanden zu haben.

Der von meinen Berichten sichtlich betroffene Major schlägt mir daher vor, mich doch erst einmal zum Gefechtsstand seiner Division am Roten Platz in Stalingrad-Mitte bringen zu lassen.

Als ich dann gegen Abend dieses Tages im Keller der Ruine des Kaufhauses am Roten Platz in Stalingrad-Mitte ankomme, werde ich gleich von einem Offizier des Stabes der 71. Infanterie-Division zu dem inzwischen dort ebenfalls befindlichen

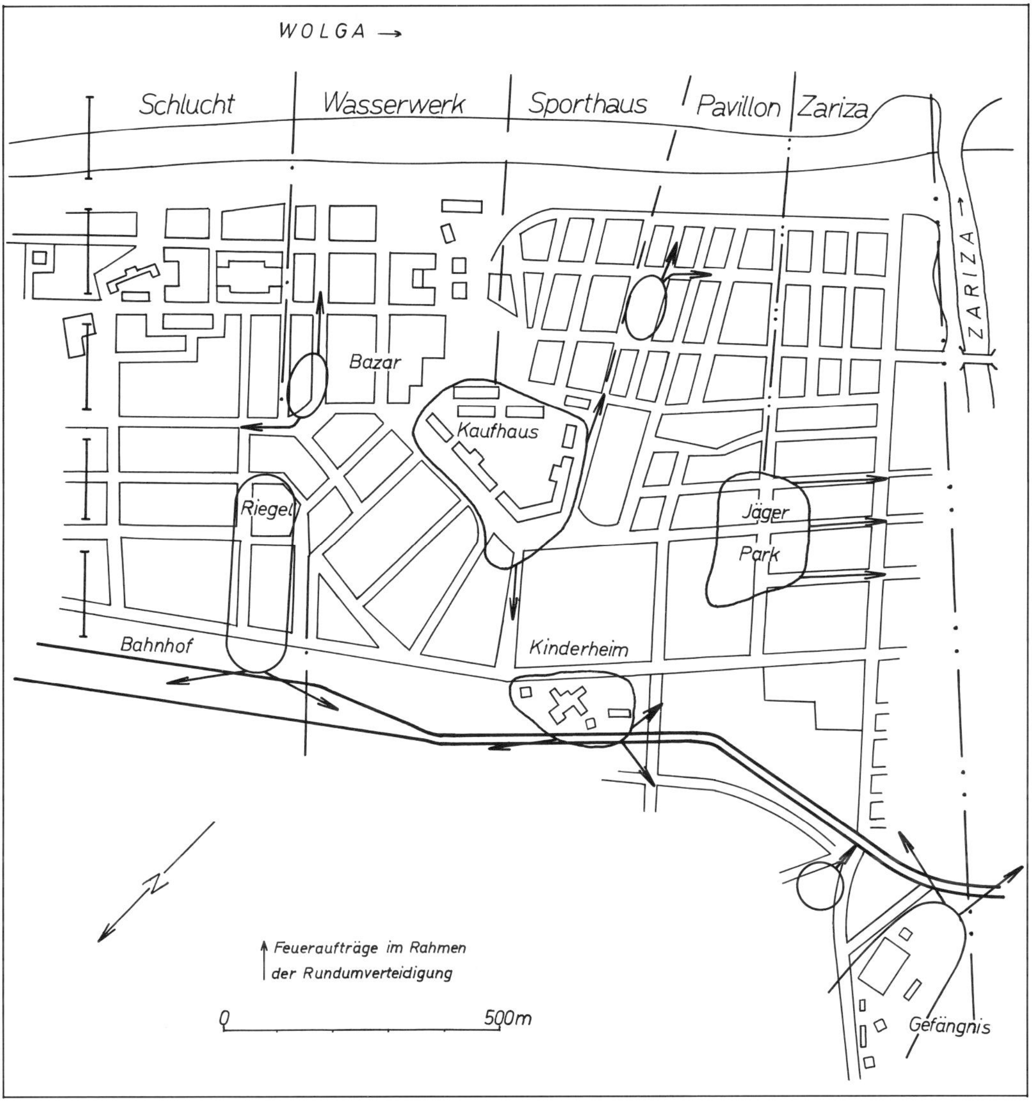

Lageskizze des letzten Kommandeurs der 71. Infanterie-Division, Generalmajor Roske, vom 29./30. Januar 1943 (eigene Stellungen als umrandete Flächen mit Pfeilen zur Kennzeichnung der Verteidigungsrichtungen).

Armeegefechtsstand geführt, wo ich mich beim Chef des Stabes der 6. Armee, Generalleutnant Schmidt, melde. Ich trage ihm dann vor, was ich im GPU-Gefängnis gesehen und gehört habe. Dabei auch, daß nach meiner Kenntnis der Generalleutnant von Daniels Verhandlungen mit den Russen wegen einer Kapitulation im dortigen Bereich eingeleitet habe. General Schmidt erklärt mir darauf, daß ich zunächst noch hier warten solle, er müsse jetzt erst mit dem Oberbefehlshaber sprechen. Er geht dann in einen durch eine Decke provisorisch abgetrennten Teil des Kellers. Dort hält sich der Oberbefehlshaber der 6. Armee, Generaloberst Paulus, auf.
Als General Schmidt zurückkommt, erklärt er mir, daß der Oberbefehlshaber morgen persönlich zum GPU-Gefängnis fahren will, um dort beim XIV. Panzerkorps die Fortführung des Kampfes sicherzustellen.
Als ich mich abmelden will, fragt mich General Schmidt, ob ich nicht hier bei ihm im Armeestab bleiben wolle. Obwohl mir in diesem Augenblick zwar bewußt ist, was das für Vorteile in dieser Situation für mich haben könnte, lehne ich das Angebot im Hinblick auf mein geplantes Ausbruchunternehmen dankend ab. Als ich daraufhin gefragt werde, was ich denn jetzt vorhabe, erkläre ich dem General, daß ich zunächst mit »meinen« Soldaten bei der 71. Infanterie-Division zum weiteren Einsatz bleiben und im Fall der Beendigung des Kampfes einen Ausbruch versuchen will. Daraufhin erfahre ich noch, daß die Luftwaffe den Befehl habe, im Raum Stalingrad auf Ausbruchkommandos zu achten, sie bei Erkennen durch Abwurf von Verpflegung und Orientierungshilfen zu unterstützen und — wenn möglich — sogar im Hinterland zur Aufnahme eines Kommandos zu landen. Es wäre auch vorgesehen, am Don bei Kalatsch einen Verpflegungsstützpunkt aus der Luft einzurichten. Für mein Vorhaben werde ich mit einer dafür gut geeigneten Karte ausgerüstet.
Als ich abschließend noch um eine Übersicht über die Gesamtlage der Armee und der Heeresgruppe bitte, sehe ich zum ersten Mal auf der Lagekarte die Aufsplitterung der Armeereste in drei kleine Kessel und den engen Raum, in dem wir uns in Stalingrad-Mitte befinden.
Nach dem Verlassen des Armeegefechtsstandes finde ich beim Stab der 71. Infanterie-Division meinen Eindruck bestätigt, daß die Armeeführung mit General Schmidt zwar bemüht ist, trotz allem noch eine geordnete Kampfführung aufrecht zu erhalten, der Oberbefehlshaber, Paulus, aber selbst keinen maßgebenden Einfluß mehr auszuüben gewillt ist.
Anschließend werde ich dann zu einer Stellung nordostwärts des Roten Platzes geführt, wo wir einen Stützpunkt bei der Panzerjägerabteilung 171 des Oberleutnant Noßberger mit einem russischen Beutegeschütz übernehmen.
In den Tagen vom 27. bis zum 30. Januar besteht hier unsere letzte Kampftätigkeit im Kessel Stalingrad im wesentlichen in der Abwehr von russischen Stoßtrupps und kleineren Angriffen. Verständlicherweise unternimmt der Feind keine größeren Anstrengungen mehr, um den ohnehin dem Ende zugehenden Abwehrkampf der 6. Armee mit für ihn unnötigen Verlusten zu beschleunigen.

Auf dem Roten Platz steht noch ein Flak-Scheinwerfer, der senkrecht in den Nachthimmel hinein als Wegweiser für die nur noch bei Dunkelheit anfliegenden eigenen Flugzeuge strahlt. Es ist schon beeindruckend, wie diese Flugzeuge trotz des starken Abwehrfeuers der russischen Fliegerabwehr immer wieder im Tiefflug anfliegen und über dem kleinen Restkessel in Stalingrad-Mitte Verpflegung und Munition abwerfen. Dabei bleibt es natürlich nicht aus, daß bei den für die Flugzeuge schwer auszumachenden eigenen Stellungen ein großer Teil der abgeworfenen Munitionsbehälter und Verpflegungsbomben drüben beim Russen runterkommt. Immerhin bekommen wir so in diesen letzten Tagen noch einmal eine Verpflegung, wie wir sie lange nicht mehr gehabt haben. Für die Vorbereitung unseres Ausbruchs ist diese hochwertige Büchsenverpflegung und das Brot natürlich zusätzlich noch von besonderer Bedeutung, da so etwas bisher so gut wie überhaupt nicht zu beschaffen war.

In diesen letzten Tagen und Stunden der 6. Armee in Stalingrad drehen sich aber die Gespräche in den Kellern der Ruinen dieser Stadt an der Wolga allein um die Frage, was kommt danach?

Die russische Kriegsgefangenschaft wird dabei zu einer unausweichlichen Gewißheit, der man sich, wenn man ihr noch entrinnen will, wohl nur noch durch einen freiwilligen Tod entziehen kann. So hört man von Offizieren, die absichtlich den Tod in vorderster Linie gesucht haben, oder die letzte Patrone in ihrer Pistole für sich selbst aufbewahren wollen. Es gibt aber auch Überlegungen, ob man sich in die unvermeidlich werdende Gefangenschaft als Offizier begibt oder nicht vorher alles, was auf diese Eigenschaft hinweist, vernichtet.

Alles, was bisher in Einzelfällen von Vorgängen in russischer Gefangenschaft bekannt wurde, ist eben wenig dazu angetan, sich darüber keine Gedanken und Sorgen zu machen. Die Befürchtungen vor möglichen Gefahren bei einer Gefangennahme werden in vielen Fällen dann allerdings damit beruhigt, daß man schließlich nicht allein ist und eine so große Zahl von gefangenen Soldaten nicht so einfach verschwinden kann.

Mein Ausbruchsvorhaben wird bei der Erörterung in diesen nächtlichen Gesprächen bei Besuchen in benachbarten Stützpunkten und Gefechtsständen meist recht skeptisch beurteilt. Trotzdem bleibe ich bei meinem Plan, dem sich dann noch ein Oberleutnant von der 3. Infanterie-Division anschließt. Es ist der Oberleutnant Kaiser vom Artillerie-Regiment 3, den wir mitnehmen können, da ein Paar Schneeschuhe noch zur Verfügung stehen. So ganz aussichtslos wird unser Vorhaben aber wohl nicht angesehen, denn wir bekommen eine ganze Reihe von Briefen übergeben, in der Hoffnung, daß vielleicht auf diese Weise die Angehörigen eine letzte Nachricht vom Ende in Stalingrad erhalten. Dabei übergibt mir ein Leutnant einen Brief, bei dem ich die Anschrift — Prof. Raubal in Dresden — lese. Auf meine Frage, ob er denn etwa mit Hitler verwandt sei, bestätigt mir dies dieser Leutnant. Auf meine weitere erstaunte Frage, warum er unter diesen Umständen denn nicht aus dem Kessel ausgeflogen wäre, kann er mir keine Erklärung geben. So bleibt

für ihn nur der Rat übrig, in jedem Fall unter anderem Namen in Gefangenschaft zu gehen und alles zu vernichten, was auf seine Identität hinweisen könnte. (Wie ich später gehört habe, hat er dies auch getan. Er soll aber im Lager Begetowka im Fleckfieber sich zu erkennen gegeben haben und später abtransportiert worden sein. Über sein weiteres Schicksal habe ich nichts mehr gehört.)
Bei den Vorbereitungen für den Zeitpunkt unseres Ausbruches wird von großer Bedeutung, daß wir alle damit rechnen, daß der Russe am 30. Januar 1943, dem zehnten Jahrestag der »Machtübernahme«, versuchen wird, mit einem letzten Großeinsatz den Sieg über die 6. Armee in den Restkesseln von Stalingrad zu erringen. Damit würde die Nacht vom 29. zum 30. Januar die letzte Chance sein, dieses Unternehmen beginnen zu können.
Mit nicht geringer Spannung, aber doch durchaus hoffnungsvoll und entschlossen, begeben wir uns am Abend des 29. Januar nach dem Abschied in unserem letzten Stützpunkt an die für den Ausbruch vorgesehene Stelle am Steilufer der Wolga. Wie bei den meisten Flüssen in Rußland ist das Westufer der Wolga hier im Raum Stalingrad zum Flußufer hinunter weitgehend steil abfallend, während das Ostufer flach ausläuft. Da der Abhang zur Wolga hinab vermint ist, müssen wir erst dieses Minenfeld vorsichtig überwinden. Dabei gibt es gleich eine Panne. Trotz aller Vorsicht wird beim Passieren des Minenfeldes eine Spanndrahtmine ausgelöst, glücklicherweise ohne einen von uns zu verletzen. Doch sofort gehen beim Russen Leuchtkugeln hoch, und wir werden beschossen, während sich die eigenen Stützpunkte ruhig verhalten, da sie von unserem Vorhaben unterrichtet sind. Weil wir aber in unmittelbarer Nähe keine Deckung haben und uns im Minenfeld nicht hinwerfen können, ohne weitere Minen auszulösen, bleibt uns nur der Rückzug übrig, wobei wir die unhandlichen Schneeschuhe zunächst zurücklassen müssen. Wie es sich herausstellt, befinden sich auf der Wolga in Sichtweite weitere Russen, so daß für absehbare Zeit ein unbemerktes Betreten des zugefrorenen Flusses nicht mehr möglich ist. Es dauert noch einige Zeit, bis sich die Lage wieder beruhigt hat. Aber gerade in der ersten Nacht müssen wir die Dunkelheit so früh und so lange wie möglich ausnutzen, um die erste schwierigste Phase durch und hinter die russischen Linien realisieren zu können. Deshalb breche ich schließlich den Ausbruchsversuch in der Hoffnung ab, ihn eben doch noch am kommenden Abend wiederholen zu können.
Enttäuscht kehren wir in unseren Stützpunkt zurück, nachdem die Schneeschuhe noch sichergestellt werden konnten. Dort hatten sich unsere Kameraden schon Sorgen um uns gemacht, als sie den Gefechtslärm aus der Richtung hörten, wo sie von unserem Weg auf die Wolga hinaus wußten.
Zu diesen Letzten, die mit mir bis an die Wolga gekommen sind, gehören der Oberfeldwebel Plümecke und der Feldwebel Krems. Sie waren ebenfalls Angehörige der 5. Kompanie des Jäger-Regiments 83 aus Hirschberg im Riesengebirge, mit der ich am 1. September 1939 in den Polenfeldzug gezogen bin.
Der 30. Januar verläuft in unserem kleinen Restkessel im Umkreis von wenigen hundert Metern um den Roten Platz dann jedoch nicht so, wie wir es erwartet hat-

ten. Die Gefechtstätigkeit macht eher den Eindruck, als ob man jeden Augenblick mit einer sang- und klanglosen Einstellung des Kampfes rechnen müßte. Denn zu unserer momentanen Erleichterung unternimmt der Russe keine größeren Anstrengungen mehr, die letzten Stützpunkte der 6. Armee hier in Stalingrad-Mitte einzunehmen. Langsam sehen wir auch keinen Sinn mehr darin, angesichts der kurz bevorstehenden, endgültigen Katastrophe, diese weiterhin aufhalten zu wollen. Der »Kampf bis zur letzten Patrone« ist weit verbreitet einer allgemeinen Verzweiflung oder einer erschöpften Gleichgültigkeit gewichen.
Daher warten wir um so gespannter auf den Einbruch der Dunkelheit, fest entschlossen, den dann wahrscheinlich letzten verbleibenden Zeitpunkt für unseren Ausbruch auszunutzen.
Der in diesen Stunden ebenfalls diskutierte Plan, sich bei der Einstellung des Kampfes zunächst so lange in einem Keller in den Trümmern der Stadt zu verstecken, bis es dann nach einer Beruhigung der Lage möglich sein könnte, den Weg nach Westen anzutreten, wird wegen der damit verbundenen Probleme schnell wieder verworfen.
Ehe wir uns am Abend dieses Tages zum zweiten und letzten Mal von unseren Kameraden verabschieden, beherrscht mich und auch meine drei Mitausbrecher nur noch der schwer nachzuvollziehende Vorsatz, nach allem in den letzten Wochen und Tagen Überstandenen — wenn es irgend möglich ist — der nun eigentlich unausweichlichen Gefangenschaft doch noch zu entgehen.
Das, was wir an diesem 30. Januar 1943 in unserer letzten Stellung, in einem Keller von Stalingrad aus dem Radio zu hören bekommen, kann unseren Plan zum Ausbruch eigentlich nur noch bekräftigen. Dort werden wir vom Reichsmarschall Hermann Göring als »Helden von Stalingrad« abgeschrieben. Nachdem er erst mit großkotzigen Worten zugesichert hatte, uns mit der Luftwaffe ausreichend zu versorgen, versucht er nun mit ebenso großkotzigen Phrasen, den Untergang der 6. Armee in den Trümmern von Stalingrad zu heroisieren.
Der Höhepunkt in dieser Rede ist dann der Vergleich mit dem Heldenkampf des Leonidas an den Thermopylen. »Wanderer kommst Du nach Sparta, so berichte, Du habest uns liegen gesehen, wie das Gesetz es befahl!«
Was Göring dort als »Nachruf auf uns« und zu »unserem Ruhm« lautstark verkündet, widert uns so an, daß wir als Reaktion darauf empört unseren Rundfunkempfänger zertreten, der unsere letzte Verbindung mit der Heimat war.
Die Anspannung im Hinblick auf das, was jetzt unmittelbar vor uns steht, bestimmt dann die letzten Stunden in Stalingrad.
Wie wir erst später erfahren werden, wird am nächsten Morgen, am 31. Januar 1943, der Kampf in Stalingrad-Mitte eingestellt.
Von den dort bis zuletzt mit mir zusammen eingesetzten Soldaten des Grenadier-Regiments 673 gibt es keine Nachricht mehr.

Der Ausbruch aus dem Kessel

Auf etwa dem gleichen Weg wie am Vorabend versuchen wir vier, außer mir der Oberleutnant Kaiser von der 3. Infanterie-Division und die beiden Oberfeldwebel Drieschner und Kurek aus meinem II. Bataillon des Grenadier-Regiments 673, im Bereich der Hafenanlagem von Stalingrad auf die Wolga hinauszukommen. Damit verlassen wir diesen Minikessel in Stalingrad-Mitte, kurz bevor dort die Reste der 6. Armee am Morgen des 31. Januar 1943 mit dem Armeeoberbefehlshaber Paulus in Gefangenschaft gehen. (– Skizze 7 –)

Nachdem wir bereits im Laufe dieses Tages alle in der Nähe befindlichen eigenen Stützpunkte von unserem Vorhaben unterrichtet haben, kommen wir bei diesem zweiten Versuch ungestört über das Minenfeld auf den zugefrorenen Fluß hinaus. Bei den Russen hat man offensichtlich von diesem ersten Teil unseres Unternehmens an diesem Abend noch nichts bemerkt. Zunächst ist für unsere Orientierung der nicht weit hinter uns auf dem Roten Platz noch in den nächtlichen Himmel strahlende Flakscheinwerfer eine wesentliche Hilfe.

Ein weiterer Richtpunkt ist die nördliche Spitze der Golodni-Insel, die sich etwas weiter nach Süden ziemlich gegenüber der Stelle befindet, wo wir vorsichtig auf das Eis der Wolga hinausgehen. Von dort ab verläuft die Wolga, nachdem sie vorher etwa 7 Kilometer nur in einem Hauptstrom zwischen Stalingrad-Nord und Mitte entlangfließt, in zwei größeren Flußarmen nach Süden. In dem ostwärtigen Nebenarm wollen wir uns nach Süden bewegen, um nicht auf dem westlichen Hauptarm unmittelbar am feindbesetzten Südteil der Stadt entlanggehen zu müssen.

Nach meinem Plan ist es das erste Ziel unseres Ausbruchunternehmens, in den beiden ersten Nächten auf diesem Wolgaarm und später nach Südwesten einbiegend über die große Sarpinskij-Insel so weit zu kommen, bis wir südlich von Begetowka die Wolga wieder nach Westen überqueren können. Über das dort anschließende Höhengelände müßten wir mit Hilfe der Schneeschuhe dann in zwei Tagen am etwa 80 Kilometer entfernten Don sein.

Da die Steppe südlich und südwestlich von Stalingrad nur ganz dünn besiedelt und mit feindlichen Truppen nach Abschluß der Kämpfe mit der inzwischen wieder auf den unteren Don bei Rostow zurückgewichenen Entsatzarmee Hoth in diesem Raum nicht mehr zu rechnen ist, hoffen wir dann auf ein gutes Vorankommen. Aber erst müssen wir aus der unmittelbaren Nähe zur Stadt selbst heraus sein.

Nach diesem Plan ist der weitere Weg dann am Don abwärts in Richtung Rostow vorgesehen, wo wir nach ca. 200 Kilometern mit dem Verlauf der Front ostwärts der Donez-Mündung rechnen.

Doch soweit ist es noch lange nicht. Zunächst müssen wir uns nach dem Betreten der Wolga auf den schneebedeckten Eisschollen langsam und vorsichtig in Abständen vorarbeiten und immer wieder Beobachtungspausen einlegen. In der Dunkelheit sind die Umrisse eines bereits bei Tage festgestellten Schiffes zu erkennen, von dem wir wissen, daß es schon lange im Eis der Wolga steckt und von Russen besetzt

Skizze 7: Mein Ausbruch aus dem Kessel Stalingrad-Mitte am Abend des 30. Januar 1943.

Schwarz: *Ursprünglich geplanter Verlauf.*
Rot: *Tatsächlicher Weg über die Wolga bis nach Winnowka.*

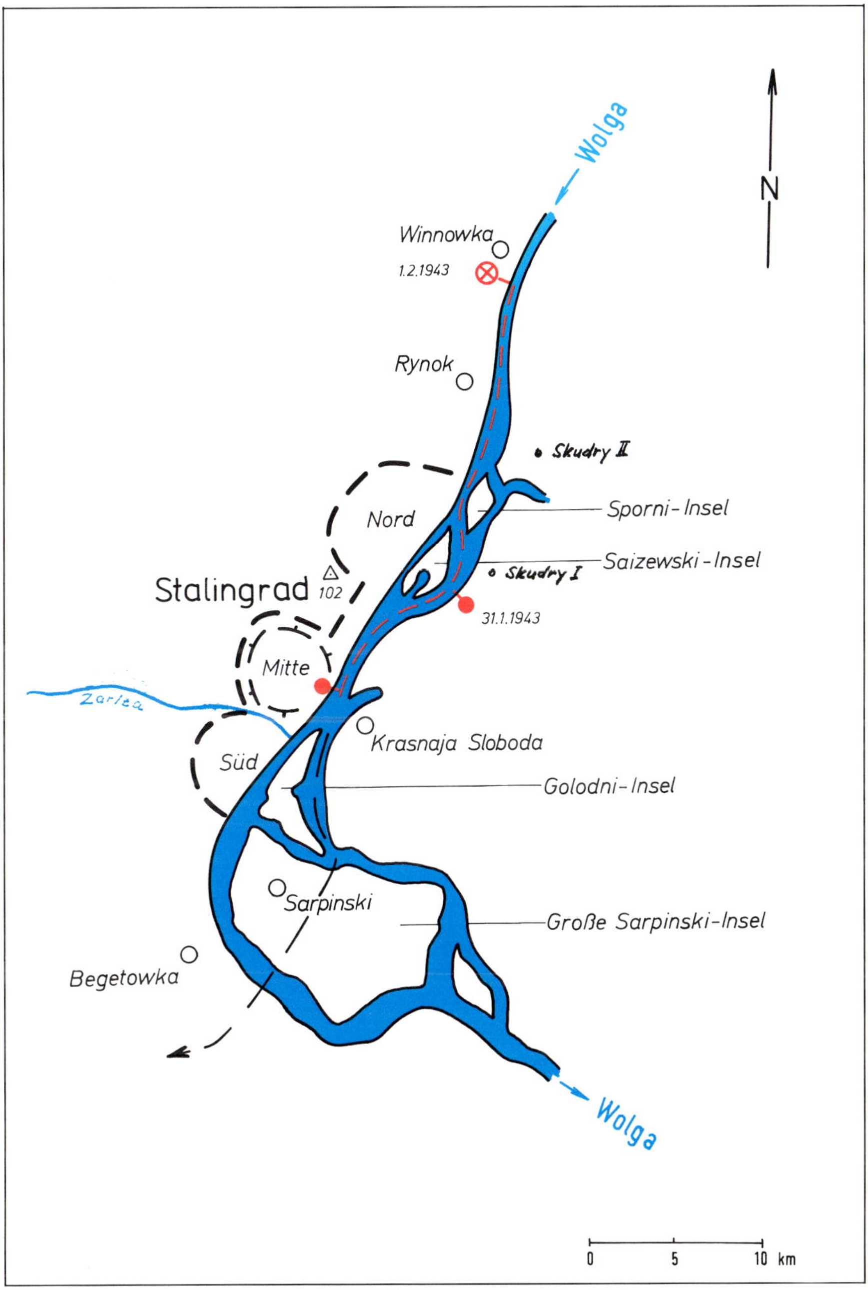

ist. Als wir etwa in der Mitte des an dieser Stelle bis zu 1.000 Meter breiten Flusses sind, beobachten wir einzelne Russen, die sich so bewegen, als ob sie uns in einem größeren Bogen von Süden aus einkreisen wollten. Nach längerem Hinsehen verstärkt sich immer mehr der Eindruck, daß in der vorgesehenen Richtung nach Süden ein Durchkommen kaum Aussicht auf Erfolg hat. Nicht nur in der Nähe des festgefrorenen Wolgaschiffes, sondern auch an der Nordspitze der Golodni-Insel bewegen sich zahlreiche Russen.

Unter diesen Umständen fassen wir nach kurzer Beratung den Entschluß, den ersten Teil unseres Ausbruchplanes aufzugeben und den für diesen Fall vorgesehenen Weg in entgegengesetzter Richtung nach Norden einzuschlagen. Dabei ist die Überlegung entscheidend, daß wir erst einmal so schnell wie möglich von dieser Stelle in der Nähe des Ufers wegmüssen, wo offensichtlich die Gefahr besteht, von Süden aus eingekreist zu werden.

Bei diesem Alternativplan für unseren Ausbruch müssen wir nun fast in nördlicher Richtung zunächst bis in die Höhe der hart umkämpften Fabrik »Roter Oktober« in Stalingrad-Nord auf dem Hauptarm der Wolga bleiben. Dort wird der Fluß zunächst durch die Saizewski-Insel und weiter nördlich durch die Sporni-Insel wieder in Haupt- und Nebenarme geteilt. Auf den jeweils ostwärtigen Wolgaarmen wollen wir nun so weit nach Norden kommen, bis wir nach etwa 20 Kilometern zwischen Rynok, einem nördlichen Vorort von Stalingrad, und Winnowka wieder auf das Westufer der Wolga hinüberkönnen. Von dort aus sind es dann in grob südwestlicher Richtung mitten durch das ehemalige Kesselgelände hindurch gut 100 Kilometer bis zum Don südlich von Kalatsch.

So müssen wir bei diesem zweiten Ausbruchsplan notgedrungen diesen Umweg um den Nordteil von Stalingrad machen, wo im Bereich des Traktorenwerkes im »Restkessel Nord« des XI. Armeekorps immer noch gekämpft wird. Dieser Umweg wird einen weiteren Tag erfordern. Doch uns bleibt keine andere Wahl, da wir unser Vorhaben nun auch nicht mehr abbrechen wollen, nachdem wir doch schon aus dem Kessel in Stalingrad-Mitte herausgekommen sind.

Tatsächlich gelingt es dann, aus der Sichtweite der Russen uns wieder absetzen zu können und von da ab auf dem Weg nach Norden auf der Wolga zügig voranzukommen. Als wir einige Zeit später an einen Nachschubweg der Russen herankommen, der über die inzwischen nur noch ca. 500 Meter breite Wolga führt, wird die Lage noch einmal kritisch. Denn dort bewegen sich in beiden Richtungen ständig einzelne Kolonnen mit Fahrzeugen und Soldatentrupps. Schließlich gelingt es uns aber doch, eine Lücke dazwischen auszunutzen. Ohne angerufen oder angehalten zu werden, können wir unseren Weg über das Eis der Wolga fortsetzen. Das Zerschneiden von über den Fluß verlegten Feldkabeln kann natürlich wohl jetzt kaum noch einen spürbaren Einfluß auf das in den letzten Zügen liegende Kampfgeschehen ausüben.

Auf der schollenartigen Eisfläche der zugefrorenen Wolga sind die Schneeschuhe noch nicht zu benutzen; deshalb kann das Marschtempo auch nicht allzu schnell

sein. Doch für uns ist viel wichtiger, daß wir ungestört unseren Weg fortsetzen können. Außer den Schneeschuhen führen wir als Bewaffnung zwei Maschinenpistolen und zwei Pistolen mit. Dabei sind wir uns durchaus darüber im klaren, daß wir uns mit diesen Waffen im russischen Hinterland nur unter ganz besonderen Verhältnissen vor einer Gefangennahme schützen können. Die Rucksäcke und Brotbeutel sind mit Verpflegung gefüllt, in erster Linie mit Brot und Fett- bzw. Wurstkonserven, die von den Abwürfen unserer Flugzeuge über dem Roten Platz in Stalingrad-Mitte in den letzten Nächten stammen. Über der Uniform tragen wir, wie bereits seit Einbruch des Winters, den weißen Tarnanzug, den man auch wenden und dann als Kampfanzug — oliv — tragen kann.
In dieser ersten Nacht legen wir auf der Wolga etwa 8 Kilometer zurück und kommen bis zum Morgengrauen in den ostwärts abzweigenden Wolgaarm östlich der Saizewski-Insel, der dort wieder bis zu 1.000 Meter breit ist. Da wir bei Tageslicht hier noch nicht weitermarschieren können, müssen wir auf dem mit Buschwerk bestandenen flachen Ostufer ein Versteck finden. Bei der Suche nach einer geeigneten Stelle für ein derartiges Versteck stoßen wir überraschenderweise auf einen unbesetzten Erdbunker. Da in unmittelbarer Nähe nichts Verdächtiges festzustellen ist, beschließen wir, in diesem Bunker den Tag über zu bleiben. Wir können in unserer Lage eben dann nur noch hoffen, dort nicht aufgestöbert zu werden.
Ehe wir uns zum Schlafen hinlegen, wird auf dem Esbitkocher zunächst heißer Tee gekocht und gegessen. Das Wasser für den Tee muß natürlich aus geschmolzenem Schnee gewonnen werden. Trotz der in dieser reichlich kritischen Situation unvermeidlichen Anspannung sind wir nach den Anstrengungen der letzten Nacht so müde, daß wir schließlich doch mehr im Sitzen als im Liegen einschlafen. Dabei bleibt im zweistündlichen Wechsel immer einer von uns wach, um wenigstens nicht im Schlaf überrascht zu werden. Denn es ist uns doch bewußt, daß wir bei einem Erscheinen von Russen keine Chance zu einer weiteren Flucht haben werden.
Doch das Wagnis gelingt tatsächlich, wir bleiben in diesem Erdbunker auf dem Ostufer der Wolga am 31. Januar 1943 als freie, und sogar bewaffnete, deutsche Soldaten unentdeckt!
Den ganzen Tag sind immer wieder in unmittelbarer Nähe Stimmen zu hören; gegen Mittag sind wir schon auf das Schlimmste gefaßt, als zwei russische Soldaten auf einem dicht an dem Bunker vorbeiführenden Trampelpfad in angeregter Unterhaltung daherkommen. Aber auch diese Gefahr geht — im wahrsten Sinne des Wortes — glücklicherweise an uns vorbei.
Nachdem die sehnsüchtig erwartete Dunkelheit an diesem 31. Januar endlich eingetreten ist, verlassen wir erleichtert und in bester Stimmung unser Versteck in diesem Erdbunker auf dem Ostufer der Wolga und arbeiten uns vorsichtig durch Buschwerk, Gestrüpp und Schnee wieder auf den zugefrorenen Fluß zurück.
Bei der an sich nur noch nach Karte und Kompaß möglichen Orientierung versuchen wir uns beim Weitermarsch mit Erfolg in nördlicher Richtung immer in der Nähe des Ostufers zu halten. So gelangen wir auf diesem Ostarm der Wolga

zunächst an der Saizewski-Insel und anschließend an der Sporni-Insel vorbei bis auf den in der Höhe von Rynok hier wieder sehr breiten einarmigen Hauptstrom. Nur einmal, in Höhe des auf dem Ostufer gelegenen Dorfes Skudry, geraten wir in Gefahr, auf einem in östlicher Richtung abzweigenden Nebenarm in eine falsche Route abzukommen.

Damit sind wir bis etwa 5 Kilometer an den Raum herangekommen, wo wir — wie geplant — in der beginnenden Morgendämmerung des 1. Februar auf das Westufer der Wolga zurückkehren wollen.

In den letzten Stunden dieser Nacht ist von den Russen nichts zu sehen oder zu hören; nur aus südlicher Richtung ist von Stalingrad-Nord, das wir inzwischen hinter uns gelassen haben, noch vereinzelte Gefechtstätigkeit zu hören. Danach haben als einziger Teil der 6. Armee die Reste des XI. Armeekorps im »Nordkessel« den Kampf noch nicht eingestellt.

Als wir dann nördlich von Rynok nach einigem Suchen eine uns geeignet erscheinende Stelle gefunden haben, um das hier im Gegensatz zum Ostufer steil ansteigende Westufer zu betreten, ist es inzwischen taghell und Zeit zum »Verschwinden« geworden. Zur besseren Orientierung steige ich noch einmal auf den Rand einer Balka, die wir recht bald entdecken. Dort stelle ich fest, daß sich flußaufwärts in nördlicher Richtung auf dem Höhengelände westlich der Wolga in etwa 1.000 Meter Entfernung ein Dorf befindet, das offensichtlich von russischen Soldaten besetzt ist. Bei dieser Ortschaft müßte es sich der Karte nach um das Dorf Winnowka handeln. In westlicher Richtung ist an diesem Morgen in gut 100 Metern hinter einer Bodenwelle anhand aufsteigenden Rauches ein Erdbunker auszumachen.

Unter diesen Umständen ist ein weiteres Umherlaufen zu gefährlich geworden. In einer Balka entdecken wir dann ein in die Seitenwand gegrabenes Erdloch, das für uns vier Personen gerade so viel Platz bietet, daß wir uns dort verkriechen können. Nachdem das Gepäck in diesem Erdloch verstaut ist und die Skier außerhalb im Schnee verbuddelt worden sind, beziehen Kaiser, Drieschner und Kurek unsere »Tagesunterkunft«. Ich bin noch dabei, alle Spuren im Schnee zu beseitigen, als ich plötzlich auf dem Rand der Balka in einer Entfernung von etwa 50 Metern einen russischen Soldaten mit einer Maschinenpistole stehen sehe. Ob er uns schon länger beobachtet hat, weiß ich in diesem Moment natürlich nicht. So plötzlich, wie ich ihn gesehen habe, ist er aber wieder verschwunden.

Da wir aber doch damit rechnen müssen, daß wir schon länger beobachtet und vielleicht sogar erkannt worden sein können, beschließen wir, zunächst einmal diesen Platz hier zu verlassen und uns einzeln in der verzweigten Balka zu verteilen und zu verstecken. Falls in den nächsten beiden Stunden nichts weiter passiert, verabreden wir, uns am Erdloch bei den vergrabenen Schneeschuhen wieder zu treffen und dann das weitere Verhalten festzulegen. Ich selbst will in der Nähe dieses Erdloches bleiben, um es im Auge behalten zu können.

Doch alle eben getroffenen Abmachungen werden sehr schnell von den folgenden Ereignissen überholt.

Bei meinen weiteren, vorsichtigen Versuchen, die Lage in der Umgebung aufzuklären, stelle ich nach kurzer Zeit fest, wie aus dem nahegelegenen Dorf etwa 50 Soldaten in breiter Front auf unsere Balka zukommen. Ohne daß sie bereits jemanden gesehen haben können, eröffnen sie das Feuer aus Gewehren und Maschinenpistolen. Beim Näherkommen an die Balka werden auch noch planlos Handgranaten in die Schluchten geworfen. Das Ganze könnte einen Infanterieangriff mit der Vorbereitung zum Einbruch in eine feindliche Stellung darstellen.
Trotz der einem damit bewußtwerdenden Aussichtslosigkeit, jetzt noch unentdeckt bleiben zu können, mutet einen dieser mit Geschrei und Geschieße inszenierte Angriff auf unsere recht winzige Gruppe von vier deutschen Soldaten doch so komisch an, daß ich mir selbst in dieser Lage das Lachen nicht ganz verkneifen kann. Aber das ist nur eine kurze Reaktion, denn immerhin besteht nun auch die große Gefahr, daß bei diesem blödsinnigen Waffeneinsatz der Russen doch noch einer von uns getroffen werden kann. Der Gedanke an Widerstand ist in dieser Situation natürlich völlig absurd.
Da ich ohne jede Verbindung zu meinen Kameraden bin, weiche ich zum besseren Schutz gegen diese planlose Schießerei in eine enge, unregelmäßig verlaufene Balka aus. Kurz darauf sind aber auch hier hinter den nicht einzusehenen Biegungen Feuerstöße von Maschinenpistolen zu hören. Dabei habe ich den Eindruck, als ob die Russen mit ihrem blind abgegebenen Feuer erst einmal sich selbst Mut machen müßten. Ich versuche daraufhin, in dem hohem Schnee einen oberhalb des Balkagrundes befindlichen Busch als Schutz und Versteck zu erreichen, verliere aber im Schnee den Halt und rutsche auf dem Bauch bis auf den Fuß der Balka herab.
Als ich mich umdrehe, sehe ich in die Läufe zweier Maschinenpistolen!
Während der eine Russe seine Maschinenpistole schußbereit hält, reißt der andere mir meine Pistole aus der Tasche und dann meine Tarnjacke auf. Als die Beiden meinen Uniformrock mit den Dienstgradabzeichen und Orden sehen, fragen sie in gebrochenem Deutsch, ob ich deutscher Offizier sei und welchen Rang ich hätte. Als ich ihnen klar zu machen versuche, daß ich deutscher »Kapitan« sei, sind sie offensichtlich sehr stolz auf den »Fang«, den sie damit gemacht haben. Das hindert sie aber nicht, mir erst einmal alle Taschen restlos auszuräumen und außer der Uhr auch alle Auszeichnungen abzunehmen. Dann treiben sie mich mit — zum ersten Mal — »Dawai« und sicherheitshalber mit einer Maschinenpistole in meinen Rücken gedrückt in das nahegelegene Dorf.
Es ist Winnowka. Hier in diesem Raum erreichten am 23. August 1942 die Panzer des Panzerregiments 2 der 16. Panzerdivision als erste Teile der 6. Armee die Wolga.
Jetzt, am Morgen des 1. Februar 1943 beginnt hier mein Weg in die russische Kriegsgefangenschaft.
In kurzen Abständen treffen nach mir meine Kameraden im Dorf ein. Ich bin sehr erleichtert, als wir, umringt von russischen Soldaten, unter denen sich aufffallend viele Frauen befinden, uns hier wiederfinden. Allerdings ist einer von uns, der

Oberfeldwebel Kurek, doch noch durch eine Handgranate am Kopf leicht verwundet worden.

Natürlich sind wir zunächst sehr deprimiert darüber, daß unser anfangs so verheißungsvoll begonnener Ausbruch aus dem Restkessel Stalingrad-Mitte nun hier nördlich von Stalingrad ein so jähes Ende gefunden hat. Denn schließlich ist damit auch der letzte Versuch, der Gefangenschaft zu entgehen, leider gescheitert.

Wir waren uns aber auch darüber im Klaren, mit welchen Risiken ein derartiges Unternehmen im feindlichen Hinterland, und noch dazu bei winterlicher, strenger Kälte und Schnee, verbunden sein wird.

Nun ist dieser Ausbruch aus Stalingrad letztlich glücklos beendet, wir sind russische Kriegsgefangene!

Nur gut, daß wir in diesem Augenblick noch nicht wissen, was uns jetzt alles für eine ungewisse Zeit bevorsteht.

Ein Kriegsberichter schreibt:

»In Stalingrad gewesen zu sein, wird für jeden Soldaten der 6. Armee, ganz gleich was er in seinem Leben einmal anstellen sollte, mildernder Umstand sein.«

»Was hier täglich geschieht, ist wert, in die Geschichte der tapferen Herzen aller Zeiten aufgenommen zu werden.«

Der letzte Funkspruch aus Stalingrad – 2. Februar 1943:

»Wolkenhöhe fünftausend Meter – Sicht zwölf Kilometer – klarer Himmel – vereinzelt kleine Wölkchen – Temperatur einunddreißig Grad minus – über Stalingrad Nebel und roter Dunst –

Wetterstelle meldet sich ab

Gruß an die Heimat –«

»Es hat in unserer Zeit noch einige große Leistungen gegeben, zum Beispiel die Deutschen in Stalingrad.
Sie standen für einen unsinnigen Befehl, einen irrsinnigen Befehl.
Aber was sie geleistet haben, ist vorbildlich.«

Marschall de Lattre de Tassigny (1889–1952)
Divisionskommandeur der 1. französischen Armee 1940
Oberbefehlshaber der französischen Truppen in Deutschland 1945
Oberbefehlshaber in Indochina 1950–1952

Auszüge aus Feldpostbriefen – Nov. – Dez. 1942

Aus den Einsätzen zwischen Don und Wolga und im Kessel Stalingrad

3. November 1942:
Heute bin ich in meinen neuen Unterstand eingezogen, der nun fertiggestellt ist. Bis zum Dach ist er in der Erde drin und gut oben abgedeckt gegen Beschuß. Das Wetter war in den letzten Tagen ungewöhnlich schön. So ein warmes Sommerwetter ist man vielleicht noch im September gewöhnt, für November aber ist es allerhand.
In den letzten Nächten versuchte der Russe in meinem Abschnitt kleinere Angriffsunternehmungen, wurde aber immer glatt abgewiesen, ehe er richtig an die Stellungen heran war.

10. November 1942:
Nun ist das Herbstwetter vorbei und wie wir es erwartet hatten, über Nacht zum Winterwetter geworden. Unangenehm dabei ist immer dieser kalte Wind, der über die freie Steppe fegt. Aber unsere Winterausrüstung ist dieses Jahr fabelhaft.
Im Bau von Unterständen sind wir auch schon vorwärts gekommen. Wenn man sich von vornherein darauf einstellt, nun einen Winter hier zu verbringen, geht schon alles.
Erst sah es so aus, als ob der Russe zum 20. Jahrestag seiner Oktoberrevolution am 7.11. einen Großangriff starten wollte. Wir hatten uns schon dementsprechend vorbereitet. Aber er tat nichts dergleichen.

14. Dezember 1942
Die letzte Zeit war wieder sehr belebt und wir haben viel durchmachen müssen, was bei den augenblicklichen Lebensverhältnissen nicht immer so einfach ist.
Wir stehen hier wohl in einem Kampf, der zu den härtesten dieses Krieges gehört.
Wir hoffen, daß sich bis Weihnachten alles etwas geklärt hat.

15. Dezember 1942
Nun geht dieser schwere Kampf schon seit Wochen und ohne Rast und Ruhe haben wir ran gemußt.
Für einen, der das nicht selbst erlebt hat, dürfte das unvorstellbar sein.
Was besagt das schon, wenn wir z.B. in 3 Tagen und 2 Nächten 7 Gegenstöße unternommen haben.
Begriffe werden einem hier fremd, ohne die man sonst nicht auszukommen glaubte. Könnt Ihr Euch vorstellen, daß man wochenlang in dieser Jahreszeit

leben kann, ohne sich zu waschen und einmal ein Dach über dem Kopf zu haben und nur in Erdlöchern zu hausen?
Ach, was wußte man bisher von der Leistungsfähigkeit eines menschlichen Körpers und vor allem der Nerven.
Es ist bereits morgens 3,00 Uhr, da möchte man schnell noch eine Hand voll Schlaf nehmen, es wird bald wieder lebendiger werden.

Weihnachten 1942 – zwischen Don und Wolga
Das 4. Kriegsweihnachten feiern wir nun, aber noch nie stand es so unmittelbar unter dem Eindruck des Kriegsgeschehens, wie dieses Mal.
Am Heiligen Abend waren wir noch in der Stellung eingesetzt, die wir seit dem 19. nach dem härtesten Angriff meines Lebens besetzt hatten. Ein schneidender Wind über die schneebedeckte Steppe, von Weihnachten natürlich nichts zu merken. Der Feind verhielt sich aber ziemlich ruhig.
Aber die Wiehnachtsfreude kam am 1. Feiertag, da wir abgelöst wurden und etwas weiter rückwärts in warmen Katen noch einwenig an Weihnachten denken konnten.
Sogar ein kleines »Weihnachtsbäumchen« hatte ich. Ein Geschenk der Panzerleute für mich, die es mit Waffengewalt aus Feindesland geholt hatten.
Aber dieser so harte Kampf hier, der ungeahnte Anforderungen an jeden, besonders aber an den Infanteristen stellt, erfaßt jeden bis ins Letzte. Was in diesen Wochen sich hier bei uns abspielt, steht sicher einmalig in der ganzen Kriegsgeschichte da.
Leider habe ich vor kurzem wieder eine traurige Nachricht erhalten. Mein treuer Peter ist an den Folgen seiner schweren Verwundung gestorben und ruht nun auf einem Heldenfriedhof nicht weit von hier entfernt.
Ja, es fehlt uns so Mancher zum Weihnachtsfest.

29. Dezember 1942 (letzter Brief aus Stalingrad)
Bei Kerzenlicht sitze ich in einer russischen Kate, deren Dach gestern bei einem Fliegerangriff noch schnell etwas gelüftet wurde. Trotzdem ist es noch warm hier drin.
Ihr werdet Euch zu Hause kein richtiges Bild über unsere Kämpfe hier machen können, wenn Ihr hört, zwischen Wolga und Don und bei Stalingrad harte Abwehrkämpfe.
Der Kampf im Osten nimmt eben Formen manchmal an, die man sich gar nicht vorstellen kann.
Wir haben gelernt, daß manches Unmögliche möglich ist.
So ist es, was alte Kameraden betrifft, leer um mich geworden!
So grüße ich Euch aus dem fernen Osten, aus dem Kampfraum von Stalingrad zwischen Don und Wolga!

Anlage zu Teil 1

Offiziere der 376. Infanterie-Division im Kessel Stalingrad (1)
(soweit noch bekannt)

Divisionsstab:

Divisions-Kommandeur	
	Generalleutnant Edler von Daniels (Gefangenschaft)
I A	Major i.G. Wilutzki (ausgeflogen)
O 1	Hauptmann von Kamecke (Gefangenschaft)
I B	Hauptmann i.G. Mussil (Gefangenschaft)
I C	Oberleutnant Dr. Ostarhild (Gefangenschaft)
II A	Oberleutnant Plessen (Gefangenschaft)
Dolmetscher	Sonderführer Wilde von Wildemann (Gefangenschaft)
	Sonderführer Reichert (Gefangenschaft)

Grenadierregiment 673

Regiments-Kommandeur	Oberst Borst (verwundet, ausgeflogen am 29.11.42)
Regiments-Führer	Hauptmann i.G. Ehrich (verwundet, ausgeflogen am 2.12.42)
	Hauptmann Zank (Gefangenschaft)
Regiments-Adjutant	Oberleutnant Scheuermann (gefallen am 3.12.42)
Ordonnanz-Offizier	Leutnant Spitznagel (vermißt seit 6.12.42)
Regiments-Arzt	Oberarzt Dr. Berg (?)
Regiments-Zahlmeister	Pohl (Gefangenschaft)

Offiziere der 376. Infanterie-Division im Kessel Stalingrad (2)

Grenadierregiment 673

– II. Bataillon –

Bataillons-Kommandeur	Hauptmann Zank (Gefangenschaft)
Bataillons-Adjutant	Leutnant Banzhaf (zu Grenadier-Regiment 767)
	Leutnant Hausmann (verwundet, ausgeflogen)
Bataillons-Arzt	Assistenzarzt Dr. Lichtenecker (?)
Bataillons-Zahlmeister	Ketterer (in Gefangenschaft gestorben)
5. Kompanie	Leutnant Hönig (verwundet, ausgeflogen)
6. Kompanie	Leutnant Hausmann (zum II. Bataillon)
	Leutnant Bernauer (verwundet, ausgeflogen)
7. Kompanie	Oberleutnant Prause (gefallen am 21.11.42)
8. (Maschinengewehr)-Kompanie	Oberleutnant Abend (zum III. Bataillon)
	Leutnant Perzel (verwundet, ausgeflogen)

– III. Bataillon –

Bataillons-Führer	Oberleutnant Abend (gefallen am 14.12.42)
Bataillons-Adjutant	Leutnant Schunke (gefallen)
Bataillons-Zahlmeister	Brummer (in Gefangenschaft gestorben
9. Kompanie	Leutnant Jordan (in Gefangenschaft am 8.4.43 [Frolow] gestorben)
10. Kompanie	Leutnant Schmidt (verwundet, am 15.12.42 gestorben)
11. Kompanie Leutnant	Lüthe gefallen am 19.1.43)

Offiziere der 376. Infanterie-Division im Kessel Stalingrad (3)

12. (Maschinengewehr)-Kompanie	Oberfeldwebel Hauffe (verwundet, ausgeflogen)
13. (Infanteriegeschütz)-Kompanie	Leutnant Utz (verwundet, ausgeflogen)
14. (Panzerabwehr)-Kompanie	Leutnant (?) (verwundet, ausgeflogen)

Grenadieregiment 672

Regiments-Kommandeur	Oberst Chrobek (gefallen am 8.12.42)

– II. Bataillon –

Bataillons-Führer	Oberleutnant Thelen (verwundet, ausgeflogen am 28.11.42)
Bataillons-Adjutant	Leutnant Wille (verwundet, gestorben am 7.11.42)
5. Kompanie	Hauptfeldwebel Egger (verwundet, ausgeflogen am 26.11.42)
7. Kompanie	Leutnant Glaser (verwundet am 26.11.42 (?)
8. (Maschinengewehr)-Kompanie	Oberleutnant Kraus (verwundet, ausgeflogen am 26.11.42)

Grenadierregiment 767

Regiments-Kommandeur	Oberst Steidle (Gefangenschaft)
Regiments-Adjutant	Oberleutnant Streng (in Gefangenschaft gestorben)
Ordonnanz-Offizier	Leutnant Urban (Gefangenschaft)
10. Kompanie	Leutnant Banzhaf (von Grenadierregiment 673) (verwundet, ausgeflogen)
11. Kompanie	Oberleutnant Scheerer (gefallen)
	Oberleutnant Speer (gefallen)

Offiziere der 376. Infanterie-Division im Kessel Stalingrad (4)

(Leutnant Hänsgen, Oberleutnant Speck, Leutnant Swoboda, Oberzahlmeister Forster, Oberveterinär Rehnert, Leutnant Hintermeier)

Artillerieregiment 376	
Regiments-Kommandeur	Oberst Kuhr (Gefangenschaft)
Abteilungs-Kommandeur	Oberstleutnant Werneburg (in Gefangenschaft gestorben) Oberstleutnant Wilhelm (in Gefangenschaft gestorben)
Abteilungs-Kommandeur	Hauptmann Lindemann (von Artillerie-Abteilung 849) (Gefangenschaft)
Batterie-Chef	Hauptmann Oehrl (Gefangenschaft) Oberleutnant Klaiber (Gefangenschaft)

(Oberleutnant Zahn, Oberleutnant Schleicher, Leutnant Hauf, Leutnant Gohte, Leutnant Hummel)

Aufklärungs-abteilung 376	
Radfahr-Kompanie	Leutnant Schröder (verwundet, ausgeflogen) Leutnant Gordziel (verwundet, ausgeflogen)
Pionierbataillon 376	
Bataillons-Kommandeur	Major Mangold (Gefangenschaft) Oberleutnant Demmel
Nachrichten-abteilung 376	
Abteilungs-Kommandeur	Major West (Gefangenschaft)
Divisionsnachschub-führer	Leutnant Päßler (Gefangenschaft)

Offiziere der 376. Infanterie-Division im Kessel Stalingrad (5)

Von der aufgelösten 384. Infanterie-Division unterstellte Einheiten:

Infanterieregiment 534

Regiments-Kommandeur	Oberst Schleusinger (Gefangenschaft)

Infanterieregiment 535

Regiments-Führer	Major Schulze (Gefangenschaft)

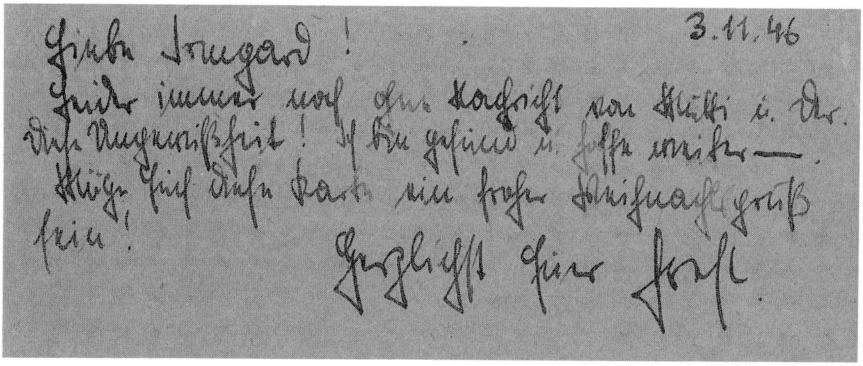

Liebe Irmgard! 3.11.46
Leider immer noch ohne Nachricht von Mutti u. Vater. Diese Ungewißheit! Ich bin gesund u. hoffe weiter —
Möge Dir diese Karte ein froher Weihnachtsgruß sein!
Herzlichst Dein Horst

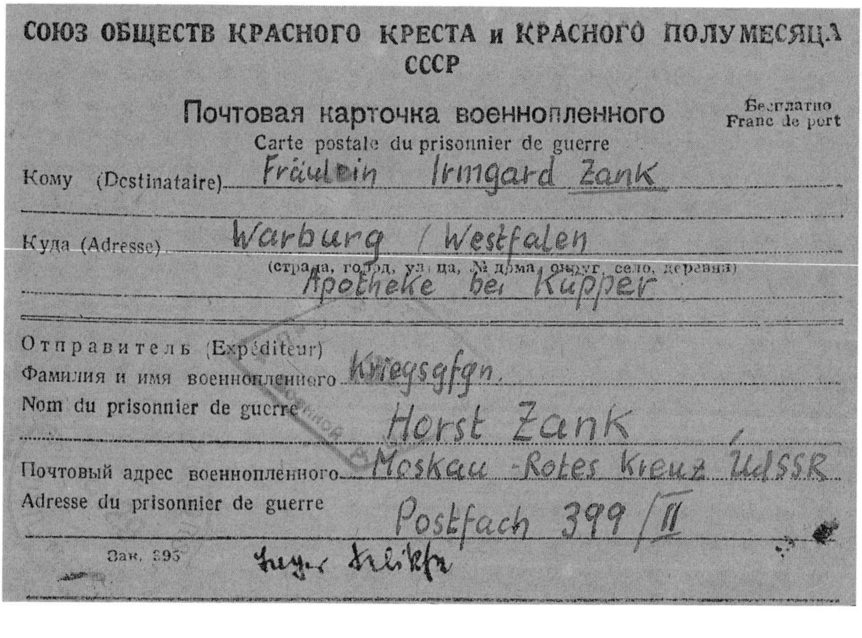

СОЮЗ ОБЩЕСТВ КРАСНОГО КРЕСТА и КРАСНОГО ПОЛУМЕСЯЦА СССР

Почтовая карточка военнопленного
Carte postale du prisonnier de guerre

Бесплатно
Franc de port

Кому (Destinataire) Fräulein Irmgard Zank

Куда (Adresse) Warburg / Westfalen
(страна, город, улица, № дома, округ, село, деревня)
Apotheke bei Kupper

Отправитель (Expéditeur)
Фамилия и имя военнопленного Kriegsgfgn.
Nom du prisonnier de guerre Horst Zank

Почтовый адрес военнопленного Moskau - Rotes Kreuz UdSSR
Adresse du prisonnier de guerre Postfach 399/II

Зак. 395

Teil 2

Erlebnisse in der russischen Kriegsgefangenschaft

Der Weg in die Gefangenschaft

In Winnowka, diesem kleinen Dorf auf den Wolgahöhen 15 Kilometer nördlich von Stalingrad, sind wir vier deutschen Soldaten an diesem Morgen des 1. Februar 1943 bei einer russischen Etappeneinheit offensichtlich eine besondere Attraktion. Von allen Seiten kommen immer wieder Russen, darunter auch uniformierte Frauen, um uns zu bestaunen oder zu besichtigen.
Deutlich ist die Siegesstimmung zu spüren, die hier nach den Erfolgen beim Kampf gegen unsere 6. Armee herrscht. Immer wieder bekommen wir mehr oder weniger höhnisch zu hören: »Gitler kaputt« — »Germanski kaputt«. Aber daneben zeigen sich die Russen an unseren Dienstgraden, am Alter, auch an unseren Familien, an Frau und Kindern interessiert. Als sie meinen Dienstgrad und mein Alter verstehen, versuchen sie mir klar zu machen, daß ich sehr viele Russen getötet haben müßte, sonst könnte ich doch noch nicht »Kapitan« sein. Im allgemeinen verhalten sie sich trotz ihres Siegestaumels bei ihrer Neugierde nicht einmal unfreundlich. Dennoch bleibt der Versuch, für den am Kopf verletzten Oberfeldwebel Kurek einen Arzt zu bekommen, erfolglos.
Bald erscheint dann ein Kommissar und bedeutet mir, ihm in ein nahegelegenes Haus zu folgen. Dort sehe ich mich einem Major gegenüber, der mich erfolglos noch einmal filzt, denn ich bin ja bereits völlig ausgeplündert worden. So nimmt er mir aber noch meine gefütterten Handschuhe ab.
Die folgende Vernehmung wird mit Hilfe des etwas deutsch sprechenden Kommissars durchgeführt. Zunächst geht es um die Frage, wie wir hier in diese Gegend hinter den russischen Linien gekommen sind. Als ich versuche, den beiden Russen verständlich zu machen, daß wir aus Stalingrad-Mitte vom Roten Platz über die Wolga hierher gekommen sind, halten sie das für unmöglich. Nach ihrer Meinung sind wir in der letzten Nacht mit dem Fallschirm abgesprungen, um hier im russi-

schen Hinterland Spionage und Sabotage zu treiben. Meine Frage, wo denn dann unsere Fallschirme wären, die man doch hätte finden müssen, und der Hinweis auf die abgenommenen Soldbücher, aus denen unsere Zugehörigkeit zur 6. Armee zu sehen sei, bringen den Major so in Wut, daß er die Pistole zieht und an mir vorbei in die Wand schießt. Daraufhin nimmt mich der Kommissar am Arm und führt mich wieder auf die Dorfstraße hinaus. Er erklärt mir, daß er einen LKW holen wolle, mit dem wir abtransportiert würden.
Wenn wir auch keine Einzelheit über unsere Entdeckung an diesem Morgen erfahren können, so erklärt die Version von dem abgesprungenen Sabotagetrupp doch schon etwas den Einsatz des »Jagdkommandos« bei unserer Gefangennahme.
Als dann der LKW erscheint, müssen wir ihn besteigen. Doch nach einiger Zeit heißt es wieder Absteigen und dann geht es mit dem Kommissar zusammen zu Fuß weiter. Unsere Stimmung ist natürlich bedrückt, zumal wir jetzt sehen, daß in dieser Gegend auf dem Weg nach Südwesten kaum Russen zu sehen sind. Um so mehr ärgern wir uns doch, daß man uns entdeckt hat. Eine Unterhaltung mit dem keineswegs unfreundlichen Kommissar kommt bei den geringen Sprachkenntnissen kaum richtig in Gang. Er bietet uns sogar Papier und Machorka an. Aber unsere Kunst, daraus eine Zigarette zu fabrizieren, ist noch zu unvollkommen. So kommt es jetzt noch nicht zum Rauchen dieser russischen Spezialität.
Unterwegs gibt es bei einem bewohnten Erdbunker einen Halt, wo mich der Kommissar einigen Genossen im Bunker vorführt. Dabei kann ich feststellen, daß er die uns abgenommenen Papiere und Fotos bei sich hat. Ich bekomme sogar ein Stück Brot, das wir dann als einzige Verpflegung an diesem Tag unter uns aufteilen.
Schließlich landen wir am Nachmittag in einem Dorf, wie es sich herausstellt, ist es Orlowka. Dort befindet sich offensichtlich ein höherer russischer Stab. Ich werde bald in ein Haus geführt, wo mich ein General mit Hilfe einer Dolmetscherin vernimmt. Meine Erklärung, woher und wie wir hierher gekommen sind, scheint von ihm nicht bezweifelt zu werden, zumal er die inzwischen zugestellten Soldbücher vor sich hat und über unsere Division anscheinend unterrichtet ist. Im Lauf der Vernehmung nennt er auch Namen von Generalen der 6. Armee und fragt mich, ob ich wüßte, daß der Generalfeldmarschall Paulus in Gefangenschaft gegangen sei. So erfahre ich, daß kurz nach unserem Ausbruch aus Stalingrad-Mitte dort der Kampf eingestellt worden ist. Besonders interessiert sich der russische General dafür, warum wir nicht schon viel eher den aussichtslosen Kampf im Kessel gegen die Rote Armee beendet hätten, zumal nach dem Kapitulationsangebot am 9. Januar. Ich versuche ihm klar zu machen, daß in der deutschen Armee — wie wohl auch in der Roten Armee — Befehle zunächst von allen Soldaten an der Front zu befolgen sind, selbst wenn ihnen die Lage aussichtslos erscheinen mag.
Zum Schluß dieser »Unterhaltung« sagt mir dieser russische General, daß wir nun in ein Lager kommen, dort genug zu essen erhalten und gut behandelt werden. Nach dem Krieg, der nun nicht mehr lange dauern werde, würden wir dann wieder nach Hause kommen.

Als ich zu meinen Kameraden zurückkomme, ist der verletzte Oberfeldwebel Kurek bereits von einem russischen Arzt, wie ich es in der Vernehmung erbeten hatte, versorgt worden.
Anschließend werden wir von einem Posten in ein Haus am Rand von Orlowka geführt, das bereits mit deutschen Soldaten überfüllt ist. Es sind Gefangene aus dem Nordkessel Stalingrad. In diesem schwer bewachten Haus verbringen wir auf engstem Raum zusammengepfercht, und deshalb ohne zum Schlafen zu kommen, die erste Nacht in der Gefangenschaft.
Am nächsten Morgen wird auf der Dorfstraße eine Kolonne mit Kriegsgefangenen zusammengestellt, wobei ich aufgefordert werde, das Kommando zu übernehmen und die Soldaten zu fünfen in jeder Reihe antreten zu lassen. »Po pjatch« — zu fünfen — ist die in der russischen Armee übliche Aufstellung und Abzählmethode, die nun auch für uns gilt. Rund 200 Soldaten umfaßt unsere Marschkolonne, die nach Auskunft eines russischen Offiziers zunächst noch ein kurzes Stück zu marschieren haben soll, um später auf LKW verladen zu werden.
Dieser Marsch — von den angekündigten LKW bekommen wir nie etwas zu sehen — geht bei bitterer Kälte und eisigem Wind über die schneebedeckte Steppe den ganzen Tag mit unbekanntem Ziel meist in nördliche Richtung. Manchmal haben wir aber dabei den Eindruck, als würden wir von der stark bewaffneten Begleitmannschaft plan- und ziellos durch die Gegend geführt. Als wir am Abend endlich in ein Dorf geführt werden, warten wir umsonst auf die erhoffte Unterbringung in einer geschützten Hütte. Auch die Nacht müssen wir bei der Kälte, und daher natürlich ohne richtig ausruhen zu können, im Freien verbringen.
Die Anstrengungen dieses Marsches übersteigen die Kräfte vieler Soldaten, die verwundet oder ausgezehrt von den wochenlangen Kämpfen in Kälte und Schnee jetzt in Gefangenschaft gekommen sind, zumal es auf diesem Marsch weder Verpflegung noch wenigstens ein wärmendes Getränk gibt. Der Durst kann nur mit einer Hand voll Schnee gelöscht werden, was oft mit üblen Folgen verbunden ist. Mit besonders kräftigen Soldaten versuchen wir am Ende der Marschkolonne immer wieder, jeden, der aus Kräftemangel nicht mehr mitkommt, vor dem Liegenbleiben zu bewahren. Leider ein nicht immer erfolgreiches Bemühen.
Das russische Begleitkommando treibt die Kolonne rücksichtslos weiter. Immer wieder stürzen sich ihre Angehörigen in die Reihen der Marschkolonne, wenn sie etwas entdeckt haben, was sie den Gefangenen noch abnehmen wollen.
Ohnmächtig sind wir dieser Gewalt und den Begleiterscheinungen dieses Marsches ausgesetzt. Wuterfüllt und mit unbeschreiblichen Gefühlen müssen wir das grausame, unmenschliche Schicksal miterleben, daß die Schüsse in einiger Entfernung hinter uns den zurückgebliebenen Kameraden bereiten.

Im Sammellager Dubowka

Am Abend des 3. Februar kommen wir in Dubowka, einem größeren Ort an der Wolga, 50 Kilometer nördlich von Stalingrad, an. Hier werden wir zunächst für die Nacht auf verschiedene Häuser verteilt, wobei es uns vier Ausbruchsgefangenen noch gelingt, zunächst zusammenzubleiben. Doch am nächsten Tag wird eine Trennung zwischen Offizieren und Unteroffizieren mit Mannschaften durchgeführt. Der Abschied von den getreuen Oberfeldwebeln Drieschner und Kurek sollte ein Abschied für immer sein.

Dubowka wird offensichtlich der Hauptsammelpunkt für alle Gefangenen aus dem Nordteil von Stalingrad. In den ersten Februartagen werden hier größere Marschkolonnen zusammengestellt, die mit unbekanntem Ziel in Bewegung gesetzt werden. Nach den Erfahrungen auf dem Marsch hierher nach Dubowka stehen all denen, die diese Märsche antreten müssen, schwere Belastungen bevor.

Zur Vorbereitung einer derartigen Marschkolonne kommt ein russischer Sanitätsoffizier, der recht gut deutsch spricht, zu uns und fragt nach Verwundeten und Kranken. Er erklärt, diese sollen hier in Dubowka in ein Lazarett der Roten Armee kommen. Dort würde kein Unterschied bei der Behandlung zwischen russischen und deutschen Offizieren gemacht.

Da ich inzwischen festgestellt habe, daß ich mir bei dem Marsch in den letzten Tagen an beiden Füßen Erfrierungen zugezogen habe, meine Stiefel infolgedessen nicht mehr anziehen und so einen weiteren Marsch nicht mehr wagen kann, melde ich mich bei dem Arzt, zumal seine Zusage über die Lazarettbehandlung durchaus glaubhaft klingt.

Zusammen mit etwa dreißig Offizieren, die ich alle nicht kenne, da sie aus Verbänden des XI. Armeekorps aus dem Nordkessel von Stalingrad stammen, werde ich für das Lazarett aussortiert. Wir werden durch Dubowka bis auf den Hof eines der wenigen größeren Gebäude geführt, wie sie sonst im Ort nicht zu sehen sind. In diesem Gebäude ist das Lazarett der Roten Armee untergebracht.

Zunächst müssen wir auf dem Hof warten, da anscheinend noch Verhandlungen über unsere Aufnahme geführt werden. Schließlich geht es auf einen ebenerdigen, hölzernen Vorbau zu, von dem eine Treppe abwärts in ein dunkles Kellergewölbe führt. Zu beiden Seiten des länglichen Kellers befinden sich in etwa einem Meter Höhe Holzpritschen, die bereits weitgehend mit deutschen Soldaten belegt sind.

In diesem Keller von Dubowka müssen wir über vier Wochen vegetieren, ohne einmal ans Tageslicht zu kommen. Eine ärztliche Behandlung oder Versorgung findet nicht statt. Fast täglich kommt zwar eine russische Ärztin in Uniform in den Keller, die sich aber nur mit der Frage »Skolko kaputt?« dafür interessiert, wie viele von uns inzwischen gestorben sind. Von der angeblichen Gleichbehandlung bei russischen und deutschen Verwundeten ist keine Rede mehr.

Es vergeht kein Tag, an dem nicht infolge von Verwundung oder Krankheit, auch von Unterernährung, Gestorbene vor die Tür nach oben gebracht werden müssen.

Eine namentliche Registrierung hat noch nicht stattgefunden. Die Wenigsten kennen sich untereinander, für Aufzeichnungen fehlen die Mittel. In den meisten Fällen bleiben diese Toten namenlose Kameraden, deren Schicksal später niemand mehr wird aufklären können. Das trifft auch bei denen zu, die auf den Märschen in die Gefangenschaft umgekommen sind.

Als Verpflegung erhalten wir täglich ein Stück klitschiges Brot und etwas Suppe, die aus heißem Wasser besteht, in dem Kohlblätter oder Hirsekörner, auch mal Fischgräten herumschwimmen. Bei dem meistens ohnehin schon schlechten Kräftezustand bleiben die tragischen Folgen dieser unzureichenden Ernährung daher nicht lange aus, dazu kommen völlig unmögliche sanitäre Verhältnisse. Keine Waschmöglichkeiten, die Toilette besteht aus einem Blechfaß am Kellereingang, das viele Gefangene mit dem üblichen dystrophischen Durchfall nicht rechtzeitig erreichen. Läuse sind etwas ganz normales, deren man nicht mehr Herr werden kann.

Der Erste, der neben mir nicht mehr aufwacht, ist ein älterer Hauptmann, der bereits im Ersten Weltkrieg eine schwere Zeit in italienischer Kriegsgefangenschaft durchmachen mußte. Da ich außer der Bekleidung keine weiteren persönlichen Dinge nach der Gefangennahme und anschließend behalten habe, komme ich durch seinen Tod in den Besitz der für einen Plenny wichtigsten Gegenstände, eines Kochgeschirrs und eines Löffels.

In diesen Wochen äußerster menschlicher Not versuchen wir immer wieder, uns wenigstens nicht selbst aufzugeben und durch gegenseitigen Zuspruch die leicht erlahmende Widerstandskraft aufrecht zu erhalten. Leider gelingt das in vielen Fällen nicht, wenn körperliche und seelische Widerstandsfähigkeit einfach nicht mehr vorhanden sind.

Im Laufe des Februar kommen immer wieder russische Offiziere in den Keller, allerdings nur um uns stolz Siegesmeldungen der Roten Armee mitzuteilen. So verkünden sie, daß Rostow, Bjelgorod und Charkow erobert worden wären. Anfang März bleiben diese Besuche aus. Unsere Vermutung, daß es vielleicht doch wieder Rückschläge für die Rote Armee gegeben haben könnte, bestätigt sich später, als wir erfahren, daß in dieser Zeit Charkow und Bjelgorod von den deutschen Truppen zurückgewonnen worden sind.

Derartige, nicht nachprüfbare Meldungen lösen aber auch die verschiedensten Gerüchte aus, wobei es Einzelne gibt, die eine Befreiung durch deutsche Truppen bei einem erneuten Vorstoß an die Wolga nicht für gänzlich ausgeschlossen halten.

Mitte März erscheinen im Keller überraschenderweise deutsche Sanitätsoffiziere und teilen uns mit, daß wir in den nächsten Tagen in die oberen Räume des Gebäudes verlegt werden, da die russische Armee das Lazarett geräumt hat. Unter der Leitung des NKWD sollen nun auch deutsche Ärzte zur Betreuung der Kriegsgefangenen eingesetzt werden.

Als ich schließlich diesen Todeskeller von Dubowka verlasse, ist kaum noch einer der Offiziere dabei, mit denen ich Anfang Februar hineingekommen bin.

Das gesamte Gebäude dieses ehemaligen Lazaretts der Roten Armee ist inzwischen mit deutschen Soldaten belegt. In allen Räumen sind die üblichen Holzpritschen vorhanden, auf denen die Kranken und Verwundeten ohne Stroh oder andere Unterlage liegen. In einem Raum werden die Offiziere untergebracht, deren Zahl sich durch Zugänge aus anderen Teilen des Ortes wieder auf etwa zwanzig erhöht hat.
Immerhin sind wir wenigstens wieder ans Tageslicht gekommen und können auch aus dem Gebäude auf den Hof hinaus, um uns dort nach dem wochenlangen Aufenthalt in dem dunklen, stickigen Keller endlich wieder einmal im Freien zu bewegen. Wenn an diesen, nun langsam wärmer werdenden Tagen die Frühlingssonne scheint und die Schneehaufen immer kleiner werden, kann man sogar die frische Luft an den Körper kommen lassen und auf Läusejagd gehen. Unter den unzureichenden Lebens- und Ernährungsverhältnissen ist die Bewegung im Freien für das Überleben von großer, hilfreicher Bedeutung. Doch leider ist immer wieder festzustellen, daß viele von uns in ihrem geschwächten Zustand trotz aufmunternder Zusprüche von Kameraden von dieser Möglichkeit so gut wie keinen Gebrauch machen. Zu ihrem eigenen, oft folgenschweren Nachteil verlassen sie kaum einmal ihre Pritsche.
Die deutschen Ärzte – es sind etwa fünfzehn – sind in einem anderen Gebäude abgesondert untergebracht. Sie erhalten dort, wie wir bei der Essenausgabe an der im Hof befindlichen Küche beobachten können, eine erheblich bessere Verpflegung als die Allgemeinheit. Wenn dort an der Küche die Schlange hungernder, unterernährter und zerlumpter Soldaten zum Empfang einer Kelle wäßriger Suppe, auf der kaum ein Fettauge zu sehen ist, ansteht, werden von den Ordonnanzen der Ärzte – so etwas gibt es hier nur in diesem Fall – ausgerechnet bis an den Rand gefüllte Kochgeschirre mit einer dicken Fettschicht obenauf an den Wartenden vorbei in das Ärztehaus getragen.
Zur ärztlichen Betreuung in diesem »Lazarett« sind von den deutschen Sanitätsoffizieren aber nur einige wenige unter der Führung des ehemaligen Leitenden Chirurgen der 6. Armee, Oberstabsarzt Dr. Grohs, eingesetzt.
Die Möglichkeiten für eine ärztliche Hilfe, insbesondere mit Medikamenten, sind allerdings äußerst begrenzt, da den Ärzten davon kaum etwas nach der Gefangennahme belassen und die Einrichtungen der Verbandsplätze und Lazarette in Stalingrad ebenfalls weitgehend von den Russen vereinnahmt worden sind. Leider kommt es auch vor, daß ein deutscher Arzt ihm noch verbliebene Arzneimittel nur im Tausch gegen ein Stück Brot an einen mitgefangenen, kranken Soldaten abgibt. Genauso merkwürdig oder vielmehr wohl noch unverständlicher und beschämend ist es, bei diesen katastrophalen hygienischen Verhältnissen die kranken Soldaten wegen mangelnder Sauberkeit an ihrem Zustand mitschuldig zu machen. Noch immer gibt es keine ausreichenden Waschmöglichkeiten, von einem Wechsel oder Waschen der Wäsche kann überhaupt keine Rede sein. Als Toilette ist im Gebäude eine alte Badewanne aufgestellt. Bei dem dystrophischen Durchfall, an dem wir fast alle leiden, führt dies zu unbeschreiblichen Zuständen.

Die unter diesen Umständen aber wenigstens noch mögliche, oft auch durchaus hilfreiche menschliche, psychologische Betreuung ist, wie ich es in einem recht deutlichen Gespräch dem Oberstabsarzt Dr. Grohs vorwerfe, bei den Ärzten weitgehend zu vermissen. Immer wieder kann ich das bei den zahlreichen, täglichen Unterhaltungen mit den Soldaten feststellen. Daß ärztliche Hilfe auch möglich ist, kommt mir selbst zugute. Aufgrund meiner Erfrierungen an beiden großen Zehen wird in dem behelfsmäßigen Behandlungszimmer von Dr. Grohs eine Teilamputation an diesen beiden Zehen vorgenommen. Die dafür notwendigen Instrumente sind sogar vorhanden. Allerdings fehlen jegliche Betäubungsmittel, so daß ich diese Operation »unverfälscht« zu spüren bekomme.
Doch angesichts des Sterbens um einen herum ist das nur eine untergeordnete Angelegenheit. Laufend nimmt die Zahl der Gefangenen in diesem »Lazarett« von Dubowka weiter ab. Tag für Tag werden auf dem Hof an Unterernährung, zunehmend auch an Fleckfieber und anderen Krankheiten, auch noch an den Folgen einer Verwundung gestorbene, bis auf die Knochen abgemagerte Soldaten zusammengetragen.
Es droht schon beinahe zur Gewohnheit zu werden, morgens neben einem, meist still für immer eingeschlafenen Kameraden aufzuwachen. So lernt man es, machtlos einem unter jämmerlichen Umständen sich vollziehenden Sterben zusehen zu müssen, so sehr man sich auch bemüht, den Lebenswillen des Betroffenen, meist mit dem Hinweis auf die zu Hause wartenden Angehörigen, aufrecht zu erhalten. Es ist etwas Unbeschreibliches und tief Erschreckendes, den abnehmenden Lebenswillen und das damit verbundene Nachlassen der Kräfte verfolgen zu müssen.
Nach Abnahme der noch vorhandenen Bekleidung werden die toten Soldaten dann auf einen LKW verladen und hinaus aus Dubowka auf die Höhen an der Wolga gefahren, wo sie in Massengräbern namenlos bestattet werden.
Soweit ich feststellen kann, erfolgt bei dem täglichen Zusammentragen und Abtransportieren keine namentliche Erfassung der Toten. Da wir selbst auch keine Möglichkeiten zur Anfertigung von Aufzeichnungen haben und viele Soldaten sich kaum näher kennen, da sie hier in diesem »Lazarett« zum ersten Mal aus den verschiedensten Einheiten der 6. Armee zusammengetroffen sind, wird es das Schicksal dieser Soldaten sein und bleiben, für immer als vermißt bezeichnet zu werden.
So wie hier in Dubowka ist die überwiegende Mehrheit der Angehörigen der 6. Armee, die in Gefangenschaft geraten ist, in den ersten Monaten des Jahres 1943 umgekommen. Dabei die Mehrzahl im Raum Stalingrad, vor allem in Begetowka, südlich der Stadt, und hier nördlich von Stalingrad in Dubowka. In diesen Orten befanden sich die Hauptsammelpunkte der Gefangenen aus Stalingrad. Von den rund 100.000 Soldaten, die den Weg in die Gefangenschaft antreten mußten, haben etwa 5.000 diese Zeit überlebt.
Die Gründe für dieses Massensterben dürften nicht zuletzt in dem Unvermögen der sowjetischen Führung liegen, für eine derartig große, in kurzem Zeitraum angefal-

lene Zahl von Kriegsgefangenen die notwendige Verpflegung und ärztliche Versorgung sicherzustellen. Wie groß das Bemühen gewesen ist, diesen Aufgaben gerecht zu werden, muß dahingestellt bleiben. Immerhin konnte die sowjetische Führung zumindest seit ihrem Kapitulationsangebot vom 9. Januar 1943 an die 6. Armee mit den Zusagen über eine ordnungsmäßige Behandlung in der Gefangenschaft auf diese Situation nicht unvorbereitet gewesen sein.
Die traurige Aufgabe des Verladens und Bestattens der gestorbenen Soldaten wird von einem Arbeitskommando rumänischer Kriegsgefangener durchgeführt. Als Rumänen genießen sie ohnehin bei den Russen als gezwungene »Nazi-Opfer« eine bevorzugte Behandlung und Verpflegung. Doch um diese Aufgabe sind sie gewiß nicht zu beneiden.
Als ich mich mit einem dieser rumänischen Soldaten unterhalte, die nebenbei auch noch Tauschgeschäfte betreiben, da sie bei ihrer guten Verpflegung Brot anbieten können, ist er sehr erstaunt, daß ich als Offizier mit dem Dienstgrad Hauptmann hier nicht besser untergebracht und behandelt werde wie die übrigen Soldaten. In der rumänischen Armee wäre das undenkbar gewesen. In der Roten Armee der Sowjetunion ist eine unterschiedliche Behandlung bei den Dienstgraden selbstverständlich. Immerhin besorgt mir dieser rumänische Soldat — ohne Gegenleistung(!) — ein Paar Filzstiefel; zwar ohne Schäfte, aber zunächst kann ich diese Fußbekleidung sehr gut gebrauchen. Meine eigenen Stiefel, die ich unter meinem Kopfende auf der Pritsche verwahrte, sind mir inzwischen gestohlen worden. Sicherlich sind sie gegen Brot bei einem russischen Wachsoldaten gut einzutauschen gewesen. Immer wieder werden Tauschgeschäfte versucht, wobei noch vorhandene Uhren und Ringe bei den Russen besonders begehrt sind. Mancher der kranken Kriegsgefangenen, dem bisher sein goldener Ehering noch nicht abgenommen worden ist, tauscht ihn jetzt gegen ein Stück Brot ein, in der Hoffnung, dadurch vielleicht doch eher überleben zu können. Seitdem die Wachposten immer öfter mit derartigen Gegenständen verschwunden sind, ohne die versprochenen Dinge — in erster Linie Brot oder Tabak — zurückzubringen, finden derartige Geschäfte nur noch Zug um Zug statt.
Die russische Ärztin, die sich ab und zu bei uns sehen läßt, allerdings nicht etwa um zu helfen, sondern lediglich als Kontrolleurin, läßt dabei so oft es geht, ihren Haß gegen uns deutsche Offiziere spüren. Das bekomme ich eines Tages deutlich bewiesen, als ich bei einem meiner Aufenthalte auf dem Hof in recht zynischer Form mit »Dawai Kapitan« zum Aufladen von einem noch nicht abgefahrenen Teil der täglichen Toten auf einen LKW befohlen werde. Da ich, was die russische Ärztin natürlich weiß, kräftemäßig überhaupt nicht in der Lage bin, derartige Lasten auf einen LKW hinaufzuheben, versuche ich den gerade vorbeikommenden deutschen Arzt — es ist der Oberarzt Dr. Baudler — dazu zu bewegen, die russische Ärztin von ihrem Vorhaben abzubringen. Doch der meint kurz angebunden, da könne er auch nichts dagegen unternehmen! Schließlich ist es der russische LKW-Fahrer, der ein Einsehen hat, als er meine aussichtslosen Anstrengungen sieht. Er

begnügt sich damit, daß ich dem Verladen zusehe und nicht auch noch, wie ursprünglich von der russischen Ärztin ebenfalls verlangt, auf den beladenen LKW klettere, um mit auf die Wolgahöhen zur Bestattung der Toten in einem der Massengräber hinauszufahren.

Diese Tage und Wochen der Monate März bis Mai 1943 vergehen, ohne daß wir etwas von dem Geschehen außerhalb unseres kleinen, begrenzten Lebensraumes erfahren. Nicht einmal über das genaue Datum sind wir uns immer einig, was ich selbst daran feststelle, daß ich meinen 24. Geburtstag am 25. März überhaupt nicht bewußt registriere.

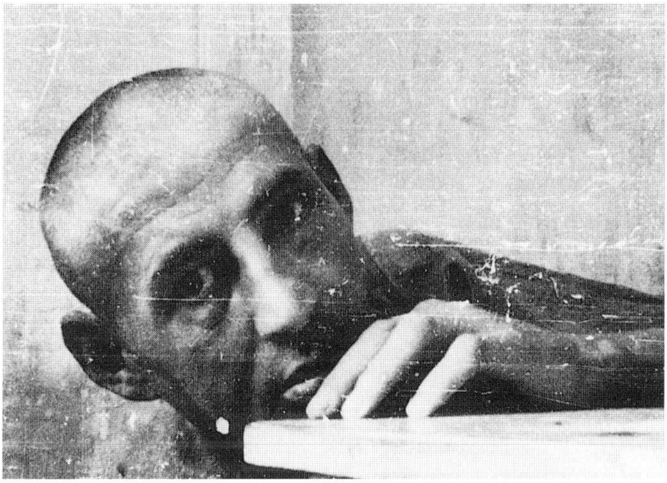

Die ersten Wochen der Gefangenschaft

Ein besonderes Ereignis ist es daher, als zur Auffüllung unserer durch laufende Todesfälle nicht mehr so eng belegten »Lazarett-Unterkunft« aus einem anderen Teil des Ortes ebenfalls genauso dezimierte Gefangenengruppen bei uns untergebracht werden. Bei meinen Bemühungen, dabei vielleicht etwas von den Oberfeldwebeln Drieschner und Kurek zu erfahren, glaubt mir einer der Ankömmlinge den Tod von Kurek bestätigen zu können. Der Vierte aus unserer »Ausbruchgruppe« aus Stalingrad, Oberleutnant Kaiser, ist bereits Anfang Februar mit den Marschkolonnen aus Dubowka weggekommen.
Noch zwei weitere Ereignisse unterbrechen den täglichen Ablauf unseres Gefangenendaseins, das sonst nur von dem Sterben um einen herum und dem Warten auf die kümmerliche Verpflegung bestimmt wird.
Einmal ist es die erstmalige und für lange Zeit auch einmalige Ausgabe von Zucker und Tabak. Eines Abends erscheint ein Russe bei uns mit einem ansehnlichen Zuckerhut (!) und einigen Päckchen Tabak; er teilt uns ungläubig und erstaunt auf diese Dinge Starrenden mit, daß wir diese nun unter uns aufteilen sollten. Aber aus der ebenfalls dabei zugesagten weiterhin regelmäßigen Lieferung derartiger »Produkte« wird dann in dieser Unterkunft doch nichts mehr.
Das andere bemerkenswerte Ereignis ist die erste Entlausung. Schon lange ist es nicht mehr möglich, mit den Läusen in allen Bekleidungsstücken fertig zu werden, was infolge der damit steigenden Gefahr, auch von dem Fleckfieber erfaßt zu werden, besonders gefährlich ist. Da aber hier in diesem sogenannten Lazarett keine Entlausungseinrichtung vorhanden ist, müssen wir bis zum April warten, bis endlich mit einer fahrbaren Entlausungsstation eine zwar primitive, aber immerhin doch schon einmal erste Entlausung durchgeführt wird. Dies ist zugleich die erste Möglichkeit in der Gefangenschaft, nach über acht Wochen sich mit warmem Wasser von Kopf bis Fuß waschen zu können. Dabei ist es aber erschütternd anzusehen, wie sich die Männer, meist nur noch Haut und Knochen, in der Kälte frierend nach dem Waschen aneinanderdrängen, während sie noch einige Zeit auf ihre Wäsche und Bekleidung aus dem Entlausungswagen warten müssen.
Als wir schließlich unsere Bekleidung zurückbekommen, stellen wir fest, daß sie zum Teil kaum noch zu gebrauchen ist. So kann ich meine Reithose nicht mehr anziehen, da der lederne Reitbesatz in der Heißdampfentlausung völlig zusammengeschrumpft ist. Die Hose ist somit für mich jetzt unbrauchbar geworden. Glücklicherweise habe ich wenigstens noch die weite Überziehhose des Tarnanzuges zur Verfügung. Ein Ersatz der fehlenden oder inzwischen verschlissenen Bekleidungsstücke durch die Hinterlassenschaft gestorbener Kameraden ist im Gegensatz zu Ausrüstungsgegenständen kaum möglich. Diese befinden sich fast immer in einem Zustand, der eine gründliche Reinigung erforderlich machte, zu der wir aber keine Gelegenheit haben.
Dieses, als »Lazarett« dienende Gebäude in Dubowka, in dem wir zunächst wochenlang im Keller und anschließend in einem der oberen Räume die Zeit am Beginn der Kriegsgefangenschaft zugebracht haben, die wohl kaum trauriger und

tragischer hätte sein können, verlassen wir im Mai 1943 und können dabei noch gar nicht erfassen, was es bedeutet, diese Zeit überhaupt überlebt zu haben.
Nachdem inzwischen nun doch eine Registrierung durchgeführt worden ist, werden jetzt alle noch bisher in Dubowka verteilt untergebrachten überlebenden deutschen Kriegsgefangenen in dem außerhalb des Ortes auf einem Höhengelände befindlichen »Klosterlager« zusammengezogen. In diesem räumlich recht weit ausgedehnten Lager befinden sich einige alte Klostergebäude und daneben noch einige kleinere Holzhäuser.
In einem dieser Holzhäuser komme ich mit ca. fünfzehn Offizieren und Beamten unter, während die Unteroffiziere und Mannschaften in den beiden alten Klostergebäuden untergebracht werden, die zum Teil schon mit früher hierhergebrachten Gefangenen belegt sind.
Unser Haus besteht im Wesentlichen aus einem Raum mit der üblichen, halbhohen Pritsche, auf der wir aber nach wie vor ohne Strohsack auf den blanken Holzbrettern liegen müssen. Neben dem Hauseingang befindet sich ein kleinerer Raum mit einer Kochstelle.
Die Unterbringung in dieser »Datscha« mit Blick auf das freie Gelände innerhalb und außerhalb des stark bewachten Zaunes und nicht mehr in dem schmutzigen, kalten Gebäude mit dem dreckigen Hof als Auslauf ist bereits eine wesentliche Verbesserung, die sich auf unsere Stimmung entsprechend vorteilhaft auswirkt. Dazu kommt noch die wärmer werdende Jahreszeit, die in dieser Umgebung bei uns das Gefühl aufkommen läßt, die kommende Zeit nun doch besser als bisher überstehen zu können.
Entscheidend dafür ist aber verständlicherweise die Verpflegung, die sich in dieser Zeit verbessert. Mit den beiden warmen Mahlzeiten mittags und abends in Form einer Suppe oder eines Breis — Kascha im Russischen genannt —, die gehaltvoller als die bisherigen Wassersuppen sind, und der täglichen Brotration mit etwas Butter und Zucker hat sich die Ernährungslage endlich positiv verändert.
Wie sich später herausstellt, ist diese Verbesserung der Verpflegung in dieser Zeit in allen Kriegsgefangenenlagern auf Anordnung von höchster Stelle — man spricht von einem Stalin-Befehl Nr. 55 — durchgeführt worden. Offensichtlich hat es sich bis nach Moskau herumgesprochen, daß von der mit der üblichen, großen Siegespropaganda bekanntgegebenen Zahl der in Stalingrad gefangengenommenen deutschen Soldaten bald keine mehr lebend vorzuzeigen sein werden, wenn nicht eine grundlegende Veränderung in der Behandlung und Versorgung durchgeführt wird.
Damit steht wohl auch in Verbindung, daß zum ersten Mal eine »Kommission« in Dubowka erscheint, um die Zustände in dem lazarettähnlichen Lager zu überprüfen.
Diese Kommission kommt auch zu uns in unser kleines Holzhäuschen. Bei dieser Gelegenheit tragen wir natürlich alle Klagen über die bisherige Behandlung, Verpflegung und ärztliche Versorgung mit ihren verhängnisvollen Folgen vor. Unter Hinweis auf die bereits bessergewordene Verpflegung und die ebenfalls annehmba-

rere Unterbringung wird uns zugesichert, daß sich die Lebensbedingungen für alle Kriegsgefangenen generell verbessern würden.
Zu unserem Erstaunen werden wir im Lauf der Unterhaltung gefragt, ob wir denn keine Offizierverpflegung bekommen würden. Bisher war uns nicht bekannt, daß diese Einrichtung der kommunistischen Roten Armee, wonach die einzelnen Dienstgradgruppen im Gegensatz zur deutschen Armee unterschiedliche Verpflegung und Tabakrationen bekommen, auch für uns als Kriegsgefangene maßgebend ist. Aus dem Gespräch zwischen der russischen Ärztin und dem anwesenden deutschen Arzt können wir sogar entnehmen, daß die entsprechende Verpflegung bisher bereits für uns an die unter Leitung deutscher Ärzte stehende Lazarettküche ausgeliefert worden ist.
Prompt erhalten wir am nächsten Tag daraufhin eine qualitativ und insbesondere quantitativ so stark verbesserte Verpflegung, daß es uns kaum gelingt, sie nach den monatelang gewohnten geringen Portionen ohne Beschwerden zu bewältigen.
Doch diese verbesserten Lebensbedingungen kommen für zahlreiche Kameraden zu spät, da sie bereits durch Krankheit und Unterernährung in ihrer Widerstandskraft so geschwächt sind, daß sie eben nicht mehr überleben können.
Auch in unserer kleinen Offizier-Rest-Gruppe gehören der Stabsintendant Munker aus Nürnberg und der Leutnant Vogt aus Posen, beide Angehörige der 24. Panzer-Division zu denen, die wir in dieser Zeit noch verlieren.
Von den Offizieren, mit denen ich in der ersten Zeit hier bis zu ihrem Tod zusammen war, sind bereits im Todeskeller von Dubowka der Major Osterhelt aus Goslar vom Artillerieregiment der 305. Infanterie-Division, im Lazarett im Ort Dubowka der Oberleutnant Grahl aus Essen von der 9. Flak-Division und der Leutnant d'Heureuse aus Danzig von der 24. Panzer-Division gestorben, bei allen diesen Toten aus jener Zeit wird aufgrund fehlender Aufzeichnungen die Erinnerung nach den langen Jahren der Gefangenschaft nicht mehr so deutlich bleiben, daß über ihr Sterben später zu Hause noch genauere Auskunft gegeben werden kann.
Bei meinem Gewicht, das bereits auf etwa 40 Kilo angelangt ist, komme ich nun hier im Klosterlager auf den Höhen von Dubowka langsam wieder zu einer Zunahme und entsprechend auch zu steigenden Kräften. Wie stark die Kräfte abgenommen hatten, zeigte sich zum Beispiel daran, daß ich im Lazarett in Dubowka nur noch mit Mühe mich an der Treppe hinaufziehen konnte, wenn ich meine täglichen Rundgänge auf dem Hof schlürfend hinter mich gebracht hatte.
Hier, in dem nun noch einzigen Lagerlazarett von Dubowka, bekomme ich bei den täglich etwas weiter gesteckten Laufstrecken im Lagergelände das Gefühl, als ob ich erst wieder richtig gehen lernen müßte. Dieses ständige Training, unterstützt von der dazu notwendigen verbesserten Verpflegung und dem endlich auch abklingenden dystrophischen Durchfall, wird in dieser Zeit im Mai–Juni 1943 zu der wichtigsten Betätigung. Von der innerhalb des Lagers wachsenden Melde wird außerdem von uns eine Vitaminkost zubereitet, wobei allerdings von dem anfangs gefüllten Kochgeschirr nach dem Aufbrühen nur recht wenig Gemüse übrigbleibt.

Wie stark die Verpflegung als »Thema Nummer Eins« die Gedanken in dieser Zeit der Gefangenschaft bestimmt, ist an den stundenlangen Unterhaltungen festzustellen, die über dieses Thema geführt werden. Daran ändert sich allerdings auch in den späteren Zeiten nicht allzu viel. Was mich dabei besonders erstaunt, sind die Kenntnisse über das Kochen und die unterschiedlichsten Kochrezepte bei meinen Mitgefangenen. Was wird da alles bis ins kleinste Detail über die Zubereitung von Gerichten und Menüs berichtet, die man entweder früher einmal kennengelernt haben will oder wenigstens später zu Hause zubereiten möchte. Es gibt dabei besondere Interessenten, die die verschiedensten Rezepte sammeln, was allerdings bei den kaum vorhandenen Mitteln zum Anfertigen von Notizen nicht so leicht zu machen ist.
Eine wohl typische Erscheinung in dieser Hungerzeit sind bei vielen von uns regelrechte Alpträume, bei denen man die reichlichsten und leckersten Mahlzeiten oder Lebensmittel vor sich aufgetischt sieht, aber niemals dazu kommt, davon etwas essen zu können. Die Folge davon ist, daß man mit unzufriedenen Gefühlen und zerschlagen wach wird.
Ein Zeichen für den unter den etwas verbesserten Verhältnissen ansteigenden Lebensmut sind wahrscheinlich die Fluchtpläne, die auf einmal wieder diskutiert werden. So unglaublich es klingen mag, aber selbst in der schlimmsten Zeit, im Todeskeller von Dubowka, drehte sich am Anfang noch so manches Gespräch mit einem neben mir liegenden Wachtmeister über die aussichtsreichste Fluchtmöglichkeit, wenn wir aus dem Kellergewölbe herauskommen sollten. Damals sahen wir sie in Richtung auf den Kaukasus und dort hinüber in die Türkei. So ähnlich glauben auch jetzt wieder einige, eines Tages vielleicht doch die Chance zu einer Flucht haben zu können. Dazu ist allerdings eine entscheidende Voraussetzung, daß erst einmal der körperliche Kräftezustand weiter verbessert werden kann und daß zum anderen es möglich ist, mit einem gewissen Vorrat an Verpflegung ein derartiges Unternehmen beginnen zu können. Diese Bedingungen zu erfüllen, scheint jedoch recht unwahrscheinlich. Daß der Lagerzaun nicht unüberwindlich ist, wird bei einer voreilig und verzweifelt versuchten, jedoch recht schnell gescheiterten Flucht eines Lagerangehörigen bewiesen.
Bei so mancher, sicher berechtigten Kritik gegen deutsche Ärzte, die sie aufgrund ihres Verhaltens in der Kriegsgefangenschaft in Rußland hervorgerufen haben, muß aber in Dubowka besonders ein Arzt erwähnt werden, der sich in bemerkenswerter Weise um kranke und schwache Mitgefangene bemühte. Es ist hier bei uns der Oberarzt Dr. Ottmar Kohler von der 60. Infanterie-Division. Wie er uns bei seinen Besuchen in unserem Häuschen berichtet, ist er dabei auch intensiv darum bemüht, die Ursachen für so manches Krankheitsbild und zahlreiche Sterbefälle herauszufinden, die nur unter derartig ungewöhnlichen Lebensverhältnissen auftreten und daher nicht einmal in medizinischen Lehrbüchern zu finden sind. Zugleich strahlt er eine wohltuende Ruhe und Zuversicht aus und versteht es, uns mit manchen Erzählungen von unseren Sorgen und Nöten abzulenken.

Von den Ereignissen außerhalb des Lagers, von den Vorgängen an der Front oder gar in der Heimat, in Deutschland, erfahren wir in dieser Zeit so gut wie überhaupt nichts.
Im April 1943 hatten wir vor unserer Verlegung hier hinauf in das Klosterlager lediglich ein einziges Mal eine sogenannte Kriegsgefangenen-Zeitung mit dem Titel »Das Freie Wort« bekommen. Was darin zu lesen war, kam uns aber recht fragwürdig und als massive sowjetische Propaganda vor. Mit großer Aufmachung wurde in der Zeitung von deutschen Soldaten berichtet, die nach ihrem Überlaufen zum Russen sich nicht nur an deren Propaganda, sondern auch im Kampfeinsatz an der Front gegen die »Naziherrschaft« in Deutschland beteiligen. Ein Soldat namens Augustin soll sich dabei besonders ausgezeichnet haben. Diese Zeitungsberichte bleiben bei uns in Dubowka angesichts des Elends und der täglich sterbenden Kameraden ohne nachhaltigen Eindruck.
Recht unterschiedlich sind die Reaktionen, als wir in dieser Zeit eine mit dem Roten Halbmond versehene Kriegsgefangenen-Postkarte zum Schreiben bekommen. Die Zahl der Worte, die wir darauf schreiben dürfen, ist allerdings auf 35 begrenzt. Doch keiner von uns kann so recht daran glauben, daß diese Postkarte jemals zu Hause ankommen wird. Alles bisher Erlebte ist wenig dazu geeignet, eine Postverbindung mit unseren Angehörigen für möglich zu halten.
Diese Abgeschnittenheit von allem Geschehen außerhalb des Stacheldrahtes um unser Lager ist aber zugleich immer ein guter Nährboden für Gerüchte. Angebliche, weitere Erfolge unserer deutschen Truppen spielen dabei eine besondere Rolle. Das führt sogar so weit, daß einige in einem oft nicht zu begreifenden Optimismus daran glauben, hier in Dubowka an der Wolga durch deutsche Panzer befreit zu werden.
Eines Tages geht das Gerücht herum, daß zwischen Hitler und Stalin ein Abkommen über den Austausch deutscher und russischer Kriegsgefangener abgeschlossen worden sein soll. Das geht so weit, daß man sogar Einzelheiten davon wissen will, wonach zwei russische gegen einen deutschen Kriegsgefangenen ausgetauscht werden sollen. Andere wieder wollen wissen, daß das amerikanische Rote Kreuz die Betreuung der deutschen Stalingradgefangenen in Rußland übernehmen wird.
Als ob dieses letzte Gerücht auch gleich bestätigt werden sollte, stürzt Ende Juni 1943 ein Soldat aufgeregt eines Morgens in unsere Unterkunft und berichtet, daß die Amerikaner eingetroffen seien. Als Beweis dafür weist er auf eine Ansammlung am etwa 200 Meter entfernten Lagertor hin, die wir im Einzelnen noch nicht erkennen können. Auffallend dabei ist lediglich, daß es sich dort um Personen handelt, die einen weißen Kittel tragen. Das ist nun etwas Neues, denn bisher hat es bei uns im Lazarett hier in Dubowka noch kein Ärztepersonal in weißen Kitteln gegeben. Sollten das also doch die Amerikaner sein?
Doch bald darauf erscheinen einige dieser mit weißen Kitteln bekleideten Frauen in unserer Unterkunft — als sie uns ansprechen, stellt es sich recht schnell heraus, daß wir russische Krankenschwestern vor uns haben.

Die Traumfahrt auf der Wolga

Mit dem Erscheinen der russischen Krankenschwestern beginnen die Vorbereitungen für den Abtransport aller noch im Lager Dubowka befindlichen Kriegsgefangenen.
Recht skeptisch nehmen wir die Ankündigung der ungewohnt netten Krankenschwestern auf, daß wir heute noch auf ein schönes Schiff kämen, mit dem wir auf der Wolga eine Reise ins Ungewisse antreten sollen. Zunächst unterziehen sie uns einer gewissenhaften Läusekontrolle; da, wo etwas Verdächtiges gefunden wird, muß der Betreffende sofort noch einmal in die hier im Lager befindliche Entlausungseinrichtung, durch die diese Plage glücklicherweise inzwischen so gut wie ganz beseitigt worden ist.
Danach beginnt ein gespanntes Warten auf das, was nun kommen wird. Mittagessen wird schon nicht mehr ausgegeben. Am Nachmittag dieses Tages — es ist Mitte Juni 1943 — werden wir dann zum Abtransport eingehend gefilzt, obwohl wir gerade das Notwendigste an Bekleidung und persönlicher Ausrüstung besitzen. Doch ein vorhandenes Messer muß man schon mit Tricks durch die Durchsuchung bringen, da man es sonst los ist. So begehrte Gegenstände, wie zum Beispiel eine Uhr, besitzt ohnehin von uns keiner mehr.
Die erste Überraschung ist, daß wir nicht zu Fuß den Weg an die Wolga antreten müssen, sondern daß unsere Offiziergruppe in einen älteren, etwas wacklig aussehenden kleinen Omnibus verfrachtet wird.
Mit einem letzten Blick auf Dubowka und dessen Umgebung, die für uns immer mit den traurigsten Erinnerungen belastet bleiben wird, zockeln wir auf holprigen Wegen mit dem kleinen Bus hinunter zur Wolga.
Es ist zugleich der Abschied vom Raum Stalingrad.
Als wir an der Wolga ankommen, liegt dort an der Anlegestelle tatsächlich ein größeres Passagierschiff, das mit dem Roten Halbmond und einem Roten Kreuz als Lazarettschiff gekennzeichnet ist.
Im Gegensatz zu dem üblichen »Dawai« des begleitenden Wachpostens werden wir, als wir über den Laufsteg an Bord kommen, von einer freundlichen Krankenschwester auf deutsch mit den Worten »Guten Tag, bitte folgen Sie mir« begrüßt und in das Schiff geführt. Dort geht es aber nicht, wie wir erwartet haben, in den unteren Teil des Schiffes, sondern eine Treppe nach oben. Als wir dort in einen Gang einbiegen, entdecke ich gerade noch ein Schild mit der Aufschrift »II. Klasse«, doch schon werden wir mit den Worten »Bitte, vier Herren« auf die an diesem Gang befindlichen Kabinen verteilt.
Wir glauben nicht richtig zu sehen, als wir uns dort vor weiß überzogenen, zweistöckigen Betten wiederfinden, in einer Schiffskabine mit Blick auf das Deck und die Wolga hinaus.
Vorsichtig schieben wir die Bettücher beiseite und lassen uns zunächst einmal auf den Betten nieder, immer noch sprachlos vor Erstaunen. Dieser abrupte, krasse

Wechsel in eine derartige Umgebung ist einfach nicht auf Anhieb zu verdauen. »Ist denn der Frieden ausgebrochen?« ist wohl das Erste, was einer von uns sagt, um die Spannung zu lösen.
Nachdem wir uns von dem ersten »Schrecken« etwas erholt haben und mit den Kameraden in den Nachbarkabinen Verbindung aufnehmen wollen, stellen wir fest, daß wir uns auf dem Gang frei bewegen können. An dessen Ende steht allerdings ein Posten, so daß wir mit den in anderen Teilen des Schiffes untergebrachten Unteroffizieren und Mannschaften nicht in Berührung kommen können. Eine weitere wichtige Entdeckung ist ein Waschraum mit fließendem Wasser!
Um unserer neuen Umgebung so weit wie irgend möglich gerecht werden zu können, wird daher erst einmal dieser Waschraum ausgenutzt. Unsere armseligen Bekleidungs- und Ausrüstungsgegenstände werden unter den Betten verstaut.
Nach einiger Zeit erscheint eine Schwester und verteilt an jeden von uns ein weißes Tuch, wie es sich nach längerem Rätselraten herausstellt, soll es als Serviette dienen. Dann wird uns in kurzen Abständen, beginnend mit einem Stück Weißbrot, ein Essen in drei Gängen gebracht, was in jeder Hinsicht dem Vergleich mit einer auch bei uns üblichen Lazarettverpflegung entsprechen dürfte. Danach bekommt jeder von uns noch eine Portion goldgelben kaukasischen Tabak. Bei der Gelegenheit wird uns erklärt, daß nach den Normen in der Roten Armee täglich 15 Gramm Tabak zur Offiziersverpflegung gehören.
Wie wir dann feststellen können, sind inzwischen auch die übrigen Lagerinsassen an Bord gebracht worden. Damit ist das Schiff ausschließlich mit den noch überlebenden Gefangenen aus dem Rest-Sammellager Dubowka belegt worden. Nicht lange danach setzt es sich in nördlicher Richtung wolgaaufwärts in Bewegung.
Nach einem »Menü«, wie wir es uns nach den bisherigen Erfahrungen überhaupt nicht hätten vorstellen können, glauben wir natürlich, damit für den heutigen Tag abgefunden worden zu sein. Doch nach nicht allzu langer Zeit beginnt — wieder mit einem Stück Weißbrot — die Ausgabe eines weiteren Essens. Diesmal besteht es aus zwei Gängen. Auf unser ungläubiges, erstauntes Fragen bekommen wir die lapidare Auskunft, erst habe es sich um die Mittagsmahlzeit gehandelt, die wir heute doch nicht mehr im Lager bekommen hätten, und jetzt käme eben danach das normale Abendessen.
Das klingt zwar alles ganz einleuchtend, für uns bedeutet das aber erst einmal nach den bisherigen Erlebnissen ein langsames Luftholen und völlig neues Gefühl in unserem Dasein als Kriegsgefangener.
In dieser Nacht kommen wir an Bord dieses Lazarettschiffes verständlicherweise kaum richtig zum Schlafen, denn nach wie vor haben wir nach dem Ablauf dieses Tages und dem, was wir in den vergangenen Wochen in Gefangenschaft durchmachen mußten, das Gefühl, dies hier alles nur im Traum zu erleben
An der Ruhe, die in der Nacht im Schiff herrscht, ist festzustellen, daß es nach Einbruch der Dunkelheit vor Anker gegangen ist.

Relief der deutschen Gefangenen der 6. Armee auf dem Mamai-Hügel.

Nach 42 Jahren in Stalingrad/Wolgograd — der Autor auf der Uferpromenade.

Den ganzen folgenden Tag geht die Fahrt bei nach wie vor ausgezeichneter Verpflegung weiter nach Norden. Eine Ärztin erkundigt sich nach unserem Befinden und bietet ihre Hilfe an. Wie Ausflugreisende genießen wir langsam immer bewußter den Ausblick aus unserer Kabine auf die Wolga. Da sich die Kabine auf der rechten Schiffsseite — Steuerbord — befindet, können wir nur nach Osten auf die sich immer wieder in zahlreiche Nebenarme ausbreitende Wolga sehen. Das schöne, sommerliche Wetter und ein Zieharmonikaspieler auf Deck lassen uns dabei immer wieder nur träumen und hoffen, diese Fahrt möge so schnell nicht zu Ende gehen.
Unsere Wolga-Schiffsreise führt uns an dem ehemaligen Siedlungsgebiet der Wolga-Deutschen mit der Hauptstadt Saratow vorbei. Hier war noch nach dem Ersten Weltkrieg im sowjetischen Rußland eine autonome deutsche Wolga-Republik entstanden, deren Anfänge auf die im Zarenreich ins Land gerufenen deutschen Einwanderer zurückgeht. Nach dem Beginn des Rußlandfeldzuges wurden die Deutschen 1941 aus diesem Gebiet auf Veranlassung Stalins nach Sibirien und Mittelasien deportiert.
Gegen Abend legt unser Schiff bei einer größeren Ortschaft am Westufer der Wolga an. Aus der Unruhe, die auf dem Schiff zu spüren ist, müssen wir schließlich entnehmen, daß unsere Reise auf der Wolga nun wohl doch ihr Ende gefunden hat. Bald heißt es auch, daß wir uns zum Verlassen des Schiffes fertigmachen sollen. Doch dazu kommt es zunächst nicht. Denn nach dem Einbrechen der Dunkelheit sind wir anscheinend auf dem Schiff besser aufgehoben. Uns kann das im Augenblick nur Recht sein. Denn wir ahnen schon, daß danach wieder eine andere Kriegsgefangenschaft auf uns wartet.
Am nächsten Morgen verlassen wir dieses Lazarettschiff, wir sind in Wolsk an der Wolga angekommen — die Traumreise auf dem Strom ist zu Ende.
Etwas auch nur annähernd Ähnliches wird es für mich in den kommenden, langen Jahren hinter russischem Stacheldraht nicht mehr geben.

Im Lager Wolsk

Nach einem freundlichen Abschied von den stets so hilfsbereiten russischen Krankenschwestern auf dem Lazarettschiff werden wir an Land von den Wachmannschaften in Empfang genommen und mit dem von nun an wieder üblichen »Dawai!« geht es das ansteigende Westufer der Wolga hinauf in die Stadt hinein bis auf den Hof eines größeren Steingebäudes in dem, wie sich bald herausstellt, ein Kriegsgefangenenlazarett untergebracht ist.
Von einem recht gut deutsch sprechenden russischen Militärarzt werden wir dort an Hand einer Liste einzeln aufgerufen und in zwei Gruppen aufgeteilt, von denen eine in dieses Lazarett und die andere in ein Lager kommen soll. Wie in Rußland üblich, werde ich dann auch mit Familiennamen, Vornamen und Vornamen des Vaters als: Zank — Gorst — Willy aufgerufen (das H wird im russischen Sprachgebrauch wie ein G ausgesprochen). Da alle Offiziere der »Wolgareise« für die Gruppe bestimmt werden, die in das Lager kommen soll, paßt es mir gar nicht, als mich der russische Arzt für das Lazarett einteilt. Ich versuche ihm deshalb klarzumachen, daß ich nicht mehr so krank bin um in ein Lazarett zu müssen, sondern lieber in das Lager gehen möchte. Bestärkt werde ich darin, als ich erfahre, daß man in dem Lazarett bis auf Hemd und Unterhose alle Sachen wieder abgenommen bekommt, und vor allem, daß man dann in dem Gebäude eingesperrt bleibt und nicht einmal auf den Hof in die Luft hinaus darf. Nach einigem Hin und Her gelingt es mir schließlich doch noch im letzten Augenblick, den Anschluß an die für das Lager bestimmte Gruppe zu schaffen.
Bald danach treten wir den Weitermarsch in das außerhalb, am Rande der Stadt Wolsk gelegene Lager an. Die etwa fünf Kilometer bis dorthin kann ich bereits ohne große Beschwerden überstehen, zumal meine teilamputierten Zehen an beiden Füßen inzwischen endlich einigermaßen verheilt sind. Außerdem besitze ich nun tatsächlich auch zwei Lederschuhe, die aber nicht zu einem Paar gehören. Sie stammen natürlich aus dem Nachlaß gestorbener Kameraden und sollten mich noch lange durch die Gefangenschaft begleiten.
Das Lager Wolsk, es ist ein ausgesprochenes Arbeitslager für Unteroffiziere und Mannschaften, besteht im wesentlichen aus einstöckigen, gemauerten Häusern und einigen halb in die Erde eingelassenen Baracken.
Am Lagertor findet zunächst die bei einem Lagerwechsel sowohl bei der Ankunft, wie auch beim Verlassen übliche »Filzung« statt, als ob wir wer weiß was für gefährliche Dinge in das Lager hinein oder dann wieder hinausschmuggeln könnten. Doch zu derartigen gefährlichen Dingen können bereits schriftliche Aufzeichnungen, natürlich erst recht Bücher, aber auch Gebrauchsgegenstände, wie zum Beispiel ein Messer, gehören. So ein Tafelmesser hatte ich gerade kurz vor dem Abmarsch auf dem Hof des Lazaretts in Wolsk von einem Soldaten zugesteckt bekommen, der in das Lazarett mußte und es dort nicht behalten konnte. Dieses Messer bringe ich nun hier in einer Schuhsohle versteckt zum ersten Mal durch

eine Filzung hindurch. Dies sollte mir auch später immer wieder gelingen, bis ich es dann wegen eines inzwischen erworbenen kleineren, selbstgefertigten gegen Lebensmittel bei einem Russen eintauschen konnte. Es wurde allmählich zu einem beliebten »Sport« bei uns, bei diesen Durchsuchungen alle auch eventuell gefährdeten Dinge hindurchzubringen, wobei sich die Methoden dabei natürlich immer wieder nach den momentanen Umständen richten mußten.
Als wir nach der Durchsuchung noch einige Zeit am Lagereingang zubringen müssen, da wohl erst unsere Unterbringung geklärt werden muß, merke ich, wie ich die ganze Zeit schon von einem deutschen Feldwebel beobachtet werde, der mich dann schließlich anspricht und fragt, ob ich der Hauptmann Zank aus der 376. Division in Stalingrad sei. Wie es sich bald herausstellt, ist es der Feldwebel Engl aus dem Stab meiner Division, der sich aufgrund meines eben doch inzwischen in der Gefangenschaft veränderten Aussehens nicht sicher war, ob er mich richtig erkannt hätte.
Von dem Feldwebel Engl höre ich nun, daß er bereits im März mit allen in Gefangenschaft geratenen Angehörigen — Unteroffizieren und Mannschaften — des Divisionsstabes, soweit sie nicht bereits vorher gestorben waren, hier nach Wolsk gekommen ist. Während die Unteroffiziere in diesem Lager blieben, kamen die Mannschaften in ein Lager in der Nähe von Wolsk, das mit dem Namen »Messer und Pfeffer« bezeichnet wurde. Innerhalb eines Monats sind dann in diesen beiden Lagern von 2.000 Soldaten nur noch 600 am Leben geblieben, die nach Auflösung des Mannschaftslagers seitdem alle in diesem Lager in Wolsk versammelt sind. Von den Angehörigen unseres Divisionsstabes sind außer dem Feldwebel Engl und einem weiteren Soldaten alle übrigen in dieser Zeit ums Leben gekommen.
Wir sind in diesem Arbeitslager Wolsk die ersten Offiziere und werden alle zusammen in einem Raum mit einer zweistöckigen Holzpritsche, die nun immerhin mit Strohsäcken ausgestattet ist, untergebracht. Während die Unteroffiziere und Mannschaften in diesem Arbeitslager in einer Zementfabrik schwer arbeiten müssen, werden wir kriegsgefangenen Offiziere nicht zur Arbeit herangezogen. Nach Auskunft des russischen Lagerkommandanten dürfen kriegsgefangene Offiziere nicht arbeiten. Die Bestimmungen der Genfer Konvention und des Haager Abkommens über die Behandlung kriegsgefangener Soldaten würden nach einem Befehl aus Moskau von russischer Seite anerkannt, auch wenn die Sowjetunion dem Abkommen nicht beigetreten ist. Es ist und bleibt allerdings der einzige Lagerkommandant in Rußland, der eine derartig eindeutige Auskunft zur Frage der Arbeit von Offizieren in russischer Kriegsgefangenschaft gibt.
Hier in diesem Lager Wolsk an der Wolga gerate ich nun zum ersten Mal in die Vernehmungsmaschinerie des NKWD, einer russischen oder besser sowjetischen Einrichtung, die mit der Gestapo verglichen werden kann. Bei diesen Vernehmungen stehen nach eingehenden Fragen über meinen bisherigen Aufenthalt in Rußland mit genauen Ortsangaben und Fragen über das, was ich dort im einzelnen gemacht

habe, natürlich militärische Fragen im Vordergrund. Als ich mich dabei immer wieder darauf berufe, daß ich als kriegsgefangener Offizier weder verpflichtet noch dazu bereit bin, über militärische Angelegenheiten etwas auszusagen, wechseln die Methoden bei den einzelnen Vernehmungen von recht freundlich bis hin zu massiven Drohungen. Die freundliche Tour geht so weit, daß ich einmal mit einer recht hübschen Dolmetscherin allein gelassen werde, wobei mir dieses Mädchen ein gutes Essen vorsetzt und in ganz harmlosem Gespräch nach meiner schlesischen Heimat fragt, über die sie erstaunliche Kenntnisse besitzt. Aber das Ganze ist offensichtlich darauf angelegt, meine Aussagebereitschaft bei militärischen Fragen zu erreichen. Ein anderes Mal will man dies damit tun, indem man mich als einfältigen, dummen Offizier hinzustellen versucht und dabei meinen Dienstgrad und meine Dienststellung als Kommandeur in Zweifel zieht. Anlaß dafür ist unter anderem die Frage nach Einzelheiten über den in dieser Zeit bei Kursk zum ersten Mal an der Front eingesetzten Panzer vom Typ »Panther«. In diesem Fall kann ich, selbst wenn ich es wollte, überhaupt keine Auskunft geben, da ich diesen Panzer bis Stalingrad nicht kennengelernt haben konnte. Das führt bei den verärgerten NKWD-Leuten schließlich zur Androhung schärfster Schikanen bis hin zum Erschießen! Meine Reaktion darauf ruft aber zunächst Ratlosigkeit hervor. Ich erkläre ihnen nämlich, daß ich nach meinen bisherigen Erlebnissen in der Gefangenschaft ohnehin nicht mehr damit rechne, jemals wieder lebend nach Deutschland zu kommen. Vielmehr hätte ich den Eindruck gewonnen, daß ich wohl nur rein zufällig noch mit dem Leben davon gekommen bin.
Als ich schließlich über meine Ausbildung zum Offizier, insbesondere über die Kriegsschulzeit Einzelheiten auf ein vorgelegtes Stück Packpapier aufschreiben soll und dann lediglich über die Sportausbildung etwas hinschreibe, um das Papier nicht völlig leer zu lassen, bleibe ich von weiteren Vernehmungen zunächst verschont. Zu dieser Zeit ist mir natürlich noch nicht bewußt, welche Folgen sich aus diesen Vernehmungen später einmal ergeben könnten. Besonders die Angaben über den Aufenthalt und die Tätigkeiten auf russischem Boden sollten sich noch einmal für nicht wenige bei der Suche nach Kriegsverbrechern als verhängnisvoll herausstellen. Wer glaubte, jetzt bei derartigen Fragen durch allzu bereitwillige und eingehende Antworten vielleicht gnädiger gestimmte NKWD-Leute zu finden, dem konnte es bei einem Kriegsverbrecherprozeß nach Kriegsende passieren, daß diese Angaben ihm dann als Belastungsmaterial vorgehalten und gegen ihn verwendet wurden.
In anderen Fällen konnten Aussagen von Kameraden oder früher unterstellten Soldaten als Beweismittel dienen, wenn diese gewollt oder ungewollt belastende Angaben oder solche, die dann dazu gemacht wurden, enthielten. Ohne mir darüber damals schon im Klaren zu sein, gebe ich auf Fragen nach Angehörigen meiner Einheiten nur Namen von denen an, die entweder gefallen oder zumindest nicht in Gefangenschaft geraten waren. Bei einer späteren Vernehmung im Lager Perewolukij sollte ich zufällig Zeuge davon werden, wie in einem Nachbarzimmer ein Sol-

dat, unterstützt durch ein volles Kochgeschirr, erfolgreich zu belastenden Aussagen über einen ehemaligen Vorgesetzten gebracht wird.
Außer diesen, doch recht anstrengenden, belastenden Vernehmungen durch den NKWD ist es dann die politische Propaganda, mit der ich in Wolsk das erste Mal konfrontiert werde. Im Juli 1943 erlebe ich dort ganz überraschend das Auftreten der ersten deutschen kommunistischen Emigranten. Ihr Erscheinen in russischer Uniform ohne jedes Abzeichen hängt offensichtlich mit dem zusammen, was wir aus einer Zeitung mit schwarz-weiß-roter (!) Umrandung und der Überschrift »Freies Deutschland« erfahren. Danach ist in dem Lager Krasnogorsk bei Moskau ein »Nationalkomitee Freies Deutschland» gegründet worden. Gründungsmitglieder sind deutsche Kommunisten, wie Pieck und Ulbricht, sowie einige deutsche Offiziere und Soldaten, deren Namen uns aber völlig unbekannt sind. Der höchste Dienstgrad ist ein Major (Ing).
In einem, in dieser Zeitung veröffentlichten, sogenannten »Manifest« wird der Krieg als für Hitlerdeutschland verloren bezeichnet, die deutschen Offiziere und Soldaten an der Front werden zum bewaffneten Kampf gegen die Hitlerherrschaft aufgerufen mit dem Ziel, ein freies, demokratisches Deutschland herzustellen. Als große Vorbilder werden dazu die »besten Deutschen«, wie vom Stein und Clausewitz herangezogen, die vor 130 Jahren über »die Köpfe der verräterischen Machthaber hinweg zum Freiheitskampf gegen Napoleon aufriefen« oder wie der Feldmarschall Graf York von Wartenburg am 30.12.1812 mit den Russen die Konvention von Tauroggen abschloß.
Diese reichlich durchsichtige deutsch-nationale Hülle mit schwarz-weiß-roter Umrandung, die dieses offensichtlich kommunistisch gelenkte »Nationalkomitee« benutzt, läßt es natürlich nicht zu, die Unterstützung und Absichten der Sowjetunion in diesem Manifest zu erwähnen.
Präsident des Nationalkomitees wird ein kommunistischer Schriftsteller — Erich Weinert; als Vizepräsidenten tauchen ein Major (Ing) Hetz und ein Leutnant Graf Einsiedel auf. Letzterer wird besonders herausgestellt, da er ein Urenkel Bismarcks ist, dessen Rußlandpolitik sich offenbar für die jetzt praktizierte Propaganda günstig verwerten läßt und daher auf einmal vom Vorwurf des Imperialismus verschont bleibt. Das Komitee setzt sich etwa zu gleichen Teilen aus Emigranten und Soldaten zusammen. Bei den Emigranten sind es in vorderer Linie Pieck, Ulbricht, Bredel, Matern, Maron und Florin, während zu den Soldaten die beiden Deserteure Zippel und Emmendörfer gehören.
Diese deutschen Kommunisten sind überwiegend 1933 in die Sowjetunion emigriert und haben die stalinistischen Säuberungs- und Schauprozesse in den dreißiger Jahren überstanden. Etwa die Hälfte der in die Sowjetunion geflüchteten Emigranten wurden damals fälschlich beschuldigt, mit oder ohne Gerichtsprozeß verurteilt, in den Gulag geschickt oder gleich erschossen. Dabei haben sich Wilhelm Pieck, Walter Ulbricht und Erich Weinert als treue Stalinisten erwiesen und dafür andere Emigranten verraten.

So hat Wilhelm Pieck, der Vorsitzende der KPD, 1936 vorgeschlagen, zwei Drittel der Emigranten nach Hitlerdeutschland zurückzuschicken, auch wenn sie dort »vielleicht zunächst verhaftet« werden. In einigen Fällen ist das auch erfolgt. Protokolle einer Kommission der KPD, die auch von Walter Ulbricht angefertigt wurden, führten zur Verhaftung und endeten mit Verbannung oder Hinrichtung.
Als Propagandaredner für dieses Nationalkomitee Freies Deutschland tritt in Wolsk bei einer Lagerversammlung ein ehemaliger kommunistischer Jugendführer Mahle aus Hamburg auf, der sich bereits seit 1933 in der Sowjetunion aufhält.
Mahle ist zunächst einmal bemüht, in reichlich simpler und plumper Form die Verhältnisse in Deutschland seit 1933 an dem Beispiel der rücksichtslos ausgebeuteten Arbeiter so schlecht wie nur irgend möglich darzustellen. Wegen der unbedingt notwendigen Befreiung der Arbeiter von der Naziherrschaft und dem Kapitalistenjoch fordert er dazu auf, sich dem Nationalkomitee anzuschließen und eine entsprechende Resolution zu unterschreiben.
Der überwiegende Teil der zum Zuhören gezwungenen Lagerangehörigen läßt zunächst recht teilnahmslos und skeptisch diese Propagandarede über sich ergehen. Immerhin ist so etwas für uns in der Kriegsgefangenschaft neu und ungewohnt. Als sich dann doch aber einige der Soldaten zu Wort melden und dem Redner in erster Linie vorwerfen die Verhältnisse in Deutschland gar nicht beurteilen zu können, da er sie im Gegensatz zu uns nicht selbst miterlebt hätte, kommt vorübergehend eine gewisse zustimmende Unruhe in die Versammlung. Von einem Soldaten wird dem Jugendführer Mahle entgegengehalten, er sei Arbeiter aus dem Ruhrgebiet und könne nur feststellen, daß es den Arbeitern in den letzten Jahren so gut gegangen wäre, wie vorher lange nicht mehr. Es ist dann aber doch günstig, daß die Versammlung bald beendet wird. Sonst hätte leicht die Gefahr bestanden, daß sie für die Lagerangehörigen einen weniger wünschenswerten Verlauf genommen hätte. Besonders für diejenigen, die sich so kritisch zu Wort gemeldet hatten.
Kurz darauf trifft ein weiterer Emigrant im Lager Wolsk ein. Er führt im Gebäude des Lagerkommandanten, das ich bereits von den Vernehmungen her kenne, Einzelgespräche mit Lagerangehörigen. Als ich auch dorthin bestellt werde, werde ich mit den Worten empfangen: »Ich heiße Bolz, ich bin Rechtsanwalt aus Gleiwitz in Oberschlesien und möchte mich gern einmal mit Ihnen unterhalten.« Bolz trägt eine russische Uniform, aber ohne jedes Abzeichen.
In dem folgenden Gespräch erfahre ich zunächst, daß Herr Bolz sich ebenfalls seit 1933 in der Sowjetunion befindet und zur »Betreuung« der Kriegsgefangenen eingesetzt ist, während seine Frau in einem anderen Teil von Rußland arbeitet. Dann schildert er mir die fortschrittlichen Verhältnisse, die in diesem Land erreicht worden seien, und wie verhängnisvoll Hitlers Angriff auf dieses friedliebende Volk sich auswirkt, was wir inzwischen an unserem eigenen Schicksal erkennen könnten. Daher sei es doch das einzig Richtige, alles dafür zu tun, den ohnehin für Deutschland verlorenen Krieg so bald als möglich zu beenden, wozu man mit dem Beitritt und der Unterstützung des Nationalkomitees am besten beitragen könne.

Darauf erkläre ich Herrn Bolz zunächst, daß ich aufgrund dessen, was ich bisher in Rußland, sowohl vor als auch in der Gefangenschaft erlebt habe, wenig von dem besonders fortschrittlichen kommunistischen System in der Sowjetunion überzeugt werden konnte. Insbesondere ist das, was ich seit Stalingrad in der Gefangenschaft durchmachen mußte, mit dem Sterben unzähliger deutscher Soldaten infolge Unterernährung und menschenunwürdiger Behandlung, wenig geeignet, dieses sozialistische Regime als vorbildlich und erstrebenswert ansehen zu können.
Im übrigen weise ich ihn unmißverständlich darauf hin, daß ich als kriegsgefangener deutscher Offizier nicht gewillt und in der Lage bin, eine politische Propaganda zu unterstützen, die den Zielen des Kommunismus und einem Staat dient, gegen den meine Kameraden an der Front nach wie vor täglich ihr Leben einsetzen. Ganz abgesehen davon bin ich der Meinung, daß dieses Nationalkomitee Freies Deutschland, dem ich nicht beitreten werde, in Rußland keinen maßgebenden Einfluß auf das Kriegsgeschehen und die Vorgänge in Deutschland selbst ausüben kann. Zu Veränderungen sind nur diejenigen in der Lage, die dort als freie Menschen leben, die aber sicher nicht den Nationalsozialismus gegen den Kommunismus eintauschen wollen.
Als Herr Bolz, der später langjähriger Außenminister in der DDR sein wird, mir vorschlägt, doch alles noch einmal zu überlegen und dann noch einmal zu einem Gespräch zusammenzukommen, lehne ich dies ab. Bei unseren offensichtlich weit voneinander getrennten Auffassungen kann ich so etwas nicht mehr als sinnvoll ansehen.
Für die politische Arbeit im Lager ist jetzt ein Lager-Aktiv – auch Antifa-Aktiv genannt – eingerichtet worden. Es besteht aus Lagerangehörigen, die sich aus recht unterschiedlichen Gründen bereit erklärten, die Propaganda für das Nationalkomitee durchzuführen. Einige davon sind ehemalige Angehörige der KPD oder von sozialistischen Organisationen.
Eine andere Aufgabe dieses Lager-Aktivs mit dem von russischer Seite eingesetzten deutschen Lagerkommandanten besteht darin, die Lagerinsassen zu einer möglichst hohen Arbeitsleistung in der Fabrik anzutreiben.
Allein schon das Verhalten der Angehörigen dieses Lager-Aktivs – die natürlich selbst nicht zu arbeiten brauchen, eine bessere Verpflegung erhalten und durch ihre, in der Lagerschneiderei maßgefertigte Bekleidung sich auch äußerlich als etwas Besseres darzustellen versuchen – trägt viel zur Ablehnung einer politischen Betätigung oder Unterstützung bei. Dies offen zu dokumentieren ist allerdings nicht ratsam. Denn das Lager-Aktiv ist auch an der Einteilung der Arbeitsbrigaden beteiligt. Daher ist es für deren Mitglieder leicht möglich, infolge ihres Verhaltens unliebsam hervorgetretene Lagerangehörige zu Arbeiten einzuteilen, die körperlich besonders anstrengend sind.
Wiederholt kommen während unseres Aufenthaltes in diesem Lager Wolsk einzelne Soldaten zu mir, die dieser politischen Propaganda ablehnend oder unschlüssig gegenüberstehen und sich von der vom Lager-Aktiv verbreiteten Hetze gegen uns

Offiziere nicht beeindrucken lassen. Aufgrund der hier im Lager herrschenden Verhältnisse rate ich ihnen, sich nicht von organisierten Gemeinschaftsaktionen, wie zum Beispiel Resolutionen, auszuschließen. Einmal geraten sie sonst in Gefahr, gesundheitlich nachteiligen Schikanen ausgesetzt zu werden, und zum anderen können derartige »Lagerinitiativen« das Geschehen außerhalb der Gefangenenlager nicht entscheidend beeinflussen. Für diese überlebenden Unteroffiziere und Mannschaften der ohnehin bereits unvorstellbar seit Stalingrad dezimierten 6. Armee soll man unter diesen Umständen auch besondere Maßstäbe gelten lassen. Bei ihrem nach wie vor schlechten körperlichen Zustand muß in einem derartigen Arbeitslager alles das im Vordergrund stehen, was dazu verhilft, eine gesunde Heimkehr nach der Gefangenschaft zu sichern, so lange nicht gegen kameradschaftliches Verhalten verstoßen wird. Die überwiegende Mehrheit der Kriegsgefangenen in den Arbeitslagern dürfte sich danach auch trotz aller Schikanen gerichtet haben.
Bereits hier, unter dem Eindruck der ersten politischen Propagandaarbeit in der Gefangenschaft, komme ich zu der Auffassung, daß für Offiziere, die in dieser Zeit im allgemeinen bei weitem nicht diesen gesundheitlichen Gefahren in einem Arbeitseinsatz ausgesetzt sind, eine opportunistische positive Einstellung gegenüber dem Nationalkomitee Freies Deutschland nicht gerechtfertigt werden kann.
Eine uns hier zur Verfügung stehende Lagerbücherei ist ein weiterer Versuch der politischen Beeinflussung der Kriegsgefangenen, wenn sie auch von den im Arbeitseinsatz stehenden Soldaten so gut wie nicht benutzt wird. Sie enthält überwiegend kommunistische Literatur und ist somit durchaus dazu geeignet, die sowjetische Ideologie besser, als es bisher für uns möglich war, kennenzulernen. Doch die so vielfältig dargestellte sozialistische und kommunistische Theorie und die dagegen erlebte Wirklichkeit in dem sogenannten Arbeiter- und Bauern-Paradies sind in keiner Weise dazu geeignet, sich für ein derartiges System im eigenen Land einzusetzen.
Es ist schon ungewöhnlich und wohl auch erstmalig, wie jetzt hier während des noch andauernden Krieges Kriegsgefangene nicht nur mit der Duldung durch das Gewahrsamsland, sondern sogar mit der Absicht, dessen Kriegsziele zu unterstützen, zu politischen und propagandistischen Zwecken ausgenützt werden sollen. Dies trägt zweifellos auch dazu bei, die ohnehin spürbare psychische und physische Belastung hinter dem Stacheldraht zu verstärken.

Über Moskau nach Susdal

Anfang August 1943 heißt es plötzlich für unsere kleine Offiziergruppe: »Fertigmachen zum Transport!«
Damit ist unser recht ereignisreicher, etwa sechs Wochen dauernder Aufenthalt in diesem Kriegsgefangenenlager in Wolsk beendet. Hier befanden wir uns 450 Kilometer wolgaaufwärts von Stalingrad und 150 Kilometer von Saratow entfernt. Verständlicherweise ist man bei der russischen Lagerleitung, aber noch viel mehr bei dem deutschen Antifa-Aktiv recht froh darüber, uns Offiziere wieder loszuwerden. Die von uns als Nicht-Arbeiter in diesem Arbeitslager zwangsläufig eingenommene Sonderstellung liegt natürlich gar nicht in deren Interesse. Diese Sonderbehandlung wird ja auch noch durch die spezielle Offizierverpflegung deutlich gemacht. Obwohl das Lager-Aktiv genau weiß, daß diese Regelungen auf russische Anordnungen zurückzuführen sind, nutzt es diese Umstände immer wieder auch bei der bereits erwähnten Hetze gegen die Offiziere aus. Es war uns aber gar nicht möglich, bei dem russischen Lagerkommendanten zu erreichen, daß wir ebenfalls die einheitliche Lagerverpflegung bekommen.
Nun werden wir, nachdem unsere Habseligkeiten zusammengepackt sind, am Lagertor erst einmal wieder gründlich gefilzt, dann erhalten wir eine Verpflegung, die auf einen mehrtägigen Transport schließen läßt, und anschließend werden wir mit einem LKW zum Bahnhof gefahren.
Dort erwartet uns bereits ein längerer Güterzug, der aber auch einige Personenwagen mit sich führt. Bei näherem Hinsehen stellt es sich heraus, daß es sich dabei um Gefängniswaggons handelt. Die wie bei unseren Schnellzugwagen an einem seitlichen Gang befindlichen Abteile besitzen hier eine Gitter-Zelle-Tür und anstelle des Fensters im Abteil eine kleine Lüftungsöffnung. In den einzelnen Abteilen, oder besser Zellen, befinden sich an jeder Seite drei übereinanderliegende, hölzerne Sitz- bzw. Liegebretter, ähnlich wie in einem Liegewagen.
Als wir in einen dieser Gefängniswaggons eingeliefert und dort mit 15 Mann in ein Abteil gepfercht werden, empfangen uns die russischen Strafgefangenen mit lautem Geschrei und wüsten Beschimpfungen. Daran sind insbesondere in einem Nachbarabteil untergebrachte jugendliche Strafgefangene im Alter von 12 bis 16 Jahren beteiligt. In einem anderen Abteil können wir im Vorübergehen feststellen, das es mit Frauen belegt ist.
Als kriegsgefangene Offiziere in gleicher Weise wie russische Strafgefangene behandelt und transportiert zu werden, ist eine weitere, neue und wenig erfreuliche Überraschung. Vielleicht wäre es doch einen Versuch wert gewesen, das Betreten dieses Gefängniswagens zu verweigern. Aber dazu ging alles doch zu schnell, ehe wir erfassen konnten, was da auf uns zukommt. Ein Protest gegen diese Behandlung ist jetzt wohl aussichtslos. So müssen wir uns wohl oder übel mit dem Transport im Strafgefangenenwaggon abfinden und sind nur gespannt, wohin dieser Transport führt.

Gedenktafel am Kaufhaus auf dem Roten Platz in Stalingrad-Mitte — letzter Gefechtsstand des Oberbefehlshabers der 6. Armee, Paulus, und seines Stabes.

Skulptur der »Trauernden Mutter« auf dem Mamai-Hügel (Höhe 102) — die »Gedenkstätte« für die deutschen Gefallenen.

Unsere Mitreisenden, die russischen Strafgefangenen, verhalten sich aber keineswegs weiterhin ruhig, ohne daß wir im Einzelnen immer verstehen, was sie den Wachposten zurufen. Insbesondere die Jugendlichen im Nachbarabteil beschäftigen die Posten durch ständiges Randalieren und das Verlangen, auf die am Ende des Ganges befindliche Toilette gebracht zu werden. Da das nur einzeln mit einem Posten geschieht, dauert es recht lange, bis jedes Abteil damit an die Reihe kommt. Für einige von uns, die immer noch an Durchfall leiden, wird das Warten auf diesen Weg zur Toilette oft zur Qual.

Bei dem heiteren Sommerwetter ist die Fahrt in dem schlecht zu lüftenden Abteil ohnehin recht beschwerlich. So ist es nur möglich, daß sich bei uns immer abwechselnd zwei auf den obersten Liegebrettern ausruhen können, während die Übrigen sich auf den unteren Brettern zum Sitzen zusammendrücken müssen. Dazu haben wir als »Marschverpflegung« auch noch salzigen Trockenfisch und Trockenbrot bekommen. Bei den geringen Mengen, die wir als Wasser oder Tee zum Trinken bekommen, ist mit dieser Art von Verpflegung nicht viel anzufangen. Dazu wird uns davon auch noch einiges gestohlen. Das kommt daher, daß wir bei der engen Unterbringung in dem Abteil natürlich unsere Sachen in jedem möglichen Winkel verstaut haben. Bereits in der ersten Nacht stellen wir fest, daß uns die Jungen aus dem Nachbarabteil durch die Rohrdurchlässe bestohlen haben. Als wir uns bei den Wachposten darüber beschweren, zeigt es sich, daß sie entweder so gut wie machtlos gegen die sich lautstark mit Beschimpfungen von uns »Faschisten« wehrenden Jungen sind, oder eher noch gar nicht gewillt sind, sich in diesem Fall gegen die Jungen durchzusetzen. Daß das den Posten nicht leichtfällt, zeigt sich immer wieder.

So verbringen wir in dieser Eisenbahn-Gefängniszelle die vor allem in den Nächten wiederholt durch Aufenthalte unterbrochene Fahrt ins Ungewisse. Durch die Fenster am Seitengang sehen wir tagsüber zwar etwas von der Landschaft, durch die wir fahren; das reicht aber nicht aus, genaueres über die Fahrtstrecke festzustellen. Die Fahrtrichtung verläuft zunächst in nördliche und später mehr in westliche Richtung.

Nachdem wir an einem Spätnachmittag in Wolsk abgefahren sind, nähern wir uns dann am Nachmittag des zweiten Tages unserer Fahrt offensichtlich einer größeren Stadt. Zahlreiche der typischen russischen Holzhäuser machen den Eindruck einer Vorortsiedlung, die bald von größeren Wohnblocks abgelöst werden. Als wir dann auf einem größeren Bahngelände halten und dort den Zug verlassen müssen, stellt es sich heraus, daß wir in Moskau angekommen sind. Während alle Strafgefangenen von zahlreichen Posten bewacht sich längs des Zuges hinsetzen müssen, werden wir quer über die Gleisanlagen zu wartenden Gefängnisautos geführt und in diese »Grünen Minnas« verladen. Auf der dann folgenden Fahrt durch Moskau ist natürlich das Rätselraten groß, was wir hier in dieser Stadt sollen. Da der Raum in diesen Gefängniswagen völlig dicht ist, können wir überhaupt nichts sehen, aber auch kaum Luft bekommen. Nach längerer Fahrt über mehr oder weniger holprige Straßen landen wir dann wieder auf einem Bahngelände, wo wir diesmal in einen Güterwagen verladen werden.

Damit ist unser Aufenthalt in Moskau recht schnell wieder beendet, ohne daß wir von der sowjetischen Hauptstadt etwas Näheres gesehen haben. Die am Abend weitergehende Fahrt in dem für unsere Gruppe nun recht geräumigen Güterwagen ist doch erheblich angenehmer als in dem engen Abteil des Gefängniswaggons. So können wir uns jetzt alle zu einem bisher nur schlecht möglichen Schlaf ausstrecken. Diesmal dauert dieser zweite Abschnitt unseres Transportes aber nicht

lang, denn bereits am nächsten Tag erreichen wir, etwa 200 Kilometer ostwärts von Moskau, die in früheren Jahrhunderten einmal bedeutende Bischofsstadt Wladimir. Von dort geht es mit dem LKW weiter in nördlicher Richtung bis nach dem 30 Kilometer entfernten Susdal.
Susdal ist ein alter Wallfahrtsort aus der zaristischen Zeit mit zahlreichen Kirchen und einigen Klöstern. In einem dieser Klöster, das den Namen »Zur Erleuchtung« getragen haben und bereits in der Zarenzeit als Staatsgefängnis verwendet worden sein soll, ist jetzt ein Lager für kriegsgefangene Offiziere eingerichtet worden. In ihm befindet sich ein großer Teil der in Stalingrad in Gefangenschaft gekommenen deutschen Stabsoffiziere und auch noch einige ungarische, rumänische, italienische und finnische Offiziere. Die Generale der 6. Armee waren bis vor kurzer Zeit ebenfalls in diesem Lager, ehe sie in ein besonderes Generalslager in Woikowo bei Moskau verlegt wurden.
Ein großer Teil der Stabsoffiziere war bereits kurz nach der Gefangennahme mit einem Eisenbahntransport aus dem Raum Stalingrad mit einem Zwischenaufenthalt in Krasnogorsk bei Moskau hierher gebracht worden. Dadurch sind ihnen die verhängnisvollen Fußmärsche zu Beginn der Gefangenschaft und auch die berüchtigten Massen-Sterbelager erspart geblieben. Das ist zweifellos ein wesentlicher Grund dafür, daß sie die ersten Wochen und Monate relativ gut überstanden haben.
Hier im Offizierlager Susdal wird nun unsere kleine Gruppe von Neuankömmlingen nach der in diesem Lager üblichen, streng dienstgradmäßigen Unterbringung aufgeteilt.
Auf diese Weise wird unsere kleine Gemeinschaft, die nach den schrecklichen Monaten in Dubowka noch aus acht Offizieren und Beamten besteht, in das viel größere Offizierlager eingegliedert. Als wir die unvergeßliche Wolga-Reise auf dem Lazarettschiff in Dubowka antraten, war ich als Hauptmann der Rangälteste dieser Gruppe, zu der unter anderem Bartels, Bootz, Fischer und Hüttemann gehörten. In Wolsk waren dann noch einige Sanitätsoffiziere dazugekommen, die vorher in Dubowka getrennt untergebracht waren.
Jetzt beziehe ich eine mit Hauptleuten belegte Stube, darunter befinden sich Achenbach, Bangert, Kling, Ledig und Mahron, sowie der Stabsarzt Dr. Dietrich, der aus meinem alten Hischberger Infanterie- bzw. Jäger-Regiment stammt, mit dem er wie ich in den Polenfeldzug gezogen ist.
Zum ersten Mal in der Gefangenschaft treffe ich hier Offiziere meiner 376. Infanterie-Division aus Stalingrad. Dabei den Kommandeur unserer Nachrichtenabteilung, Major West, den Kommandeur des Nachbarregiment Grenadier-Regiment 767, Oberst Steidle, und vom Divisionsstab die Oberleutnante Ostarhild und Plessen.
Das Leben in diesem Lager hinter den hohen Klostermauern hat sich in seinem täglichen Ablauf schon weitgehend »normalisiert«. Aber auch hier spielt in der Eintönigkeit des Kriegsgefangenenalltags das Thema — Essen — eine besondere Rolle. Das führt bei einigen älteren Stabsoffizieren zu Verhaltensweisen, die uns Jüngere doch etwas merkwürdig berühren.

So bekomme ich auf meine Fragen danach, wie es hier im Lager im Einzelnen zugeht, unter anderem die überraschende Auskunft: »Eigentlich geht es uns ganz gut, wir backen uns jeden Sonntag auch einen Kuchen!«
Die näheren Erklärungen zu dieser Besonderheit im Lagerleben ergeben sich aus den Essensangewohnheiten, die sich bei einigen Stabsoffizieren eingebürgert haben. Wenn diese aus ihren Unterkünften zu dem sehnsüchtig erwarteten Mittagessen in dem dafür vorhandenen Speisesaal gerufen werden, tragen sie nicht nur einen Beutel mit oft selbstgeschnitztem Eßbesteck, sondern auch kleine Holzbrettchen oder Glasscheibenstücke mit. Nach dem Essen sieht man dann auf diesen Ablagen einzelne Gemüsestückchen oder andere, aus der Suppe gefischte Bestandteile. Diese werden später dazu verwendet, den am Sonntag zubereiteten Kuchen zu garnieren. Die Grundmasse dieses »Kuchens« besteht aus dem während der Woche gesammelten und getrockneten Brot, aus dem dann mit Wasser ein Teig zubereitet wird. Dazu kommt eine Creme, die aus ebenfalls zurückbehaltenen Tagesrationen von Butter und Zucker hergestellt wird. So wird bei der eintönigen, ohnehin nicht reichlichen Verpflegung die Woche über eingespart und sogar gehungert, um einmal am Sonntag sich mit einem entsprechenden Zeremoniell etwas Besonderes leisten zu können.
Diese oder auch andere Formen eines ungewöhnlichen Umgangs mit der Verpflegung, die nun einmal zu einem beherrschenden Thema hinter dem Stacheldraht gehört, können sicher auch zu den tragischen Folgen einer im Bereich des Existenzminimums verlaufenden Gefangenschaft gerechnet werden. Manche, besonders ältere Mitgefangene, darunter auch Reserveoffiziere, die im Zivilberuf beachtenswerte Stellungen bekleiden, kommen hier zu Verhaltensweisen, die man nur verstehen und erklären kann, wenn man die außergewöhnlichen Belastungen berücksichtigt, unter denen lebenserfahrene und vielfach bewährte Männer hier leben müssen. Für uns jüngere Offiziere, die wir doch in der Anerkennung älterer Vorgesetzter als Autoritäten und Vorbilder aufgewachsen und erzogen worden sind, tragen manche Erlebnisse aus dem Geschehen an der Front und jetzt hier in Gefangenschaft dazu bei, Wert und Charakter eines Menschen nicht mehr unkritisch oder gar automatisch nach Kriterien, wie Alter, Dienstgrad oder Stellung im Zivilleben zu beurteilen. Trotzdem muß aber auch gesagt werden, daß eine ganze Reihe von älteren Offizieren in dieser Zeit durch ihre vorbildliche Haltung eine bedeutende Stütze und Hilfe für uns jüngere Offiziere geblieben sind.

Das Zusammenleben mit den Offizieren anderer Nationen bringt natürlich manche Abwechslung in das Lagerleben und vollzieht sich durchaus in kameradschaftlichen Formen, wobei einzelne persönliche Beziehungen sogar besonders eng und freundschaftlich geknüpft werden.
Daran ändert auch nichts, daß der Russe im Lager die Betreuung der Blumenbeete den deutschen Offizieren überträgt, während die Rumänen und die Ungarn zum Beispiel die Gemüse- und Tomatengärten zu pflegen haben.

Eine Abwechslung in das Lagerleben bringen dann auch noch kleine Arbeitskommandos, die in dem außerhalb des eigentlichen Lagers, aber noch innerhalb des Klostergeländes, befindlichen »Magazins« eingesetzt werden. Außerhalb des als Lagerbereich anzusehenden Klosters finden in diesem Offizierlager keine Arbeitseinsätze statt, da man sich hier offensichtlich an die internationalen Vereinbarungen über die Behandlung von Kriegsgefangenen hält.
Bei so einem Einsatz im Lagermagazin, von wo aus die Verpflegung für die Lagerangehörigen angeliefert wird, werde ich einmal mit einer kleinen Gruppe zum Kartoffelauslesen eingeteilt. Vom Oberst bis zum Leutnant ist es dabei unsere Aufgabe, die eingelagerten Kartoffeln zu kontrollieren und die kleinen und schlechten Kartoffeln als sogenannte »Schweinekartoffeln« auszusortieren. Doch selbst diese »Schweinekartoffeln« sind für uns noch durchaus eßbar. Natürlich nutzen wir diese Gelegenheit dazu aus, Kartoffeln in das Lager mitzunehmen. Bei der gründlichen Durchsuchung am Lagereingang ist das gar nicht so einfach. Aber auch hier finden wir immer wieder Mittel und Wege, doch dabei erfolgreich Kartoffeln durchzubringen.
Dabei passierte es einmal, daß wir nach der Durchsuchung am Lagertor auf dem Weg ins Lager dem russischen Lagerkommandanten, dem Oberst Nowikow, unausweichlich begegnen. Bei dem in so einem Fall üblichen militärischen Gruß fallen zum Entsetzen von allen einem von uns einige Kartoffeln aus dem Ärmelaufschlag des erhobenen Armes. Doch der Vorfall bleibt ohne Folgen, wobei wir uns nicht ganz sicher sind, ob der Lagerkommandant von diesem »Mißgeschick« bewußt oder unbewußt keine Kenntnis genommen hat. Zweifellos ist die ruhige, sachliche Atmosphäre in unserem Lager hier in Susdal auch ein Verdienst dieses russischen Obersten als Kommandanten. Wie es heißt, war er schon zur Zeit des letzten Zaren Offizier.
Natürlich bin ich besonders gespannt, wie sich hier in Susdal das Verhältnis der deutschen Offiziere gegenüber den politischen Entwicklungen mit dem Nationalkomitee Freies Deutschland darstellt. Besonders nach dem, was ich in Wolsk mit dem Emigranten Lothar Bolz und der Gründung dieses Nationalkomitees erlebt habe. Wie ich feststellen kann, ist zunächst die Gründung des Nationalkomitees Freies Deutschland als eine kommunistische Angelegenheit abgetan und abgelehnt worden, zumal bisher keine nennenswerten Offiziere daran beteiligt sind. Es gibt in Susdal auch kein Lager- oder Antifa-Aktiv oder Mitglieder des Nationalkomitees. Es sind aber bereits auch hier Emigranten als Politruks aufgetreten.
Die zu den politischen Vorgängen vorherrschende Einstellung zeigt sich deutlich, als im August 1943 der ehemalige Nachrichtenführer der 6. Armee in Stalingrad, Oberst van Hooven, als Propagandaredner auftritt. In einer Lagerversammlung aller deutschen Offiziere hält er einen Vortrag, in dem er sich mit der Kriegslage befaßt. Danach lassen die Erfolge der Roten Armee in Rußland und die Ereignisse auf den anderen Kriegsschauplätzen, wie in Afrika, nur noch einen Schluß zu; nämlich den, daß der Krieg schnellstens mit der Beseitigung Hitlers beendet wer-

den muß. Dieser Vortrag des Oberst van Hooven wird von der Versammlung mit offensichtlicher Ablehnung als eine Art Feindpropaganda aufgenommen, zumal eine Überprüfung einzelner Angaben zum neuesten Kriegsverlauf auf ihren Wahrheitsgehalt nicht möglich ist. Vom Redner wird auch zugestanden, hierbei allein auf russische Quellen angewiesen zu sein. Die während des Vortrages aufkommende Unruhe bei den deutschen Offizieren — einige stimmen ostentativ die Melodie »Üb' immer Treu und Redlichkeit« an — veranlaßt den anwesenden russischen Lagerkommandanten, Wachposten zur eventuell notwendig werdenden Wiederherstellung von Ruhe und Ordnung herbeizurufen. Trotz der aufgebrachten Stimmung infolge dieses Auftretens eines deutschen Offiziers geht die Versammlung erstaunlicherweise dann doch ohne ernsthafte Störungen zu Ende.
Wie es sich bald herausstellt, steht dieses Erscheinen des Oberst van Hooven mit einer Werbeaktion für die Gründung einer Organisation deutscher kriegsgefangener Offiziere in unmittelbarem Zusammenhang. Als Begründung dafür und als Ziele einer ausdrücklich als unabhängig bezeichneten Offizier-Vereinigung wird angegeben, man wolle damit dazu beitragen, das Los der Kriegsgefangenen in der Sowjetunion zu verbessern — die Postverbindung mit der Heimat zu erreichen — und vor allem ein Gegengewicht gegen das erdrückende kommunistische Übergewicht im Nationalkomitee schaffen.
Damit wird offensichtlich, daß der Propaganda- und Werbeerfolg, den man sich mit dem Nationalkomitee Freies Deutschland bei den kriegsgefangenen deutschen Soldaten, insbesondere bei den Offizieren, erhofft hatte, ausgeblieben ist.
Die Repräsentanten dieses Nationalkomitees — kommunistische Emigranten, wie Walter Ulbricht und Wilhelm Pieck, unbekannte, unbedeutende deutsche Soldaten oder Deserteure, wie der Major Hetz oder der Gefreite Zippel — sowie der mit den Farben schwarz-weiß-rot versuchte deutsch-nationale Anstrich — alles dies ist allein schon zu fragwürdig, als daß man damit die Unterstützung auf einer breiten Basis mit Beteiligung namhafter Offiziere, dabei natürlich auch mit Generalen, erreichen kann.
Selbst der »unweigerlich-automatisch« nur noch mit dem Zusatz »Urenkel Bismarcks« genannte Leutnant Graf Einsiedel — deshalb auch zum Vizepräsidenten des Nationalkomitees erhoben — hat nichts bei der Werbung von Offizieren erreicht. Ohne den Urenkelzusatz wäre Einsiedel ohnehin völlig uninteressant. Hier hat der sicher nicht unerfahrene Psychologe des NKWD, Dr. Salweljew, »auf's falsche Pferd gesetzt«, als er die Ansicht vertrat: »Es kommt uns nicht auf den Menschen Einsiedel an, wir wissen, daß er keine besondere Leuchte ist, sondern auf den Grafen und den Urenkel Bismarcks. Mit solchen Namen ziehen wir den gesamten Adel des Offizierkorps auf unsere Seite.«
So ist man nach den ausgebliebenen Erfolgen des Nationalkomitees im Hinblick auf die Beteiligung von deutschen kriegsgefangenen Offizieren nun auf den Trick mit einem angeblich völlig unabhängigen Offiziersbund mit vornehmlich humanitären Zielen gekommen.

Im Lager Susdal werden jetzt Offiziere gesucht, die sich als sogenannte »Delegierte« bereit erklären, zur Gründungsversammlung dieses »Bundes« in das Lager Krasnogorsk bei Moskau zu fahren. Da sich dort in Krasnogorsk auch der Sitz des Nationalkomitees Freies Deutschland befindet, läßt es sich bereits vermuten, wer bei diesem Offiziersbund-Spektakel entscheidend Regie führt. Um die Angelegenheit den Kriegsgefangenen noch unverfänglicher und schmackhafter zu machen, wird von der Bereitschaft zur Teilnahme an dieser Veranstaltung eine verbindliche Mitgliedschaft bei der neuen Organisation nicht abhängig gemacht. Über die persönliche Beteiligung soll jeder der »Delegierten« sich erst an Ort und Stelle entscheiden können.

Dieser neuen Entwicklung steht die Mehrheit der Offiziere in Susdal teils mißtrauisch, teils uninteressiert, aber insgesamt doch ablehnend gegenüber. Dabei ist die Meinung vorherrschend, daß diese Aktionen letztlich nicht ohne sowjetische Zustimmung durchgeführt werden können und daher im Einklang mit den Interessen der Russen und der kommunistischen Emigranten stehen müssen.

Einige wenige Offiziere sind jedoch bereit, nach Krasnogorsk zu fahren. »Nur um sich das erst einmal anzusehen« — ist vielfach die Begründung. Aber nach dem späteren Verhalten ist das eher eine Ausrede infolge fehlendem Bekennermut gegenüber den bisherigen Kameraden und Freunden.

Als einer der ersten und eifrigsten »Interessenten« und Befürworter, letztlich auch Mitbegründer dieses Offiziersbundes entpuppt sich der Kommandeur des Grenadier-Regiments 767 aus meiner 376. Infanterie-Division, Oberst Steidle, dessen Beteuerungen zur »Treue zum Führer« mir beim Besuch auf seinem Gefechtsstand in der Silvesternacht 1942/43 im Kessel Stalingrad noch gut in Erinnerung geblieben sind. Als er vom Oberst von Hanstein, letzter Führer der 3. Infanterie-Division (mot.) in Stalingrad, eindringlich davor gewarnt wird, sich an dieser ganz offensichtlich von den Russen gesteuerten Aktion zu beteiligen, verspricht Steidle, nichts zu unternehmen, was gegen den »Führer« gerichtet ist.

Am 11. September 1943 wird in Krasnogorsk der »Bund Deutscher Offiziere« — BDO — gegründet.

Zu den maßgebenden Gründungsmitgliedern gehören die beiden Obersten Steidle und van Hooven. Mit großer Aufmachung wird in der Zeitung des Nationalkomitees von der Gründungsversammlung berichtet. Die dabei von Oberst Steidle gehaltene Rede trägt die Überschrift: »Los von Hitler«.

Diesen radikalen Sinneswandel eines bisher geachteten Offiziers, wie im Fall des Oberst Luitpold Steidle, kann ich einfach nicht begreifen. Denn gerade in der ausweglosen Situation im Kessel Stalingrad hatte er von den Soldaten seines Regiments unter Berufung auf die »Treue zum Führer« den Einsatz ihres Lebens bis zur letzten Patrone gefordert. Dafür hatte er sich noch in den letzten Tagen in Stalingrad das Ritterkreuz von seinem »Führer« verleihen lassen. (Was Steidle später als DDR-Minister unter Walter Ulbricht in seinem Buch: »Entscheidung an der Wolga« zu seiner Rechtfertigung schreibt, kann daher nicht mehr überraschen.)

Doch viel bedeutsamer ist bei der Gründung des Bundes Deutscher Offiziere der Erfolg der eigentlichen Initiatoren, die nicht zuletzt auch im Generalslager Woikowo Überzeugungsarbeit geleistet haben müssen. Natürlich erfahren wir nichts über die Einzelheiten, die nun endlich zur Beteiligung deutscher Generale am Bund Deutscher Offiziere geführt haben. Auch wenn sich der Oberbefehlshaber der 6. Armee, Generalfeldmarschall Paulus daran nicht beteiligt, ist es wenigstens der Träger eines bekannten Namens, nämlich der General von Seydlitz, der sich zum Präsidenten dieses Offiziersbundes wählen läßt.
Vizepräsidenten werden Oberst Steidle und van Hooven, zusammen mit meinem ehemaligen Divisionskommandeur, Generalleutnant Edler von Daniels. Außerdem gehören dem Vorstand die Generalmajore Dr. Korfes und Lattmann an, ebenfalls ehemalige Divisionskommandeure aus Stalingrad.
Doch damit ist es noch nicht getan. Unmittelbar nach der Wahl dieser führenden Offiziere des Bundes Deutscher Offiziere werden diese zugleich zu Mitgliedern des Nationalkomitees Freies Deutschland gemacht.
Der Kreis der Vizepräsidenten des Nationalkomitees wird mit den Generalen von Seydlitz und von Daniels sowie mit dem Soldaten Emmendörfer erweitert. So muß sich Seydlitz nun doch mit Deserteuren an einen Tisch setzen. Bisher soll er das strickt abgelehnt haben.
Schneller und deutlicher kann der Propagandatrick mit dem angeblich unabhängigen Bund Deutscher Offiziere als Gegengewicht gegen das kommunistische Nationalkomitee wohl kaum bewiesen werden. Den Russen und den kommunistischen Emigranten, wie Pieck, Ulbricht, Weinert, ist es somit gelungen, die ihnen verständlicherweise wichtige Beteiligung bekannter Offiziere an der Arbeit des Nationalkomitees zu erreichen. Durch die von Seydlitz und den anderen Offizieren widerstandslos hingenommene, geschickt inszenierte personelle Verschmelzung der beiden Vorstände ist die angeblich unabhängig voneinander bestehende Existenz reine Augenwischerei.
Dies zeigt sich folgerichtig auch im Gründungsaufruf des Bundes Deutscher Offiziere. Von den ursprünglich propagierten humanitären Zielen im Interesse der deutschen Kriegsgefangenen in Rußland ist dort keine Rede mehr. Für maßgebende Funktionäre hat der BDO mit seinem Eintritt in das NKFD bereits seine Aufgabe erfüllt.
Schon einmal, nach dem Ersten Weltkrieg, hat es einen »Bund Deutscher Offiziere« gegeben. Damals, im Jahr 1919, war er eine der Soldatenvereinigungen, in der sich aus dem Krieg zurückgekehrte Offiziere zusammenschlossen, um sich den revolutionären Entwicklungen nach dem Ende der Monarchie in Deutschland entgegenzustemmen. Ein Zusammenhang mit diesem Offiziersbund ist von den Begründern der gleichnamigen Organisation in russischer Kriegsgefangenschaft bestimmt nicht gesehen worden, soweit ihnen überhaupt diese Umstände bekannt gewesen sind.
Bevor uns aber die Vorgänge bei der Gründung des Bundes Deutscher Offiziere in Krasnogorsk bei Moskau in vollem Umfang bekannt werden, haben wir inzwischen das Offizierlager in der alten Kirchenstadt Susdal verlassen.

Jelabuga (Kamalager) 1943–1944

Am 29. August 1943 verlassen alle deutschen Offiziere das Lager Susdal und müssen 40 Kilometer bis zur nächsten Bahnstation in Wladimir marschieren. Von dort geht es mit einem Güterwagentransport zunächst nach Osten bis Kasan, der Hauptstadt der Tatarenrepublik. Das Wahrzeichen der Stadt ist der hoch über der Wolga liegende Kreml, eine alte Tatarenfestung. In ihr befindet sich jetzt ein Zuchthaus, das einige von uns später auch noch näher kennenlernen sollten.
Als nach dem Versailler Vertrag der Reichswehr der Besitz von schweren Waffen, Panzern und Flugzeugen verboten war, wurden hier in Kasan aufgrund der damaligen Verbindungen zwischen der Reichswehr unter Generaloberst von Seeckt und der Roten Armee die ersten Panzer erprobt und deutsche Offiziere daran ausgebildet. Es war eines der Vorhaben, das im Rahmen der nach dem Ersten Weltkrieg schon vor dem Vertrag von Rapallo aufgenommenen Zusammenarbeit zwischen den beiden Armeen durchgeführt wurde. Alle daran beteiligten führenden Offiziere der Roten Armee wurden später 1937/38 von Stalin liquidiert.
Jetzt werden wir als kriegsgefangene deutsche Offiziere schwer bewacht durch diese Stadt zum Hafen geführt. Dort wartet auf der Wolga diesmal kein Lazarettschiff mit freundlichen Krankenschwestern, sondern ein wenig einladender Transportdampfer. Die unserer Verladung neugierig zusehende Zivilbevölkerung verhält sich recht feindselig und muß von unseren Wachposten immer wieder zurückgedrängt werden. Wir sind offensichtlich die ersten deutschen Kriegsgefangenen, die sie zu

An der Wolga entlang beim Marsch durch die Stadt.
Im Hintergrund der Kreml von Kasan.

Auf dem Weg durch Kasan vom Bahnhof zum Hafen.

sehen bekommen. Auf dem Schiff werden wir, wie es nicht anders zu erwarten ist, in einem Laderaum unter Deck untergebracht, wo wir nun mehr oder weniger im Dunkeln die weitere Reise verbringen müssen.
Wie es sich nicht gleich erkennen läßt, geht die Fahrt ab 2. September erst die Wolga aufwärts bis zur Einmündung der Kama und von dort etwa 150 Kilometer nach Osten bis wir am 5. September 1943 Jelabuga erreichen. Die Kama ist der größte linke Nebenfluß der Wolga und eine wichtige Wasserstraße zum Mittleren Ural.
Jelabuga war schon in früheren Jahrhunderten als Tatarensiedlung von Bedeutung, als hier eine wichtige Handelsstraße nach Asien führte. Später wurde sie Bischofssitz. Vom ehemaligen Glanz dieses Ortes legten lediglich noch die vergoldeten Türme dreier Kirchen Zeugnis ab.
Nicht weit von dem Steilufer der Kama werden wir in einem Gebäude unweit einer der drei Kirchen und umgeben von mehreren anderen Häusern untergebracht. Ursprünglich hatte sich hier ein Priesterseminar befunden, später war es eine Unteroffizierschule der Roten Armee. Mit unserem Eintreffen entsteht in diesem Bereich jetzt ein Kriegsgefangenenlager. Zunächst mit unserem Offiziertransport aus Susdal, danach kommen weitere Offiziere aus dem Lager Oranki, auch eine Gruppe des gerade gegründeten Bundes Deutscher Offiziere — BDO.
Daneben besteht am anderen Ende der Stadt bereits ein Lager für Kriegsgefangene in einem ehemaligen Kloster. Dorthin waren bereits im März 1943 rund 2.000 Offiziere aus dem Sammellager Begetowka südlich von Stalingrad gebracht worden.

Davon haben aber nur noch 858 die ersten Monate nach der Gefangennahme überlebt. Da die Kama im Winter zugefroren ist, mußte dieser Transport im März die 80 Kilometer von der nächsten Bahnstation Kissner aus zu Fuß — was entsprechende Folgen nach sich zog — zurücklegen.
Damit ist jetzt — Ende 1943 — in den beiden Lagern in Jelabuga, dem »Kamalager« und dem »Klosterlager«, die Masse der noch lebenden, in Stalingrad in Gefangenschaft geratenen Offiziere der 6. Armee versammelt.
Nach unserer, natürlich wieder mit einer Durchsuchung verbundenen Ankunft, werden wir nach russischer Methode nach Dienstgraden getrennt auf die Räume des Block I verteilt. Nicht lange danach erscheint auf unserer Hauptmann-Stube der für beide Lager in Jelabuga zuständige Kommandant und Rayonchef, der Gardemajor Kudriatschow. Wegen seiner untersetzten, stämmigen Figur wird er von uns nur noch als »Gardebulle« bezeichnet. In seiner »Begrüßungsansprache« eröffnet er uns, daß der Grund für die hohe Zahl der bisher gestorbenen Kriegsgefangenen allein darin liege, weil wir vor der Gefangennahme nur mit Surrogaten ernährt worden seien. In der russischen Gefangenschaft hätten wir nun normale Verpflegung erhalten und diese eben nicht vertragen. Er versucht auch, durch geschichtliche Kenntnisse zu beeindrucken, indem er am Beispiel Friedrichs des Großen deutsche »Imperialisten« anprangert, die schon immer versucht hätten, andere Völker zu unterdrücken und auszubeuten. Neben dem Dolmetscher befindet sich in seiner

Die Brücke über die Wolga bei Kasan.

Begleitung der NKWD-Kommissar Krawietz, »Silberzahn« genannt, der neben dem »Gardebullen« zur wichtigsten Figur in der russischen Lagerkommandantur gehört.

Innerhalb des Lagers wird eine deutsche Lagerleitung eingesetzt, die zugleich eine politische Lager-Aktiv-Gruppe bildet. Dieses Gebilde hat vor allem die Aufgabe, jetzt die politische Propagandaarbeit des Bundes Deutscher Offiziere und des Nationalkomitees Freies Deutschland durchzuführen. Dementsprechend gehören der Lagerleitung ausnahmslos nur deren Mitglieder an. Während sich in unserer Gruppe aus dem Lager Susdal bisher noch keine Angehörigen des Bundes Deutscher Offiziere befinden, gibt es unter den Offizieren aus dem Lager Oranki bereits einige Mitglieder.

Deutscher Lagerältester ist zunächst der Major Hartberger, ein Österreicher, der aber bald in Ungnade fällt und durch den Major Mangold ersetzt wird. Mangold war in meiner Division (376. Infanterie-Division) Kommandeur des Pionierbataillons.

Von russischer Seite sind für die politische Arbeit kommunistische Emigranten als Politinstrukteure eingesetzt. Zu ihnen gehört ein Politruk namens Wagner. Er soll im November 1918 in München – damals als Otto Braun – mit Kurt Eisner an der Proklamation der bayerischen Rätepublik und an einem Geiselmord führend beteiligt gewesen sein. Danach war er Kommissar in der Mongolei und in China. Ein anderer eifriger Politruk ist Herr Knippschild.

Klosterlager, links Block II.

Der Lagerzaun des Kamalagers.

In dieser Anfangszeit der politischen Propaganda für einen Beitritt in den Bund Deutscher Offiziere wirkt sich in vielen Fällen sicher auch der Umstand werbewirksam aus, daß neu gewonnene Mitglieder mit einem recht lukrativen Posten im Lager rechnen können. Neben solchen Funktionen, wie Block- oder Stubenältester, sind dies insbesondere Tätigkeiten in der Küche und in der Brotschneiderei. Bessere Behandlung, vornehmlich bessere Verpflegung mit dem entsprechenden besseren Ernährungszustand werden so zu den äußeren Kennzeichen der Mitglieder des Bundes Deutscher Offiziere als Lagerfunktionäre.
Dieser Umstand wäre sicher weniger bemerkenswert, wenn diese »Sonderverpflegung« für die im Lauf der Zeit steigende Zahl der bevorzugten Mitglieder des Bundes Deutscher Offiziere von den Russen entsprechend geliefert werden würde. Da dies aber nicht geschieht, geht diese zusätzliche oder qualitativ bessere Verpflegung stets auf Kosten der allgemeinen Lagerverpflegung.
Allein schon diese Tatsache, daß sich Offiziere, die ihren Beitritt zum Bund Deutscher Offiziere mit politischer Überzeugung begründen, keine Skrupel daraus machen, auf Kosten der übrigen Lagerinsassen eine bessere Verpflegung in Empfang zu nehmen, ist ein Beweis für die Fragwürdigkeit ihres Handelns und der dahinterstehenden charakterlichen Einstellung.
So ist es nicht verwunderlich, daß auch dadurch bald eine spürbare Kluft zwischen den Mitgliedern des Bundes Deutscher Offiziere und den übrigen Offizieren im Lager entsteht. Mit deutlicher Ablehnung werden diese BDO-Mitglieder verächt-

Vor dem Block I in der ersten Frühlingssonne.

lich als »Kaschisten« bezeichnet – nach dem russischen Wort für Brei = Kascha – in Anspielung auf die Bezeichnung »Antifaschisten«, die sie voll Stolz für sich in Anspruch nehmen.
Zur Überwachung des Gesundheits- und Ernährungszustandes finden in einigermaßen regelmäßigen Abständen ärztliche Untersuchungen statt. In der Plenny-Sprache werden sie »Kommissionierungen« oder auch »Fleischbeschau« genannt. Dabei defilieren die Lagerangehörigen nackend an einer lagerärztlichen Kommission vorbei. Da uns nach Ankunft in Jelabuga aus hygienischen Gründen auch noch alle Haare abgeschnitten worden sind, ist so ein Aufzug unterernährter Kriegsgefangener doch eine recht beschämend wirkende Angelegenheit.
Aufgrund des bei dieser »Fleischbeschau« festgestellten Ernährungszustandes – als Hilfsmittel dient aber nicht etwa eine Waage, sondern eher ein Griff an den Po – wird dann über die Einordnung in eine sogenannte Kategorie entschieden, wie sie auch zur Beurteilung der Arbeitsfähigkeit dient. Dafür gibt es die Stufen eins bis drei. Beim im Lager üblichen Ernährungszustand sind die »Dreier« unter uns in der überwiegenden Mehrheit. Darüberhinaus gibt es noch eine ärztliche Anordnung für die sogenannte »Aufbaukost« bei denjenigen, die unterhalb der Kategorie »drei« und damit als arbeitsunfähig eingeordnet werden. Aufbaukost bedeutet eine qualitativ, bei Brot, Butter und Zucker quantitativ, bessere Verpflegung. Eine Einstufung als »Dystrophiker« ist bei besonders schlechtem Ernährungszustand mit einer Ein-

weisung in das Lagerlazarett verbunden. Das Auftreten von Hungeroedemen ist dafür ein typisches Kennzeichen.
Bei der ersten derartigen Kommissionierung im Lager Jelabuga werde ich von der recht freundlichen, jungen russischen Ärztin, von uns »Rehauge« genannt, für die Aufbaukost bestimmt, was sich auch bei den folgenden Untersuchungen wiederholt. Doch eines Tages eröffnet mir der Stubenälteste, daß ich ab sofort nur noch Normalkost erhalten werde. Auf meine Frage, wieso es dazu käme, da doch inzwischen keine Untersuchung gewesen sei, beruft er sich auf eine ihm gegebene Auskunft. Zufällig treffe ich am nächsten Tag bei dem täglichen Rundgang auf dem Lagerhof wieder einmal unsere Ärztin »Rehauge«. Mit den üblichen Worten, »Na, Kapitan, kak djelat« – wie geht's – und der weiteren Frage, ob ich noch Aufbaukost bekomme, begrüßt sie mich freundlich. Als ich ihr erkläre, daß ich jetzt nur noch Normalkost bekäme, zeigt sie sich erstaunt und geht wortlos weiter. Noch am gleichen Tag wird mir dann vom Stubenältesten mitgeteilt, daß es einen Irrtum gegeben habe und ich wieder, wie bisher, Aufbaukost erhalten werde. Ein sicher nicht bedeutendes, aber doch bezeichnendes Beispiel für die interne »Muschelei« bei den Lagerfunktionären mit der Absicht, eine kleine »Strafmaßnahme« gegenüber den Nichtmitgliedern des BDO anzubringen.
Inzwischen sind wir im Lager umgezogen. Dabei bin ich aus dem Block I in den Block III in einem kleineren Nebengebäude gekommen, wo ich auf einer Stube mit fünfzehn Hauptleuten den Winter 1943/44 im Kamalager in Jelabuga verbringe. In dieser Zeit bin ich unter anderem mit den Hauptleuten Mahron, Ledig, Schuboth, Löffler, Weber, Roeckmann und Harler zusammen.
Als Stuben-Jüngster werde ich mit der Abholung und Verteilung der täglichen Brot-, Butter- und Zuckerportionen beauftragt. Während das Brot bereits in der Brotschneiderei ausgewogen und in Portionen geschnitten wird, wobei die einzelnen Stücke meistens mit einem sogenannten »Subliment« wegen des genauen Gewichts versehen sind, wird Butter und Zucker auf einer selbst hergestellten, recht primitiven Waage aufgeteilt. Eine natürlich äußerst wichtige Prozedur, die normalerweise dem morgendlichen Frühstück vorangeht. Wie ernst diese Verpflegungsverteilung von Einzelnen genommen wird, zeigt sich auch darin, daß selbst die ausgewogenen Brotstücke noch ausgelost und die »Kantenstücke« zusätzlich gesondert reihum verteilt werden.
Mittag- und Abendessen werden dagegen in dem Speiseraum im Keller des Block I eingenommen. Da den meisten von uns die Kochgeschirre längst abgenommen worden sind, weil sie bei den russischen Soldaten als Handelsobjekt für die Zivilbevölkerung sehr begehrt sind, stehen für die Suppe oder den Brei nur primitive Blechschüsseln zur Verfügung.
Bald stellt es sich heraus, daß der Russe nicht mehr in der Lage ist beziehungsweise sich außerstande erklärt, das für das Lager benötigte Holz für die Küche und zum Heizen der Unterkünfte heranzuschaffen. Immerhin haben wir hier westlich des Ural ein Kontinentalklima mit Temperaturen im Winter bis zu 40 Grad Kälte. So

Jelabuga (1943–1946) Klosterlager

Innenhof mit dem Haus der deutschen Lagerleitung. Kamalager

Seitenflügel Block I, links Küche rechts Keller – Speisesaal.

Rückseite Block I – Innenhof. Holzkommando beim Abladen (Winter 44/45).

lange es windstill ist, empfindet man die Kälte zwar schon, doch gefährlich wird sie erst richtig bei Wind oder gar Schneestürmen, wo sie sehr schnell zu üblen Erfrierungen führen kann, besonders an ungeschützten Stellen im Gesicht.

Mit der Heizproblematik wird zum ersten Mal die Frage eines Arbeitseinsatzes akut. Nach den bisherigen Erklärungen der Russen sind wir als kriegsgefangene Offiziere nur verpflichtet, Arbeiten zur Aufrechterhaltung von Ordnung und Sauberkeit innerhalb des Lagers durchzuführen. Bei dem früheren Aufenthalt im Lager Wolsk wurde einigen von uns, die sich freiwillig für einen Arbeitseinsatz meldeten, unter Berufung auf Anordnungen aus Moskau dieser Wunsch sogar eindeutig abgelehnt. Wenn sich auch ein Teil von uns nach wie vor auf diese Erklärungen beruft und eine Arbeit außerhalb des Lagers ablehnt, wobei der körperliche Zustand ein weiteres Argument dafür ist, finden sich doch zunächst noch Freiwillige genug für diese Holzkommandos. Sicher spielt bei einigen das Bestreben eine Rolle, auf diese Weise aus dem eintönigen Lagerleben einmal herauszukommen oder einen Verpflegungszuschlag zu bekommen. Jedoch steht diese zusätzliche Verpflegung in keinem Verhältnis zu der dafür zu leistenden körperlichen Arbeit.

So ziehen jetzt die im Mannschaftszug gezogenen Schlitten hinaus, um in stundenlanger anstrengender Arbeit dicke Holzstämme herbeizuschaffen. Dazu wird aber keineswegs die bei der großen Kälte – bis zu 40 Grad Minus – notwendige Bekleidung zur Verfügung gestellt. Die daran Beteiligten, im Lagersprachgebrauch »Stalinpferde« genannt, müssen notdürftig versuchen, sich mit eigenen, behelfsmäßigen Mitteln vor drohenden Erfrierungen zu schützen, wobei im Gesicht Ohren und Nase besonders gefährdet sind.

Die im Lager vorhandenen Mannschaften, überwiegend sind es italienische Soldaten, werden dagegen vom Lagerkommandanten zu Arbeiten außerhalb des Lagers eingesetzt, die ihm persönliche Geschäfte möglich machen. Daher muß zum Beispiel die nächtliche Entleerung der Abortgruben ebenfalls von kriegsgefangenen Offizieren durchgeführt werden. Daß sich dazu auch ein Oberst, ehemaliger Kommandeur eines Artillerieregiments, freiwillig meldet, ruft bei uns jüngeren Offizieren erhebliche Kritik hervor – auch wenn es dafür einen Schlag Suppe extra gibt.

Nachdem sich diese Form der »Sklavenarbeit« bei der Holzbeschaffung erst einmal eingebürgert hat, wird sie auch künftig in beiden Lagern in Jelabuga beibehalten. An die Stelle der Schlitten treten nach der Schneeschmelze dann vierrädrige, klapprige Panjewagengestelle.

Das erste Weihnachtsfest in der Kriegsgefangenschaft und der Jahreswechsel 1943/44 gehen ruhig, aber doch in großer Sorge um die Angehörigen und das tatsächliche Geschehen in der Heimat und an den Fronten des Krieges vorüber. Bereits seit elf Monaten haben wir keine zuverlässigen Nachrichten davon erhalten.

Eine von einem Mitgefangenen geschnitzte Krippe, Gottesdienste und in kleinem Kreis gestaltete, besinnliche Feiern lassen wenigstens etwas Weihnachtsstimmung hinter dem Stacheldraht in der winterlichen Landschaft hier weit im Osten, zweitausendfünfhundert Kilometer von der Heimat entfernt, aufkommen.

Da ich nach wie vor der Kategorie »Aufbaukost« angehöre, kommt für mich ein Einsatz beim Holzkommando nicht in Betracht. Ich halte ohnehin diesen Arbeitseinsatz außerhalb des Lagers nach den Bestimmungen für die Behandlung kriegsgefangener Offiziere nicht für zulässig und daher für eine eigenmächtige Maßnahme der russischen Lagerleitung, die dabei vom antifaschistischen Lager-Aktiv und den Funktionären des Bundes Deutscher Offiziere unterstützt wird. Trotzdem bleibe ich nicht von einer Erkältung verschont, die schließlich sogar zu einer Rippenfellentzündung führt. Damit werde ich Anfang 1944 in das Lagerlazarett eingeliefert. Dort behandelt man mich mit einer uns nicht mehr vertrauten Methode, die im Ansetzen von Saugnäpfen an dem Brustkorb besteht, und auch erfolgreich ist.
Die politische Propagandaarbeit wird in dieser Zeit unvermindert fortgesetzt und führt zu einer spürbaren Entfremdung zwischen den Mitgliedern des Bundes Deutscher Offiziere und denjenigen, die eine politische Betätigung dieser Art in der Kriegsgefangenschaft, und vor allem eine damit verbundene Zusammenarbeit mit den Kommunisten und dem Regime in der Sowjetunion ablehnen.
Zweifellos ist bei vielen von uns nach Stalingrad die Sicherheit oder die Hoffnung, daß der Krieg noch gewonnen werden kann, nicht mehr vorhanden. Dafür ist bei uns der Schock und die Enttäuschung allein schon darüber viel zu groß, daß unsere 6. Armee mit zweiundzwanzig Divisionen nicht vor dem Untergang bewahrt werden konnte. Dazu kommen andere nachdenklich stimmende Entwicklungen, wie zum Beispiel die für uns wenig verständlichen, häufigen Wechsel in den höheren Kommandostellen des Heeres, die auf erhebliche Differenzen bei der Entscheidung militärischer Operationen schließen lassen.
Die damit verbundenen Zweifel an der Führung der Wehrmacht durch Hitler sind aber für mich und viele anderen kein Grund, die Propaganda des Nationalkomitees zu unterstützen. Sicher spielt dabei die Tatsache eine Rolle, daß unverändert noch die eigenen Kameraden an der Front in Rußland tagtäglich ihr Leben einsetzen und der Fortgang oder die Beendigung des Krieges nicht von uns hier in der Kriegsgefangenschaft hinter Stacheldraht beeinflußt werden kann.
Wie es uns in der erstmalig zugänglichen politischen Literatur der KPdSU bestätigt wird, ist das Ziel der marxistisch-leninistischen Ideologie die Errichtung der kommunistischen Weltherrschaft. Daher kann es keinen Zweifel daran geben, daß bei den maßgebenden Akteuren des Nationalkomitees und dem ihm angeschlossenen Bund Deutscher Offiziere die von ihnen angestrebte neue deutsche Demokratie nach dem Krieg in einem sozialistischen und kommunistischen System in Deutschland bestehen soll. Bereits nach dem Ersten Weltkrieg war dies von den Ultralinken mit der Forderung nach einer proletarischen Diktatur und mit der Unterstützung von Sowjetrußland versucht worden.
Diese grundlegenden Erkenntnisse sind nicht nur für mich eine entscheidende Ursache für die hier in Kriegsgefangenschaft gewonnene Beurteilung und Ablehnung der politischen Aktionen des Nationalkomitees Freies Deutschland und des Bundes Deutscher Offiziere.

Jelabuga (1990) Kamalager

Ehemalige Lagerdolmetscherin — Tamara —, genannt »Das blonde Gift«.

Gedenkstein der Roten Armee (neu), dahinter früheres Lazarett bzw. Ambulanz (Aufenthalt dort 1944).

Block II.
1943 zunächst Anfang der Isolierung, später Unterkunft des Kultur-Aktiv.

Obwohl der Kommandierende General des VIII. Armeekorps in Stalingrad, Generaloberst Heitz, diese Entwicklung in der Kriegsgefangenschaft wohl kaum vorhersehen konnte, wird man zuweilen an sein etwas krasses Wort bei der Gefangennahme erinnert: »Von jetzt ab ist die Schnauze nur noch zum Fressen da!«
Trotz der Bemühungen der Funktionäre des Nationalkomitees und des Bundes Deutscher Offiziere sind zunächst noch die Angehörigen dieser Organisationen bei uns im Lager in der Minderheit. Abgesehen davon, daß sie im allgemeinen ohnehin bekannt sind, haben sie inzwischen als äußerliches Kennzeichen das Hoheitsabzeichen von der Uniform entfernt. Vorübergehend wird dafür ein schwarz-weiß-rotes Bändchen angesteckt, von den österreichischen Offizieren, die ein »Freies Österreich« propagieren, eins in den Farben rot-weiß-rot. Kriegsauszeichnungen werden aber, soweit noch vorhanden, in vielen Fällen von ihnen trotz des Hakenkreuzes getragen. Und dies, obwohl sie die Beseitigung Hitlers fordern, in dessen Namen sie ihnen verliehen worden sind. Dies gehört zu den Fragwürdigkeiten dieser »Antifaschisten«; ebenso wie diejenigen unter ihnen, die Artikel in der Zeitung des Nationalkomitees »Freies Deutschland« schreiben, dabei stets ihre Rangbezeichnungen und Dienstgrade in der Wehrmacht beziehungsweise in nationalsozialistischen Organisationen hervorheben.
Als die Russen und ihre Helfershelfer in den Reihen des Bundes Deutscher Offiziere feststellen müssen, daß die Werbung zum Beitritt in diese Organisation im Lager Jelabuga noch nicht den erhofften Erfolg bringt, greifen sie zu einem neuen

Kamalager 1990: Block VI.

Mittel. Dies besteht in der räumlichen Isolation derjenigen Offiziere, denen sie einen besonders großen Einfluß auf die Mitgefangenen bei der Ablehnung dieser kommunistischen Vereinigungen und ihrer Hintermänner zumessen.
Diese Aktion beginnt in Jelabuga bereits im Herbst 1943 mit der Einrichtung einer »Isoliertenstube« — und, als diese nicht mehr ausreicht, mit der Absperrung eines ganzen Gebäudes. Zunächst ist es der Block II und dann der größere Block VI als »Isoliertenblock«. Auf diese Weise werden deren Insassen so vom übrigen Lager ausgesperrt, daß eine gegenseitige Verbindung kaum mehr möglich ist.
Zu den ersten »Isolierten« gehören einige ältere Offiziere, darunter einzelne Oberste, die uns jüngere Offiziere in ihrer Haltung besonders beeindrucken. Denn deren Haltung entspricht dem, was wir von älteren und vorgesetzten Offizieren unter diesen, oder gerade unter diesen außergewöhnlichen Umständen erwarten. Diese älteren Offiziere gehören noch der Generation des Ersten Weltkrieges an und haben sowohl die Monarchie als auch die Zeit der Weimarer Republik erlebt. Bei ihnen wirkt sicher auch die Zeit der Seecktschen Reichswehr nach, in der Offiziere im allgemeinen eine weitgehende unpolitische Einstellung gegenüber der der Monarchie folgenden Republik einzunehmen hatten. Aber auch im Dritten Reich gehörten die meisten Offiziere dieser Generation zu denen, die zwar den wirtschaftlichen und militärischen Aufstieg begrüßten, dem Nationalsozialismus gegenüber aber zunächst eine abwartende, wenn nicht ablehnende Haltung einnahmen. Ihre Haltung in der Kriegsgefangenschaft ist eher von einer deutsch-nationalen Grundeinstellung, aber nicht vom Nationalsozialismus bestimmt.
Diese Einstellung ist aber auch bei Offizieren der jüngeren Generation zu finden, die erst in der Wehrmacht des Dritten Reiches Soldat geworden sind und für die die preußisch-deutsche Tradition der Armee bei ihrer Berufswahl, Erziehung und Ausbildung bestimmend gewesen ist.
Es entspricht jedoch der politischen Praxis der Russen und der Antifaschisten, daß alle diejenigen, die deren politische Einstellung und Propaganda ablehnen, automatisch »Faschisten« oder »Nazis« sein müssen. Dementsprechend ist für sie der Block VI ein reiner »Faschistenblock«.
Die Zusammensetzung der jetzt hier in der Gefangenschaft auf engstem Raum zusammenlebenden Offiziere ist natürlich in vielerlei Hinsicht keineswegs einheitlich. Dies gilt sowohl für die aktiven Offiziere als auch für den großen Anteil an Reserveoffizieren aus den unterschiedlichsten zivilen Bereichen.
Bei dem Zwang, sich mit dem Bund Deutscher Offiziere und den von ihm propagierten politischen Zielen auseinandersetzen zu müssen, und der persönlichen Entscheidung, dieser Organisation beizutreten, zeigt es sich immer wieder, daß weder Alter noch Dienstgrad, aktiver Offizier oder Reserveoffizier und ebensowenig berufliche oder soziale Stellung dabei eine ausschlaggebende Rolle spielen.
Unter diesen extremen Lebensbedingungen mit ihren individuell unterschiedlich verkrafteten seelischen und körperlichen Belastungen hängt die Entscheidung des Einzelnen letztlich von seiner charakterlichen und menschlichen Haltung ab.

In ganz wenigen Ausnahmefällen ist einzelnen Offizieren eine überzeugende politische Zu- oder Kehrtwendung abzunehmen, zumal wenn sie auch nach der Gefangenschaft konsequent beibehalten und nicht wieder entschuldigt wird.
Anders und auch entschieden schärfer ist die Haltung der Antifa-Aktivisten im Nationalkomitee und im Bund Deutscher Offiziere zu be- und zu verurteilen, die – oft nicht zum ersten Mal hier in der Kriegsgefangenschaft – in kalt berechnendem Opportunismus und rücksichtslosem Egoismus allein auf ihren persönlichen Vorteil bedacht sind. Offensichtlich spielen Geltungsbedürfnis und Ehrgeiz dabei eine wesentliche Rolle, denen politische oder auch nationale Gesinnung untergeordnet werden und denen zuweilen moralische Normen zum Opfer fallen, wenn es zum Beispiel zum Denunzieren eigener Kameraden kommt.
Es ist deshalb wohl kein Zufall, daß nicht wenige, die im Dritten Reich in der Partei oder einer ihrer Organisationen führende Positionen auf den verschiedensten Ebenen eingenommen haben, auch hier wieder zu den Funktionären in der Antifa-Bewegung gehören.
Bei allen Gedanken, die wir uns über das Verhalten in diesen Situationen in der Kriegsgefangenschaft machen, bleibt die Frage umstritten, ob die Generale, wie Seydlitz, Daniels, Lattmann, Schlömer, aus politischer Unerfahrenheit oder vielleicht auch aus persönlichem Ehrgeiz oder Geltungsbedürfnis irgendwelchen Zusagen oder Versprechungen der Russen erlegen sind. So soll angeblich zum Beispiel Seydlitz in einer künftigen Republik der Posten eines Reichspräsidenten in Aussicht gestellt worden sein. Trotzdem bleibt es unverständlich, daß sie sich in der Gemeinschaft mit kommunistischen Emigranten und Deserteuren vor den Wagen der sowjetischen Propaganda spannen lassen.
Die sicher große Zahl von Mitläufern, die aus den unterschiedlichsten Gründen, oft wohl aus Angst vor irgendwelchen Nachteilen in der Gefangenschaft bis hin zu einer späteren Entlassung, dem Bund Deutscher Offiziere beigetreten ist, mag vielleicht verständlich erscheinen. Das »Fähnchen möglichst immer in den Wind zu hängen« ist ja keine so seltene Verhaltensweise. Für mich und viele andere, die wir diese Entwicklung miterleben, ist und bleibt diese Haltung weder akzeptabel noch entschuldbar.
Immerhin sind alle, die trotz nicht ausbleibender Schikanen in ihrer Ablehnung konsequent bleiben, ein Beweis dafür, daß eine Kapitulation vor der politischen Propaganda und mehr oder weniger unverhüllten Drohungen der Russen und ihren kommunistischen, antifaschistischen Helfern nicht unumgänglich ist.
Die Tatsache, daß es dem Bund Deutscher Offiziere nicht gelingt, alle Offiziere für seine Sache zu gewinnen, bereitet deren Funktionären und Mitgliedern daher auch so manche Sorge infolge des zunächst noch ungewissen Ausganges des Krieges. Denn so läßt sich ja nicht als Entschuldigung oder Rechtfertigung für das eigene Verhalten der eventuell einmal notwendige Nachweis erbringen, daß es sich bei dem Bund Deutscher Offiziere um eine allgemeine Vereinigung aller Offiziere in der russischen Kriegsgefangenschaft handelte, bei der sich eine Mitgliedschaft mehr oder weniger selbstverständlich oder automatisch ergeben hat.

Jelabuga (Klosterlager) 1944–1945

Ende April 1944 erfolgt eine Umbelegung zwischen den beiden Gefangenenlagern in Jelabuga, bei der ich mit den meisten meiner bisherigen Stubenkameraden aus dem Kamalager in das am anderen Ende der Stadt befindliche Klosterlager komme. Mit dieser Verlegung werden, wie es sich bald herausstellt, im Klosterlager außer einer geringen Zahl zuverlässiger Mitglieder und natürlich auch eines Lager-Aktivs des Bundes Deutscher Offiziere nur diejenigen Offiziere zusammengezogen, bei denen man eine besonders eindeutige Ablehnung des Nationalkomitees und des Bundes Deutscher Offiziere erkannt zu haben glaubt. Dafür werden im Kamalager alle diejenigen Offiziere versammelt, bei denen man sich weitere Erfolge bei der Werbung für den Bund Deutscher Offiziere verspricht, nachdem man sie von den »Unliebsamen« getrennt hat. Mit ihnen ist nun die Masse der bisherigen Mitglieder in einem Lager vereinigt. Dadurch sollen sicher auch Gruppenbildungen, wie sie sich inzwischen auf der Basis von Divisionsgemeinschaften oder landmannschaftlicher Zusammengehörigkeit entwickelt haben, wieder zerstört werden. Zweifellos finden Wankelmütige oder Unentschlossene in derartigen Gruppen einen Rückhalt, der den Aktivisten des Bundes Deutscher Offiziere ihre Propaganda und Werbung erschwert.

Dieses Klosterlager soll ursprünglich ein Nonnenkloster gewesen sein, in dem sich hinter hohen Steinmauern mit Wachtürmen zwei größere dreigeschossige Steingebäude und einige Nebengebäude befinden. Eine Kirche oder Kapelle ist nicht oder nicht mehr vorhanden. Dafür steht auf dem Innenhof ein erst später errichtetes Holzgebäude, das jetzt von uns als »Deutschlandhalle« bezeichnet wird. In dem einen der größeren Steingebäude, dem Block I, beziehen wir unsere Unterkunft. Wie üblich auf zweistöckigen Pritschen, die, wie wir bald zu spüren bekommen, reichlich Wanzen beherbergen.

Als deutscher Lagerältester fungiert hier der Oberstleutnant Seidel, der in seiner gepflegten schwarzen Panzeruniform die auch äußerlich herausgehobene Stellung des Lager-Aktivs, auch »Lageradel« genannt, dokumentiert, zu der ja auch die besondere Unterkunft beiträgt.

Im Verlauf des Winters ist inzwischen die Verpflegung immer schlechter geworden; so besteht zum Beispiel der Inhalt der Suppe als Mittagsmahlzeit nur noch aus einzelnen Kohl- oder Brennesselblättern. Die Lagerleitung begründet dies damit, daß die Magazine in Jelabuga leer wären und auch die Bevölkerung unter dieser Lebensmittelknappheit zu leiden hätte. Offensichtlich ist Jelabuga während des Winters, solange die Kama zugefroren ist und zu der etwa 80 Kilometer entfernten Bahnstation keine ausreichende Nachschubverbindung besteht, versorgungsmäßig so gut wie abgeschnitten. Es wäre auch nicht verwunderlich, wenn die Winterbevorratung auf das Ende letzten Jahres neu eingerichtete Kamalager überhaupt nicht ausgerichtet gewesen ist. Daß die Bevölkerung von Jelabuga ebenfalls unter dieser schlechten Versorgungslage zu leiden hat, wird uns durch die außerhalb des Lagers

eingesetzten Arbeitskommandos bestätigt. So berichten sie von einem Brot, das nur noch aus wäßrigklitschiger Masse mit eingebackenen Kartoffeln besteht.
Eine Änderung dieses Zustandes ist deshalb erst dann zu erwarten, wenn die Kama wieder eisfrei und damit der Schiffsverkehr möglich sein wird. Mit dem ersten Schiff, bald wird bei uns nur noch von diesem »Wunderschiff« gesprochen, soll sich nach den Beteuerungen der Lagerleitung die Verpflegung dann auch sofort wieder bessern.
Endlich — im Mai — geht es wie ein Lauffeuer durch das Lager, daß das vielzitierte »Wunderschiff« angekommen ist. Tatsächlich wird kurz darauf ein Arbeitskommando am Lagertor versammelt. Es soll dabei helfen, das Schiff so schnell wie möglich zu entladen. — Doch wie groß ist die Enttäuschung, als es sich nach der mit Spannung erwarteten Rückkehr des Arbeitskommandos herausstellt, daß es keine Lebensmittel, sondern lediglich nur Stacheldraht ausgeladen hat!
Aus Protest gegen diese Zustände tritt daraufhin das Lager am nächsten Tag in den Hungerstreik. Zwar schließen sich dieser Aktion anfangs fast alle der ca. 800 Lagerangehörigen an. Nach teilweise lebhaften Diskussionen über das Für und Wider einer derartigen erstmaligen Protestaktion wird der Streik — fast erwartungsgemäß — nach kurzer Zeit abgebrochen. Ohnehin können weder die deutsche Lagerleitung mit dem Lager-Aktiv, noch die Mitglieder des Bundes Deutscher Offiziere einen »Aufstand« gegen die russische Lager-Administration billigen oder gar unterstützen.
Bei dieser Gelegenheit erfahren wir nun deutlich, wie durch die vom Nationalkomitee Freies Deutschland und dem Bund Deutscher Offiziere hervorgerufene Spaltung innerhalb der Kriegsgefangenen ein geschlossenes Auftreten verhindert wird. Natürlich wird dadurch dem Russen nach dem Motto — divide et impera — die Durchsetzung vieler schikanöser Maßnahmen erleichtert.
Bald darauf erscheint überraschenderweise in unserem Lager eine Kommission, bei der es sich um Offiziere aus Moskau handeln soll, die für das Kriegsgefangenenwesen zuständig sind. Ob das mit unserem Hungerstreik zusammenhängt, können wir natürlich nicht erfahren. Angeblich müssen derartige Vorkommnisse nach Moskau gemeldet werden. Der auch für das Klosterlager zuständige Lagerkommandant, »Gardebulle« Kudriatschow, ist zwar bemüht, keine Gefangenen an diese Kommission heranzulassen, ausgenommen Angehörige des Lager-Antifa-Aktivs, aber in einigen Fällen gelingt es doch, aus unseren Reihen Beschwerden unmittelbar vorzubringen.
Danach hält die mit dem Erscheinen dieser Kommission eingetretene Verbesserung bei der Verpflegung zunächst noch an. Am »Besichtigungstage« selbst ist sie plötzlich bereits so aufgebessert, daß sie voll und ganz den »Normen« entspricht. Bezeichnenderweise wird an diesem Tag auch kein Arbeitskommando zum Holzholen eingesetzt.
Nach der Schneeschmelze erfolgt dann dieser Holztransport auf klapprigen Wagengestellen. Mit Hilfe der Wagendeichsel muß der Wagenlenker das schwer beladene

Ein »Gespann«-Kommando des Holztransports im Frühjahr 1944.

Kriegsgefangene an den Zugseilen eines Holztransportwagens.

Fahrzeug über die holprigen oder aufgeweichten Wege lenken, während an zwei Zugseilen die 8- bis 10köpfige Zugmannschaft den Wagen zu ziehen hat. Beim Anblick dieser schweren Arbeit, die von unterernährten kriegsgefangenen Offizieren verrichtet werden muß, wird man unwillkürlich an Galeerensklaven erinnert.
Im »fortschrittlichen« sowjetischen Arbeiter- und Bauernstaat ist es nichts Besonderes, daß sogar Frauen in gleicher Weise vor den Pflug gespannt werden. Nachdem sich für die Holzkommandos nicht mehr ausreichend Freiwillige melden, ist man dazu übergegangen, Teilnehmer dafür durch die Block- und Stubenältesten bestimmen zu lassen.
Mit dem Wechsel vom Kama- in das Klosterlager bin ich in die »Kategorie Drei« eingestuft worden. Obwohl die »Dreier« nicht für schwerere Arbeit eingesetzt werden sollen, wird mir eines Tages vom Stubenältesten eröffnet, daß ich am nächsten Morgen mit dem Holzkommando auszurücken hätte. Ich lehne das einmal schon deswegen ab, weil ich nach den Bestimmungen über die Behandlung kriegsgefangener Offiziere jede Arbeit außerhalb des Lagers für nicht zulässig ansehe. Außerdem bin ich eben als »Dreier« von schwerer Arbeit ohnehin befreit. Daraufhin werde ich in der Lagerambulanz der russischen Ärztin vorgeführt. Hier im Klosterlager ist es wieder eine junge freundliche Ärztin – »Wuschelkopf« genannt – zusammen mit einer älteren jüdischen Lagerärztin. Nach einer kurzen Untersuchung ordnet diese junge Ärztin an, daß ich sofort in das Lagerlazarett einzuziehen hätte.

Die nächsten drei Wochen verbringe ich im Lazarett und bekomme eine Sonderverpflegung, damit sich mein allgemein schlechter körperlicher Zustand wieder etwas verbessert. Das ändert allerdings auch weiterhin nichts an meiner Zuordnung zur Kategorie »Drei«.
Nach meiner Rückkehr in den Block I, wo ich nun in eine andere Stube eingewiesen werde, erfolgt kein weiterer Versuch mehr, mich für ein Arbeitskommando einzuteilen.
Das Leben in diesem Lager verläuft in den folgenden Wochen in einer, den Umständen entsprechenden, durchaus erträglichen Atmosphäre. Dazu trägt wesentlich bei, daß wir hier sozusagen »unter uns« sind. Die Aktivisten des Bundes Deutscher Offiziere spüren deutlich, daß sie hier zur Zeit keine Erfolge bei ihrer Propagandaarbeit erzielen können.
Zwar treten auf einer Lagerversammlung führende Mitglieder des Bundes Deutscher Offiziere unter Leitung des General Schlömer – in Stalingrad Kommandeur der 3. Infanterie-Division (mot.) – auf, wobei Vorträge über die Kriegslage, die Rolle des Großkapitals im Dritten Reich und Greueltaten der Nazis, die uns bisher unbekannt gewesen sind, gehalten werden. Aber abgesehen davon, daß viele der dabei aufgestellten Behauptungen Widersprüche und Zweifel hervorrufen, bleiben auch diese Werbungsversuche weitgehend erfolglos. Nicht wenige berührt es jedoch, wie jetzt ehemalige Kameraden und Vorgesetzte aufgrund ihres Gesinnungswechsels deutlich abgelehnt und gemieden werden.

Holzkommando im Hof des Klosterlagers.

Eine Zugmannschaft – »Stalinpferde« – auf dem Weg ins Lager.

Dies zeigte sich bereits beim ersten Auftritt einer derartigen Delegation im Kamalager. Sie wurde vom General Lattmann angeführt – Kommandeur der 14. Panzer-Division in Stalingrad. Zu ihr gehört der Vizepräsident des Nationalkomitees, Leutnant Graf Einsiedel, der als »Bubi« ohnehin nicht sonderlich ernstgenommen wird. Nach seinem arroganten – in weißen Pelz gehüllt – Auftreten zog er sich nur weitere Ablehnung und Verachtung zu, zumal, wenn er wohlgenährt und aufreizend durch das Lager stolzierte, in dem Hunger und Kälte – für die Gegner des BDO Schikanen, Bespitzelungen und Diffamierungen – den Gefangenenalltag bestimmen. Lattmann war von früher als überzeugter Nationalsozialist bekannt. Jetzt konnte man bei seiner Rede den Eindruck gewinnen, als sähe er sich bereits in der Rolle des künftigen Außenministers in einem neuen Deutschland, in dem nach Meinung dieser Abgesandten aus Moskau, allen voran Graf Einsiedel, für die als Faschisten verteufelten Gegner des NKFD und BDO kein Platz mehr sein wird. Auf entsprechende Fragen muß Lattmann zugestehen, daß die Führung des BDO in Lunjowo bei Moskau über die Lage in Deutschland nur aus russischen Quellen unterrichtet wird. So steht zum Beispiel auch kein Radioapparat zur Verfügung, mit dem sie Sendungen nach ihrer Wahl empfangen dürfen.

Immerhin sind die Mitglieder des Bundes Deutscher Offiziere, insbesondere deren Aktivisten, schon so weit, daß sie bei Erfolgen der Roten Armee nur noch von »unseren Siegen (!)« sprechen.

Derartige Delegationen von Vorstandsmitgliedern des Bundes Deutscher Offiziere gehören zur Propagandaarbeit in den Offizierlagern, wobei man dem Auftreten von Generalen natürlich besondere Bedeutung für die Mitgliederwerbung zumißt.

Aus der Zeitung »Freies Deutschland« erfahren wir auch von Versuchen, mit sogenannten Frontkommandos des Nationalkomitees und Abordnungen des Bundes Deutscher Offiziere an der Front zum Einstellen des Kampfes und zum Überlaufen aufzufordern.

Die Fragwürdigkeit der Berichterstattung über die dabei erzielten Erfolge zeigt sich Anfang 1944 beim Kessel von Tscherkassy – auch als Kessel von Korsun bezeichnet –, wo zwei deutsche Armeekorps eingeschlossen werden. Eine Gruppe des Bundes Deutscher Offiziere mit General von Seydlitz und Oberst Steidle versuchte hier, die eingeschlossenen Kommandeure zur Einstellung des Kampfes und zur Kapitulation zu bewegen. Da dies offensichtlich nicht gelingt, wird von der restlosen »Liquidierung« des Kessels berichtet. Jedoch lassen die Angaben im einzelnen große Zweifel daran aufkommen und vermuten, daß dem größten Teil der eingeschlossenen Verbände auch mit Hilfe eines Ersatzunternehmens von außen der Ausbruch aus dem Kessel gelungen ist. Diese Vermutung wird später von Neugefangenen tatsächlich bestätigt.

Abgesehen von derartigen unzuverlässigen oder verfälschten Darstellungen des Nationalkomitees über die Lage an der Front, finden wir dadurch unsere Auffassung bekräftigt, daß es uns als Kriegsgefangenen in sowjetischer Hand nicht möglich ist, auf Vorgänge in Deutschland und an der Front einen Einfluß auszuüben.

Jelabuga 1943–1946
Kamalager

Klosterlager
(2. von links:
der russische
Lagerkommandant
Gardemajor
Kudriatschow).

Vor der »Deutsch-
landhalle«.
Meldung durch
den deutschen
Lagerältesten
Oberstleutnant
Wölfel.

Darüberhinaus bewegt uns natürlich dabei auch die Frage, ob die Aufforderung zum Einstellen des Kampfes und zum Übertritt auf die Seite der Russen nicht den Tatbestand des Landesverrats erfüllt, selbst wenn wir den Ausgang des Krieges kaum noch optimistisch beurteilen können. Dies ist nicht mit Tauroggen zu vergleichen, wie es das Nationalkomitee propagiert. Das Recht und die Pflicht zur Einstellung des Kampfes in aussichtsloser Lage kann eben nicht von Kriegsgefangenen hinter Stacheldraht beurteilt und entschieden werden.
So versuchen wir immer wieder, in oft stundenlangen Gesprächen mit diesen vorher nie für möglich gehaltenen und uns daher alle auch unvorbereitet treffenden Verhältnissen fertig zu werden. Vor allem ist im Lagerleben die Bildung zahlreicher kleiner Gemeinschaften eine hilfreiche und wohltuende Bereicherung. Sie begründen sich zum Teil aus der gemeinsamen Zugehörigkeit zu einer Division oder einem anderen Verband, zu einer Landsmannschaft oder aufgrund gemeinsamer Interessen an einer Arbeitsgemeinschaft.
Dabei berühren mich aber auch besonders die Diskussionen mit den Militärpfarrern beider Konfessionen und gemeinsame Gottesdienste, die die Solidarität der Christen über alles Trennende hinweg deutlich werden lassen. Die dadurch bewußt werdenden Erkenntnisse ergeben sich eben doch wohl eher unter derartig außergewöhnlichen Lebensverhältnissen — wie es schon im Kampf an der Front zu spüren war — als unter »normalen Bedingungen«.
Geburtstage werden nicht nur für den Betroffenen zu einem besonderen Ereignis, sondern lassen auch das Zusammengehörigkeitsgefühl Gleichgesinnter in den einzelnen Stuben und Gruppen hervortreten. Mit kleinen, hier aber sehr wertvollen Geschenken, angefangen von einem Brotkanten, etwas Zucker oder Butter oder auch Tabak bis hin zu selbst gebastelten oder geschnitzten Geschenken, wie zum Beispiel eine Tabakpfeife, ja sogar Schachspiele werden geschnitzt, wird das Geburtstagskind überrascht.
Bezeichnenderweise tritt dabei die Kluft zwischen den Lagerangehörigen aufgrund der unterschiedlichen Einstellung gegenüber dem Nationalkomitee und dem Bund Deutscher Offiziere deutlich in Erscheinung. Frühere Verbindungen persönlicher Art lassen daher oftmals keine Gemeinsamkeiten mehr zu.
Für eine Abwechslung anderer Art sorgt für einige Zeit ein Trompeter mit seinem Morgen- und Abend-»Signal«, weil er sich immer wieder überraschende Melodien einfallen läßt.
Eine Betätigung besonderer Art: die Wanzenbekämpfung. In den Rissen und Spalten der hölzernen Pritschen haben sich diese kleinen platten Tierchen eingenistet und bevorzugen Dunkelheit und Wärme, um sich durch Einstiche an den unbedeckten Körperstellen eines schlafenden Plennys ihre blutige Nahrung zu holen. Alle Gegenmaßnahmen, selbst eine Radikalkur, bei der mit Petroleum und Ausbrennen dieser Plage ein Ende bereitet werden soll, führen nur zu vorübergehenden Teilerfolgen. Ich selbst bin anscheinend ein weniger geeignetes Opfer dieser Mitbewohner, während meine Pritschennachbarn eine viel größere Anziehungskraft ausüben

und daher mit allen möglichen Mitteln ihre freien Hautstellen nachts zu bedecken versuchen.
Als Waschmöglichkeit sind im Freien die Waschanlagen nach russischer Version aufgestellt. Sie bestehen aus in Augenhöhe angebrachten, dachrinnenartigen Gebilden, an deren Unterseite sich durch metallene Stifte verschlossene Löcher befinden. Durch das Anheben dieser Stifte fließt dann etwas Wasser heraus. Dahinter befindet sich der Toilettenbau, eine Art »Donnerbalken«, dessen oft nächtlicher Besuch mit einem entsprechenden An- und Abmarsch verbunden ist.
Anfang Juni wird dann mit erheblichem propagandistischen Aufwand die Landung der alliierten Truppen an der Kanalküste — die wohl erwartete Invasion — bekanntgegeben. Diese von den Russen und vom Lager-Aktiv deutscher »Antifaschisten« begeistert begrüßte »Zweite Front« ist für sie der Beweis des baldigen siegreichen Endes des Krieges gegen das »faschistische« Deutschland.
Merkwürdigerweise nimmt in dieser Zeit die Zahl der Gerüchte über angebliche deutsche Erfolge auffallend zu, wobei sicher die einseitige Unterrichtung über alle Vorgänge in Deutschland ohnehin einen guten Nährboden für Gerüchte abgibt. So wird vom Einsatz neuer Waffen, Abwehrerfolgen an der Invasionsfront und siegreichen Kämpfen in Italien berichtet, beziehungsweise geflüstert.
Als Beweis für die Vermutung, daß wir bewußt über die tatsächliche Lage im unklaren gelassen oder falsch unterrichtet werden, wird von finnischen Offizieren aus der Zeit ihrer Gefangenschaft während des russisch-finnischen Krieges 1939/40 berichtet. Angeblich sind sie damals — völlig ahnungslos über den Kriegsverlauf — eines Tages abtransportiert und plötzlich entlassen worden, ohne vorher von der Beendigung des Krieges etwas gewußt zu haben. Ähnliches wird von deutschen Offizieren in französischer Gefangenschaft im Frankreichfeldzug 1940 erzählt. Kurz vor deren Befreiung durch deutsche Truppen in Südfrankreich sei ihnen noch gesagt worden, daß die französische Armee bei ihrem erfolgreichen Angriff bereits den Rhein überschritten habe.
Trotz der vorübergehenden Verwirrung und Skepsis, die derartige Gerüchte verständlicherweise zunächst hervorrufen und selbst Mitglieder des Bundes Deutscher Offiziere unsicher werden lassen, kommen doch die wenigsten in Gefahr, allein schon nach eigenen Erlebnissen und Erfahrungen in und nach Stalingrad, Spekulationen und Wunschträumen zu erliegen.
Das gilt auch für die anfangs aufkommenden Zweifel bei der Nachricht vom Attentat auf Hitler am 20. Juli 1944, das erstaunlicherweise keineswegs als besonders sensationell verkündet wird. Zusammenhänge und Einzelheiten bleiben deshalb unbekannt. Doch unzweifelhaft deutet es aber auf eine sehr kritische Lage in Deutschland hin. Deshalb ist es so verwunderlich, daß gerade vom Nationalkomitee dieses Attentat nicht als Erfolg propagandistisch verwertet wird. Aber danach handelt es sich offensichtlich um eine Aktion, die eben nicht im Zusammenwirken und in Abstimmung zwischen den Kräften des Widerstandes in Deutschland einerseits und den kommunistischen Emigranten mit dem Nationalkomitee Freies

Jelabuga 1990
Klosterlager

Block I, rechts davon ehemaliges Gebäude der Lagerleitung; im Vordergrund Platz der nicht mehr existierenden »Deutschlandhalle«, rechts ehemaliges Lagertor.

Ehemaliger Block II und Platz der »Deutschlandhalle«.

Lagerlazarett (Aufenthalt im Sommer 1944).

Deutschland sowie den führenden Mitgliedern des Bundes Deutscher Offiziere andererseits gestanden hat. Dies ist wohl auch der Grund dafür, daß man über dieses Ereignis hinweggeht, ohne dann über seine Folgen weiterhin zu berichten.
Für mich bleibt dabei unverständlich, warum für den Fall einer tatsächlich ausweglos gewordenen Lage nicht die führenden Generale im Oberkommando der Wehrmacht und die höchsten Befehlshaber des Heeres, die dies am ehesten und besten beurteilen können, sich nicht geschlossen gegen die Fortführung des Krieges wenden, wie es Hindenburg und Ludendorff im Ersten Weltkrieg getan haben.
Wenn man aber der Auffassung ist, Hitler durch ein Attentat beseitigen zu müssen, ist mir aufgrund meiner eigenen Erlebnisse bei Begegnungen mit Hitler unerklärlich, daß dies nicht mit Erfolg möglich sein sollte.
Von den zahlreichen Gerüchten bewahrheitet sich dann jedoch eines, das die bevorstehende Ankunft von Neugefangenen betrifft. Die »Deutschlandhalle« im Innenhof des Klosterlagers wird durch einen besonderen Zaun vom übrigen Lager als Quarantänezone abgetrennt und mit den Neuankömmlingen belegt. Sie waren beim Zusammenbruch der Heeresgruppe Mitte in Gefangenschaft geraten.
Für uns ist dies natürlich ein ganz besonders wichtiges Ereignis. Denn auf diese Weise hoffen wir, zum ersten Mal seit Stalingrad wieder etwas von den Vorgängen an der Front und in der Heimat erfahren zu können. Doch die mit gesundheitlicher Vorsorge begründete Quarantäne soll die Verbindung mit den »Neugefangenen« möglichst verhindern. Diese direkte Kontaktaufnahme durch »Altgefangene« kann nicht im Interesse der Funktionäre des Bundes Deutscher Offiziere liegen. Vor allem sollen die »Neugefangenen« nicht ausgerechnet von uns »Faschisten« über die Arbeit des Nationalkomitees und alle damit zusammenhängenden Vorgänge in der Gefangenschaft aufgeklärt werden.
Trotzdem gelingt es, ab und an mit »Neugefangenen« zu sprechen, auch wenn dies meist immer wieder schnell unterbunden wird. Dabei erfahren wir erst einmal, daß die »Neugefangenen« vor ihrem Transport nach Jelabuga einen unter entwürdigenden Verhältnissen inszenierten Marsch durch Moskau mitmachen mußten. Die Tage davor wurden sie im Freien ohne Waschmöglichkeiten gelassen, um in möglichst schmutzigem und verwahrlostem Zustand durch Moskau getrieben werden zu können. Dies erinnert an die Art und Weise, wie früher die Römer ihre Gefangenen im Siegeszug durch Rom geführt hatten.
Wenn auch die Berichte aus Deutschland unterschiedlich sind, so sind sie nicht immer so negativ, wie wir es eigentlich nach den vom Nationalkomitee und deren Funktionären verbreiteten Darstellungen erwarten müßten. Zweifellos hat sich die Lage an den einzelnen Fronten wohl nur noch verschlechtert und durch die Bombenangriffe auf die deutschen Städte wird die Heimat zusätzlich erheblich belastet. Aber es scheint bei vielen dieser »Neugefangenen« die Hoffnung, ja sogar die Überzeugung in bezug auf einen günstigen Ausgang des Krieges immer noch vorhanden zu sein. Sie machen im allgemeinen keineswegs einen demoralisierten Eindruck. Sicher wird aber auch einigen günstiger klingenden Nachrichten eine größere,

kaum gerechtfertigte Bedeutung zugemessen, um trotz allem den noch vorhandenen eigenen Optimismus zu bestärken.
Ich freue mich besonders, als ich bei einem Gespräch durch die Absperrung auf einen Leutnant stoße, der aus meiner Heimat im Riesengebirge stammt und mir so erstmalig wieder von den dortigen Verhältnissen etwas erzählen kann. Im Gegensatz zu anderen Gebieten in der Heimat ist Schlesien danach bis jetzt von unmittelbaren Kriegseinwirkungen verschont geblieben. Als ich nach weiteren Einzelheiten über die Kriegslage frage – auch gerade wegen der bei uns kursierenden Gerüchte –, sagt er mir, bei dem Durcheinander in den Tagen des Zusammenbruchs der Front im Mittelabschnitt kurz vor der Gefangennahme im Radio gehört zu haben, daß Churchill in England nach dem Einsatz der V-Waffen um eine 24stündige Waffenruhe gebeten habe, an der Invasionsfront sich kein alliierter Soldat mehr auf dem Festland befände und in Italien die Division »Hitlerjugend« Rom wiedergenommen hätte.
Derartige Nachrichten tragen natürlich noch mehr zur Verwirrung bei und beflügeln diejenigen, die ihre Skepsis gegenüber den Meldungen der Russen und des Lager-Aktivs darin bestätigt zu finden glauben. Immerhin versichert mir der junge Leutnant auf ausdrückliche Nachfrage, diese Nachrichten persönlich im Radio unmittelbar vor seiner Gefangennahme gehört zu haben. Ob und unter welchen Umständen diese sich dann doch als falsch herausstellenden Meldungen bekanntgegeben worden sind, hat sich nie aufklären lassen.
Bald darauf werden wir aus dem Klosterlager wieder hinüber in das Kamalager verlegt. Bei den »Neugefangenen« im Klosterlager bleiben nur die Aktivisten und Mitglieder des Bundes Deutscher Offiziere zurück. Zweck dieser Maßnahmen ist es offensichtlich, daß die nun bei den »Neugefangenen« einsetzende Propaganda und Werbung für das Nationalkomitee beziehungsweise den Bund Deutscher Offiziere nicht durch uns gestört oder durchkreuzt werden soll. Mit welchen Mitteln dabei gearbeitet wird, läßt sich auch daran erkennen, was diesen »Neugefangenen« über die Verhältnisse im Lager Jelabuga erzählt wird. So gehören angeblich alle Offiziere dem Bund Deutscher Offiziere (BDO) an. Lediglich einige wenige – typisch verbohrte, unverbesserliche – Nazis und noch »so ein paar Stalingrader« wären nicht dabei. Für die Stalingrader wird sozusagen als Entschuldigung angegeben, daß sie als Folge von Fleckfieber und anderen Krankheiten nicht nur körperlich, sondern auch geistig nicht mehr im Vollbesitz ihrer Kräfte wären und daher eigentlich nur bemitleidet werden könnten! Auch dies gehört zu den Methoden der politischen Propaganda in der Kriegsgefangenschaft.
Auftrieb erhält die Propaganda des Nationalkomitees nach der Invasion in Frankreich und den Rückschlägen an der Ostfront im Mittelabschnitt und in Rumänien einmal dadurch, daß Anfang August der Oberbefehlshaber der 6. Armee, Generalfeldmarschall Paulus, nun doch dem Bund Deutscher Offiziere beitritt, ohne allerdings dort eine führende Position einzunehmen; außerdem durch eine Proklamation an »Volk und Wehrmacht« von fünfzig deutschen Generalen, die sich darin mit der

aussichtslosen Lage und verbrecherischen Kriegführung Hitlers befassen und die sofortige Beendigung des Krieges fordern. Elf von ihnen, zumeist führende Generale aus dem Bund Deutscher Offiziere und dem Nationalkomitee, waren bei der 6. Armee in Stalingrad, während die anderen Generale den Heeresgruppen Mitte und Süd angehörten und erst kürzlich in Gefangenschaft geraten sind. Einige von diesen Neugefangenen, wie Vincenz Müller, Edmund Hoffmeister und Rudolf Bamler, treten dann auch als eifrige Propagandisten des Nationalkomitees Freies Deutschland mit Artikeln in dessen Zeitung auf.

Bei den Aktionen dieser Generale kann ich, wie viele andere in Gefangenschaft, nach wie vor nicht verstehen, wieso diese führenden Befehlshaber und Kommandeure bis zu ihrer Gefangennahme doch offensichtlich bereitwillig »dem Führer gefolgt sind«, sich haben von ihm dafür auch befördern und auszeichnen lassen, während sie kurz nach der Gefangennahme nun auf einmal Hitler als Verbrecher und Schuldigen an dem aussichtslos gewordenen Krieg anprangern und seine Beseitigung jetzt von denen fordern, die noch in Freiheit sind. Von keinem dieser Generale ist bekannt, daß sie vor ihrer Gefangennahme dazu bereit gewesen sind, an einer, wie sie es in ihrem Aufruf ausdrücken, »rettenden Tat gegen Hitler« mitzuwirken.

Ein Beispiel für einen derartigen, in vieler Hinsicht fragwürdigen Sinneswandel liefert bei uns im Kamalager ein Major Cranz, der als Ritterkreuzträger in Rumänien in Gefangenschaft gekommen ist. Von ihm wird bekannt, daß er bei Goebbels im Propagandaministerium und anschließend beim Reichsprotektor in Böhmen-Mähren tätig gewesen ist. Er steigt recht bald als Leiter des sogenannten Kultur-Aktivs in die Lagerhierarchie auf und wird zu einem ausgesprochenen Scharfmacher bei seinen Auftritten in Lagerversammlungen. Bald schreckt er nicht davor zurück, uns Stalingradern, die wir den Bund Deutscher Offiziere und alles, was damit zusammenhängt, ablehnen, die spätere Heimkehr nach Deutschland als unwahrscheinlich, wenn nicht überhaupt als unmöglich zu verkünden, zumal wir nach seiner Ansicht ohnehin das von uns zerstörte Stalingrad wieder aufbauen müßten.

Mit derartigen Drohungen, die sich dann noch besonders gegen die »starrköpfigen und unbelehrbaren Faschisten« im Isoliertenblock VI richten, sollen natürlich immer noch Abseitsstehende zum Beitritt in den Bund Deutscher Offziere veranlaßt werden.

Der Block VI ist mit seinen Insassen wiederholt zusätzlichen Schikanen ausgesetzt. So werden zum Beispiel von der deutschen Lagerbrigade, die für Arbeiten im Lager eingesetzt wird und, wegen der an sie verteilten Sonderverpflegung, natürlich nur aus Mitgliedern des Bundes Deutscher Offiziere besteht, an den Fenstern des Block VI Holz-Lichtblenden angebracht, wie sie an russischen Gefängniszellen zu finden sind. Doch die Geschlossenheit des Block VI läßt, oft mit einem Hungerstreik, derartige Maßnahmen des inzwischen zum Gardeoberstleutnant beförderten Kommandanten, zweifellos auch auf Veranlassung der deutschen Lagerleitung, immer wieder scheitern. Dies gilt auch für eine besonders spektakuläre Aktion im Dezember

1944, bei der die Belegschaft des Block VI in eine unmittelbar an das Lager grenzende, nicht beheizbare Kirche, die sonst nur als Magazin verwendet wird, verlegt wird. Begründet wird dieser Umzug damit, daß die Insassen des Block VI zum Heizen ihrer Unterkünfte Holz aus dem Dachgestühl des Gebäudes abgebaut hatten. Dieser Selbsthilfe war die Weigerung der Lagerleitung vorangegangen, dem Block VI weiterhin Heizmaterial zu liefern, da deren Bewohner den Arbeitseinsatz als Holzkommando nach wie vor ablehnten. Aber auch dieser »Kirchgang von Jelabuga« scheitert bald an dem mit einem Hungerstreik unterstrichenen Widerstand des Block VI, der kurz darauf wieder sein altes Gebäude beziehen kann.

Diesen Winter 1944/45 verbringe ich zunächst nach meiner Übersiedlung aus dem Klosterlager im Block I, dem größten Gebäude des Kamalagers, in dem ich bereits anfangs einmal nach der Ankunft in Jelabuga untergebracht gewesen war. In einer größeren, nur mit Hauptleuten belegten Stube befinden sich außer dem Stubenältesten und einem sogenannten »Stubenpolitruk« keine Mitglieder des Bundes Deutscher Offiziere, da diese weitgehend geschlossen untergebracht sind. Daß unsere beiden Stubenfunktionäre auch als Spitzel anzusehen sind, ist uns durchaus bewußt.

Dort werde ich eines Tages überraschenderweise mit mehreren anderen jüngeren Offizieren zu einer Untersuchung, oder wie es im Plenny-Jargon heißt, Kommissionierung, beordert. Diese wird aber nicht, wie sonst bei den regelmäßigen Kommissionierungen, von russischem Personal, sondern von einem deutschen Arzt durchgeführt. Als wir dann bei der Versammlung zu dieser Untersuchung feststellen, daß nur Nichtmitglieder des Bundes Deutscher Offiziere an ihr teilzunehmen haben, werden wir erst recht mißtrauisch, zumal gerüchteweise davon gesprochen wird, daß es sich um die Vorbereitung eines Arbeitseinsatzes in dem bereits berüchtigten Waldlager in der Nähe von Jelabuga handeln soll. Von den meist körperlich erheblich geschwächten Rückkehrern ist von den miserablen Verhältnissen in diesem Waldarbeitslager berichtet worden.

Kurze Zeit nach dieser Untersuchung, bei der ich den Arzt, es ist der Stabsarzt Schuster, gleich darauf hinweise, daß ich einen Arbeitseinsatz im Waldlager ablehne, werde ich vom Stubenältesten, Rittmeister Egler, aufgefordert, zu einer Einkleidung zu gehen. Als er meiner Vermutung, daß es sich dabei um die Vorbereitung einer Verlegung handelt, nur mühsam zu widersprechen versucht, erkläre ich ihm, daß es dafür doch keiner besonderen Einkleidung bedarf. Daher ist doch anzunehmen, hier soll der Transport in das Waldlager zum Arbeitseinsatz vorbereitet werden. Egler verweist mich daraufhin an den Flurältesten, den Rittmeister Eichhorn. Der will sich natürlich auch nicht mit meinen Einwänden befassen und schickt mich zu dem die Einkleidung leitenden russischen Tagesoffizier. So lande ich schließlich bei dem Russen, der mich in aller Ruhe anhört und, ohne weiter auf dieser ominösen Einkleidung zu bestehen, meint, dann könne ich ja wieder gehen. Am Abend erscheint dann auf unserer Stube ein russischer Posten mit einem Stück Packpapier, Tinte und einem Federhalter. Nachdem er klar gemacht hat, daß er den

Kapitan Zank, Gorst, Willy sucht, übergibt er mir die Schreibutensilien mit der Erläuterung, daß ich meine Gründe für meine Ablehnung, wie ich sie vorher dem Tagesoffizier gesagt habe, schriftlich niederlegen soll. Nachdem ich dies erledigt habe, zieht der Posten mit dem »Dokument« befriedigt ab.
Gespannt warte ich ab, ob und was daraufhin noch folgen wird, denn ich rechne doch damit, daß damit die Angelegenheit noch nicht erledigt ist. So bin ich auch nicht mehr überrascht, als mich zwei Tage später ein Posten abholt und aus dem Lager in die nahegelegene Kommandantur führt.
Dort werde ich bereits in einem Raum von einem Tribunal erwartet. Es besteht einmal aus dem russischen Lagerkommandanten, Gardeoberstleutnant Kudriatschow, dem NKWD-Kommissar Krawietz sowie einem mir nicht bekannten Russen und dem Lagerdolmetscher. Außerdem sind noch der deutsche Lagerälteste, Major Mangold, und der Stabsarzt Schuster anwesend. Mangold, der ja immerhin Angehöriger meiner Division in Stalingrad gewesen ist, übersehe ich ostentativ.
Er vermeidet es auch geflissentlich, sich in die folgende Verhandlung einzuschalten. Diese beginnt erst einmal mit rein formellen Feststellungen zu meiner Person, um mir anscheinend gleich das Gefühl zu geben, daß ich mich vor diesem Tribunal als Angeklagter befinde.
Danach werde ich vom Kommandanten Kudriatschow — zunächst noch einigermaßen ruhig — gefragt, warum ich die Verlegung in ein anderes Lager sabotiere. Als »Woina Plenny« — Kriegsgefangener — hätte ich derartigen Befehlen Folge zu leisten. Es handele sich dabei schließlich um eine durchaus übliche Maßnahme, die ich ja bereits mehrfach mitgemacht hätte.
Ich antworte ihm, daß ich mich keineswegs gegen eine Verlegung in ein anderes Offizierslager, wie zum Beispiel Susdal oder Oranki, wehren würde. Aber bei der jetzt vorgesehenen Verlegung handele es sich eben nicht um einen derartigen Lagerwechsel. Dieser Transport gehe nur zum Arbeitseinsatz in das Waldlager, wie es die sonst nicht übliche, zusätzliche Ausstattung mit einer Winterbekleidung beweist. Nach wie vor wäre ich bereit, innerhalb unseres Lagers jede Arbeit zur Aufrechterhaltung von Sauberkeit und Ordnung zu verrichten. Jedoch lehne ich aufgrund der Bestimmungen über die Behandlung kriegsgefangener Offiziere Arbeiten außerhalb des Lagers ab. Dabei berufe ich mich auf den russischen Lagerkommandanten im Lager Wolsk, der mir selbst die Bestimmungen der Regierung der UdSSR bekanntgegeben hat, wonach kriegsgefangene Offiziere nur freiwillig arbeiten dürfen!
Kudriatschow erklärt daraufhin, im Waldlager gäbe es genug Arbeiten innerhalb des Lagers, zu denen ich dort eingeteilt werden würde.
Auf die von mir erwähnten Bestimmungen über die Behandlung kriegsgefangener Offiziere geht er überhaupt nicht ein. Immerhin erhalte ich auf diese Weise eine Bestätigung dafür, daß es sich um eine Verlegung in das Waldlager handelt.
Ohne zu dieser Bestätigung noch etwas zu sagen, beschränke ich mich auf die Feststellung, daß für die Arbeiten innerhalb des Lagers, zum Beispiel Küche und Brot-

schneiderei hier im Kama-Lager, nur »Antifaschisten«, das heißt Mitglieder des Bundes Deutscher Offiziere infrage kämen, wie es der anwesende deutsche Lagerälteste, Herr Mangold, bestätigen könnte. Daher scheide diese Möglichkeit für mich aus, denn ich sei kein Mitglied, und daran werde sich auch nichts ändern.
Daraufhin wendet sich Kudriatschow – inzwischen bereits sichtlich erregt – an den deutschen Stabsarzt Schuster und fragt ihn, ob ich gesund wäre und arbeiten könne. Der bejaht dies nicht nur sofort, sondern weist noch darauf hin, daß ich wegen meiner Teilamputationen an den Füßen, die von Erfrierungen aus den ersten Tagen der Gefangenschaft stammen, zusätzlich Filzstiefel bekommen würde.
Der »Gardebulle« steht danach abrupt auf und schreit mich an, wenn ich mich weiterhin weigern würde, käme ich zunächst für neun Tage bei Wasser und Brot in den Karzer und würde dann anschließend in das Waldlager gebracht werden.
Als ich auf seine Frage, ob ich mich nun freiwillig einkleiden und in das andere Lager bringen lassen würde – nach einer kurzen Pause – mit einem ruhigen, kurzen »Nein« antworte, brüllt er mich mit hochrotem Kopf an: »Du, Kapitan, Faschist – Dawai Karzer!«
Von dem vor der Tür postierten Wachsoldaten werde ich in Empfang genommen und zurück ins Lager geführt. Auf dem Wachlokal am Lagereingang gibt es einen kurzen Aufenthalt, als der Posten dem Tageskommandanten meldet, daß ich sofort in den Karzer kommen soll. Doch zunächst bringt man mich noch einmal kurz auf meine Stube im Block I, um meinen Mantel holen zu können. Bei der Gelegenheit esse ich schnell das Stück Brot, das ich für den Abend zurückgelegt hatte. Anschließend werde ich wieder zur Lagerwache und vom Tagesoffizier in den Karzer gebracht.
Dieser Karzer besteht aus einem schmalen rechteckigen Raum, in dem sich lediglich ein gemauerter Ofen befindet, der aber nicht in Betrieb ist. Daher entspricht die Temperatur in diesem Raum der Außentemperatur von 20 bis 30 Grad Kälte in dieser Zeit. Dementsprechend sind auch die Wände völlig vereist. An der Querseite befindet sich ein kleines vergittertes Fenster, die Tür führt unmittelbar ins Freie.
Bevor der Tageskommandant, es ist der Feldwebel Schuk, hinter mir die Tür abschließt, weise ich ihn darauf hin, daß ich von jetzt ab so lange in den Hungerstreik trete, bis ich wieder aus dem Karzer heraus bin.
Nach dem Einbruch der Dunkelheit – eine Beleuchtungsmöglichkeit ist natürlich auch nicht vorhanden – wird noch ein gut genährter, kräftiger italienischer Soldat »eingeliefert«. Er gehört zu den Mannschaften im Kama-Lager, die ständig zu verschiedenen Arbeiten in der Stadt eingesetzt sind, anstatt ihrer eigentlichen Aufgabe entsprechend im Lager selbst verwendet zu werden. Mit diesen Arbeitskommandos betreibt der russische Lagerkommandant in Jelabuga einträgliche private Geschäfte. Da dieser italienische Soldat kaum deutsch spricht, ist die Verständigung nicht ganz einfach. So weit ich ihn verstehe, soll er über Nacht hier im Karzer bleiben, weil er am Lagertor beim Schmuggeln von Schnaps erwischt worden ist.

Als später ein Posten mit einem Kochgeschirr das Abendessen für mich bringt – mit Wasser und Brot scheint es nichts zu sein –, schicke ich ihn mit dem Hinweis und dem Kochgeschirr wieder zurück, daß ich hier in dem Karzer keine Verpflegung annehme.
Die ganze Nacht verbringen nun wir beide damit, uns durch ständige Bewegung in der kleinen Zelle wachzuhalten. Denn bei der bitteren Kälte ist es nicht möglich und auch viel zu gefährlich, sich auf den eiskalten Boden zu setzen oder gar hinzulegen.
Nach dem Hellwerden am nächsten Morgen versuchen wir durch Rufen und Klopfen, wobei der Italiener sich immer wieder mit voller Wucht gegen die Holztür wirft, einen Wachposten von der nicht weit entfernten Lagerwache herbeizuholen. Natürlich sind wir völlig durchfroren. Besonders schmerzen mich meine Füße recht stark. Trotz des ständigen Warmreibens habe ich das Gefühl, sie wieder angefroren zu haben. Als schließlich ein Posten erscheint, versuche ich ihm klar zu machen, daß ich sofort zu einem Arzt gebracht werden will. Der Posten verschwindet zusammen mit meinem nächtlichen Zellen-Leidens-Genossen, nachdem dieser schnell noch an die vereiste Wand groß das Wort »MUSSOLINI« gekritzelt hat.
Einige Zeit danach kommt der Tageskommandant, und mit dem üblichen »Dawai« bringt er mich tatsächlich hinüber in das Ambulatorium des Lagerlazaretts.
Dort werde ich aber nicht, wie ich es wollte, von einem russischen, sondern wieder von einem deutschen Arzt untersucht. Der fragt mich kurz nach meinen Beschwerden, sieht sich aber meine Füße nur flüchtig an und erklärt mir dann lediglich, daß ich mir das ja alles ersparen könnte, wenn ich mich nicht weigern würde, in das Waldlager zu gehen! Dann wendet er sich an den Tageskommandanten und sagt ihm, von seiner Seite aus könne ich wieder in den Karzer zurück. Im Hinausgehen beschränke ich mich diesem Arzt gegenüber auf die Bemerkung, daß er für mich kein Arzt, sondern ein Russenknecht ist.
Diese deutschen Sanitätsoffiziere, wie der Stabsarzt Dr. Schuster und der Oberarzt Dr. Baudler, sind unter russischer Aufsicht zur ärztlichen Betreuung eingesetzt. Natürlich mit der Voraussetzung, dem Bund Deutscher Offiziere anzugehören. Auch der ehemalige Leitende Chirurg der 6. Armee in Stalingrad, Oberstabsarzt Dr. Grohs, im Zivilleben Chefarzt am Katharinen-Hospital in Stuttgart, gehört dazu. Im Todeslager Dubowka, wo ich mit ihm wegen des Verhaltens deutscher Ärzte eine scharfe Auseinandersetzung hatte, war er noch als Leitender Arzt eingesetzt. Jetzt ist er in Ungnade gefallen und darf sich daher nur noch als Krankenpfleger betätigen; aber damit ist wenigstens die bessere Verpflegung gesichert.
Die negativen Erfahrungen, die ich mit deutschen Ärzten im Gegensatz zu den meisten russischen Ärztinnen und Ärzten in Gefangenschaft machen muß, sind wenig dazu geeignet, ihnen Vertrauen und Achtung entgegenzubringen. Eine der aber auch festzustellenden Ausnahmen ist der Oberarzt Dr. Ottmar Kohler, den ich bereits in Dubowka als hilfsbereiten und engagierten Arzt kennengelernt hatte.
Nachdem ich wieder in den Karzer gebracht worden bin, redet der Tageskommandant lange auf mich ein. Er scheint im Gegensatz zum Arzt doch nicht ganz unbe-

eindruckt von meinem Zustand zu sein. So weit ich ihn verstehen kann, soll jetzt der Ofen geheizt werden, und in der Nacht soll ich zum Schlafen einen Strohsack bekommen. Deshalb sollte ich doch auch wieder essen, denn es wäre für mich besser. Ich versuche, ihm wiederum klar zu machen, daß ich so lange nichts essen werde, wie ich hier in diesem Karzer bleiben muß; außerdem fordere ich, daß der russische Lagerarzt hierher kommen soll.

Tatsächlich wird einige Zeit später von einem Angehörigen der Küchenholz-Brigade unter Aufsicht eines Wachpostens der Ofen in Betrieb gesetzt. Doch das anfängliche Qualmen des Ofens hört nach deren Verschwinden nicht auf. Bald ist der ganze Karzer so voller Rauch, daß ich kaum noch Luft bekomme. Ich schlage also wieder Alarm und werde nun vom Tageskommandanten mit auf die Lagerwache genommen. Ohne eine weitere Erklärung zu diesem für mich natürlich angenehmen Aufenthalt im warmen Wachlokal bleibe ich dort etwa zwei Stunden sitzen. Die zwischenzeitlich vorgesetzte Mittagsmahlzeit lasse ich unberührt, auch wenn wiederum einer der Wachposten versucht, mich zum Essen zu überreden.

Als ich dann in den Karzer zurückkomme, wird mir dieses kurze Zwischenspiel verständlich. Inzwischen ist nämlich offensichtlich der Ofen repariert worden und strahlt jetzt ohne Qualm wenigstens etwas Wärme aus. Am Abend bringt dann ein Posten auch noch einen Strohsack und das Abendessen, das er diesmal auf dem Erdboden stehen läßt. Mit dem vorhandenen Holzvorrat halte ich den Ofen während der Nacht soweit in Betrieb, daß ich in seiner unmittelbaren Nähe in Abständen immer so lange für kurze Zeit zum Schlafen komme, bis ich dann wieder infolge der Kälte wach werde.

Am frühen Nachmittag des nächsten Tages öffnet sich die Tür, und es erscheint der russische Lagerarzt zusammen mit dem Tageskommandanten. Nachdem sich der Arzt in dem immer noch vereisten Karzer umgesehen hat, schickt er mich hinaus. Als ich dort stehenbleibe, weil ich nicht weiß, wie es nun weitergehen soll, kommt der Tageskommandant hinterher und sagt weiter nichts als nur: »Dawai — Stube«. So findet diese Strafaktion im Eis-Karzer von Jelabuga ohne weitere Erklärungen ein überraschendes, plötzliches Ende.

Ich beziehe wieder meinen Pritschenplatz auf meiner Stube im Block I und warte gespannt darauf, ob sich nun die Androhung des »Gardebullen« bewahrheiten wird, wonach ich nach dem Karzer dann doch in das Waldlager verlegt werde.

Zunächst bleibe ich aber noch einige Zeit unbehelligt, bis der Stubenälteste mit einem russischen Wachposten erscheint und mich auffordert, mit allen meinen Sachen mit diesem Posten mitzugehen.

Während ich meine Sachen zusammensammle, viel ist es ohnehin nicht, überlege ich, wie ich mich verhalten soll, wenn ich nun mit Gewalt in das Waldlager gebracht werde. Denn ich bin fest entschlossen, das Lager nicht freiwillig zu verlassen.

Doch zu meinem großen Erstaunen führt mich der Posten nicht zum Lagertor, sondern hinüber zu Block VI, und zwar zu dem inzwischen eingerichteten Teil dieses Isoliertenblocks, der als Block VIb oder auch Zone III bezeichnet wird.

Dieser Verlauf meines »Strafprozesses«, bei dem der Lagerkommandant Kudriatschow sein »Urteil« mit neun Tagen Karzer bei Wasser und Brot und dem anschließenden Transport zum Arbeitseinsatz im Waldlager nicht konsequent durchgesetzt hat, stellt sich nun offensichtlich als gescheiterter Einschüchterungsversuch heraus. Außerdem bestärkt er die Ansicht, daß von Moskau erlassene Bestimmungen die hier in Jelabuga erfolgenden Arbeitseinsätze kriegsgefangener Offiziere nicht zulassen. Das dürfte ebenso für die Art und Weise der Karzereinweisungen zutreffen. Aber »Moskau und der Zar sind weit!« heißt ein altes geflügeltes Wort in Rußland. Dieser Vorgang ist auch ein Beweis dafür, daß man sich als Plenny der Willkür der Machthaber im Lager durchaus auch erfolgreich widersetzen kann. Sicher muß man dabei bereit sein, zusätzlichen Belastungen ausgesetzt zu werden.
Die Verbannung in die Isolation des Block VI läßt sich von der Lagerleitung allein schon mit »faschistischer Gesinnung« aufgrund der Ablehnung des Nationalkomitees und des Bundes Deutscher Offiziere begründen. Die Arbeitsverweigerung muß dabei nicht einmal zum Anlaß genommen werden. Damit wollen die russische Lagerleitung und das deutsche antifaschistische Lager-Aktiv erreichen, daß sowohl Gegner dieser eindeutig kommunistischen Organisationen und ihrer Propaganda als auch dazu gehörende Arbeitsverweigerer ausgeschaltet werden, um den Erfolg ihrer politischen Arbeit bei den übrigen Lagerangehörigen nicht zu gefährden.
In der Zone III befinden sich ca. 80 Kriegsgefangene, überwiegend Leutnante, Oberleutnante und Hauptleute/Rittmeister. Außerdem gehören je ein ungarischer und rumänischer Stabsoffizier, einige Sanitätsoffiziere und Wehrmachtbeamte sowie zwei Pfarrer dazu. Vervollständigt wird diese Schicksalsgemeinschaft durch einen Unteroffizier und einen Gefreiten.
Untergebracht sind wir in zwei ineinanderübergehenden, ebenerdigen Kellergewölben, von denen keine Verbindung zu den anderen Teilen des Block VI besteht. Als Auslauf dient ein kleiner Innenhof. In der Zeit der Oktoberrevolution muß dort eine Hinrichtungsstätte gewesen sein, wie es an den zahlreichen Einschüssen in den Mauern zu erkennen ist. Aus der dort befindlichen Abortgrube soll kürzlich noch die Leiche eines Popen herausgeholt worden sein. Ein Hinweis dafür, daß hier Angehörige dieses ehemaligen Priesterseminars liquidiert worden sind.
In diesen Gewölben befinden sich die üblichen zweistöckigen Holzpritschen, auf denen allerdings die Strohsäcke fehlen. Es gehört zu den Schikanen in diesem »Strafblock«, daß wir auf blankem Holz liegen und schlafen müssen.
Die einzige vorhandene Tür führt direkt auf den kleinen Innenhof hinaus. Um nicht unnötig viel Kälte in die Unterkunft hineinlassen zu müssen, wird diese Tür erst dann geöffnet, wenn sich mehrere »Interessenten« versammelt haben, die auf den Hof hinaus wollen. Bei dem kalten Winter ist das ein bewährtes »Geleitzug-System«. Bezeichnenderweise ist auch keine Waschmöglichkeit vorhanden, dafür müssen wir uns mit dem Schnee im Freien behelfen. Eine ausreichende Reinigung ist erst dann möglich, wenn wir etwa alle zwei Wochen in das Badehaus des Lagers — »Banja« genannt — geführt werden. Dies findet aber nur am späten Abend bei

Lagerpflichtversammlung mit Reden von Funktionären des Nationalkomitees und des Bundes Deutscher Offiziere im Frühjahr 1945.

Blick auf die vor der »Deutschlandhalle« versammelten Lagerinsassen.

nisse, Schilderungen über die eigene Heimat oder Nacherzählungen von früher gelesenen Büchern.
Nach der zweiten Kriegsgefangenen-Weihnacht hinter Stacheldraht lassen Anfang des Jahres 1945 die Nachrichten über den Kriegsverlauf, soweit sie uns in der Isolation erreichen, keinen Zweifel mehr daran, daß bereits auf deutschem Boden gekämpft wird. In großer Sorge beschäftigt uns daher immer stärker die Frage, wann und wie dieser Krieg ein Ende finden und welches Schicksal unserer Heimat dann bevorstehen wird. Das, was uns von den Beschlüssen der Alliierten auf ihren Konferenzen in Teheran, Casablanca und Jalta bekannt geworden ist, läßt wenig Gutes erwarten. An eine Wende in diesem Krieg vermag nun angesichts der Fortschritte der Roten Armee und der offensichtlichen Überlegenheit der Amerikaner im Westen und in Italien auch der größte Optimist nicht mehr zu glauben. So wird das eigene Schicksal in der Gefangenschaft von der verhängnisvollen Entwicklung in Deutschland überschattet.
In dieser Zeit der bedrückenden Ungewißheit werden wir in den ersten Apriltagen mit der Auflösung des gesamtem Block VI überrascht. Ohne eine sowieso nicht zu erwartende Begründung für diese Maßnahme werden wir auf die beiden Lager in Jelabuga, das Kama- und Klosterlager, verteilt. Natürlich so, daß keine kleineren oder größeren Gruppen von uns gebildet werden können.
Wenn man bedenkt, daß der Anlaß für die Einrichtung dieser Isolation im Block VI darin bestanden hatte, diejenigen Offiziere ihres Einflusses auf die Mitgefangenen zu berauben, die die politische Arbeit und Propaganda des Nationalkomitees Freies Deutschland und des Bundes Deutscher Offiziere im Dienst der Sowjets und gemeinsam mit kommunistischen Emigranten ablehnen, so muß doch wohl aufgrund der plötzlichen Beendigung dieser Isolation bei den Russen daran kein Interesse mehr bestehen. Immerhin können sich die Russen — nicht zu Unrecht — vor der siegreichen Beendigung des Krieges sehen und benötigen jetzt dazu keine Unterstützung mehr der ihnen bisher behilflichen deutschen Kriegsgefangenen. Die Sonderbehandlung der Gegner des Nationalkomitees Freies Deutschland und des Bundes Deutscher Offiziere ist demnach überflüssig geworden. Diese Organisationen haben ohnehin keinen nennenswerten Erfolg bei ihrer Propaganda aufzuweisen, die doch insbesondere darauf ausgerichtet war, die deutsche Wehrmacht zur Einstellung des Kampfes und ihre Angehörigen zum Übertritt auf die sowjetrussische Seite zu bewegen.
Bei der Auflösung des Block VI ist sicher auch nicht unwesentlich, daß die Russen mit den Insassen dieses Isoliertenblocks mehr als einmal erhebliche Schwierigkeiten gehabt haben. Im Gegensatz zu den sonst im Lager für sie gewohnten Verhältnissen, wo sie von der deutschen Lagerleitung und dem Antifa-Aktiv tatkräftig unterstützt wurden, trafen sie in dieser von ihnen selbst geschaffenen Einrichtung auf eine Gemeinschaft, die sich mit allen zur Verfügung stehenden Mitteln, bis hin zum Hungerstreik, gegen alle Schikanen zu wehren versuchte. Wiederholt mußten die Russen deshalb »Strafmaßnahmen« zurücknehmen oder von ihnen Abstand neh-

men, weil sie sich gegen Protestaktionen des Block VI letzten Endes nicht durchsetzen konnten. Aus diesen Gründen ist es für die russische Lagerleitung wohl nicht einmal unangenehm, wenn dieser Zustand nun beendet wird und sie nicht mehr in Gefahr kommen kann, ihr Gesicht zu verlieren.
In diesem Zusammenhang ist es noch bemerkenswert, daß von einigen Russen die Haltung der offiziell von ihnen verdammten »Faschisten« im Block VI durchaus nicht immer negativ beurteilt wird und sie von deren Einstellung auch positiv beeindruckt werden. Bei einigen Gelegenheiten lassen sie nämlich erkennen, daß sie sich über den Wert vieler ihnen so servil ergebenen Antifa-Aktivisten im Nationalkomitee und im Bund Deutscher Offiziere durchaus im Klaren waren. Auch diese Sowjetrussen sehen in diesen oft viele »Kaschisten«, die sich aus recht fragwürdigen Gründen auf ihre Seite gestellt haben. Das geht so weit, daß dabei offen erklärt wird, eigentlich läge ihnen viel mehr an einer Zusammenarbeit mit den deutschen Offizieren, die ihre Gesinnung nicht für ein Stück Brot oder einen Teller Kascha verkaufen.
Doch das stand natürlich im Gegensatz zur offiziellen sowjetischen Propaganda und konnte deshalb an der Behandlung der Gegner des Nationalkomitees und des Bundes Deutscher Offiziere im Grunde nichts ändern.
Nach rund 16 Monaten endet in Jelabuga mit der Auflösung des Block VI eine Aktion gegen deutsche Kriegsgefangene, die wohl kaum eine Parallele in der Kriegsgefangenschaft des Zweiten Weltkrieges finden dürfte. Diese völkerrechtswidrige Behandlung, bei der politische Gründe eine maßgebliche Rolle spielen, wird nur noch in den Fällen übertroffen, wo Kriegsgefangene während des Krieges in Gefängnissen und Zuchthäusern jeder Willkür und übelsten Folterungen ausgesetzt sind, ohne in rechtmäßigen Prozessen verurteilt worden zu sein. Das wäre ohnehin mangels nachweisbarer Verbrechen nicht möglich gewesen. Zu dieser Zeit ahnen wir noch nicht, welches Ausmaß die in den kommenden Jahren nach Kriegsende inszenierten Kriegsverbrecherprozesse in der russischen Kriegsgefangenschaft annehmen sollten.
Mit der Aufteilung der Insassen des Block VI auf die beiden Lager in Jelabuga komme ich wieder, wie bereits vor einem Jahr, hinüber in das Klosterlager. Diesmal lande ich auf einer Stube im Block II. Wie das gesamte Klosterlager ist sie seit dem Sommer 1944 mit Gefangenen aus dem Mittelabschnitt belegt. Nach deren Ankunft gehörte ich zu denen, die das Klosterlager verlassen und in das Kamalager überwechseln mußten.
Diese Maßnahme, im Klosterlager »Neugefangene« ohne Berührung mit »Altgefangenen«, die nicht dem Bund Deutscher Offiziere angehören, unterzubringen, hat offensichtlich den angestrebten Erfolg gehabt. Denn die Mehrzahl der »Neugefangenen« ist inzwischen dem Bund Deutscher Offiziere beigetreten. Als sie nun das erste Mal mit ehemaligen Insassen des Block VI und damit bereits seit Stalingrad in Gefangenschaft befindlichen Offizieren in unmittelbare Verbindung kommen, sind viele nicht unbeeindruckt von dem, was sie jetzt über die Vorgänge im Zusam-

menhang mit dem Nationalkomitee Freies Deutschland und dem Bund Deutscher Offiziere erfahren. Dabei können sie nun feststellen, ob diese Stalingrader nur »unbelehrbare Nazis« oder »bemitleidenswerte Wirrköpfe« sind, und aus diesen Gründen den Bund Deutscher Offiziere und die Propaganda des Nationalkomitees ablehnen. Es ist daher nicht verwunderlich, wenn die Funktionäre des Bundes Deutscher Offiziere jede sich ihnen als geeignet erscheinende Gelegenheit wahrnehmen, um die Lagerangehörigen gegen die ihnen so unwillkommenen Störenfriede aus dem Block VI aufzuhetzen.

Doch aufgrund der Nachrichten über die militärische Lage, die erwarten läßt, daß der Krieg in seine für Deutschland katastrophale Endphase eingetreten ist, verliert immer mehr alles das an Bedeutung, was mit dem Nationalkomitee und dem Bund Deutscher Offiziere zusammenhängt.

Daran ändert sich auch nichts, als wir am 1. Mai seit langer Zeit wieder an einer Lager-Propaganda-Versammlung teilnehmen müssen, auf der der Lager-Aktiv-Älteste, der bezeichnenderweise einmal Bannführer in der Hitler-Jugend gewesen ist, eine der üblichen Lobreden auf den Kommunismus und die Errungenschaften in der »fortschrittlichen« Sowjetunion hält.

Einige Tage danach, am 9. Mai 1945, werden wir wieder auf dem Lagerhof versammelt, weil der russische Kommandant, Gardeoberstleutnant Kudriatschow, eine wichtige Mitteilung bekannt zu geben hätte. Nach der üblichen Meldung durch den deutschen Lagerältesten, inzwischen Oberstleutnant Wölfel, betritt der »Gardebulle« das Rednerpult vor der »Deutschlandhalle« und schreit uns laut entgegen: »Woina kaputt!« — Der Krieg ist zu Ende! —

Wenn das auch für uns nicht mehr unerwartet kommt, so bin ich in diesem Moment doch so geschockt, daß ich nicht mehr richtig hinhöre, mit welchen Worten der

Lager-Theateraufführung: »Der Revisor«.

Lagerkommandant den Sieg der Roten Armee unter der Führung des »großen Stalin« über die faschistischen Okkupanten feiert. Aber noch viel mehr erschüttert es mich, als die Antifa-Aktivisten und mit ihnen eine große Zahl deutscher Offiziere begeistert Beifall klatschen und so Stalin als Befreier bejubeln!
Doch damit ist es noch nicht genug. Anschließend betritt der sich schon mehrfach als eifriger Propagandaredner des Lager-Aktivs hervorgetane Major Cranz das Rednerpult, und unter dem Beifall der Mehrheit der Mitglieder des Bundes Deutscher Offiziere dankt er diesem Stalin und der »Ruhmreichen Roten Armee« für die Befreiung vom Hitlerjoch.
Welch ein beschämendes, ja makabres Schauspiel, bei dem hier der kommunistische Diktator Stalin als Retter und als Garant für ein neues demokratisches Deutschland von deutschen Offizieren gefeiert wird, während viele von uns um das Schicksal ihrer Angehörigen in unserer jetzt von den Russen besetzten Heimat bangen.
Dieses würdelose Verhalten der Aktivisten und vieler Mitglieder des Bundes Deutscher Offiziere überschattet in diesem Augenblick alle Gefühle der Erleichterung, aber sicher auch mancher Enttäuschung über dieses Ende des Krieges und die damit aufkommenden Sorgen um die Zukunft in unserem Vaterland.
Nun aber an ein baldiges Ende der Kriegsgefangenschaft zu glauben, erscheint dabei als eine völlig unnütze Spekulation, mit der man sich vorerst überhaupt nicht zu belasten wagt.
Was hatte doch der russische General nach der Gefangennahme damals am 1. Februar 1943 in Orlowka bei Stalingrad zu mir gesagt? — »Wenn der Krieg zu Ende ist, der ja nun nicht mehr lange dauern wird, werden Sie bald wieder nach Hause kommen!«

Nach Kriegsende 1945 - 1946

Zwei Jahre und drei Monate bin ich nun am Ende des Krieges bereits in Gefangenschaft und ohne jede Verbindung mit den Angehörigen in der Heimat, für die ich zu der großen Zahl derjenigen gehöre, die bisher nur als »Vermißt« bezeichnet werden können. Denn ob und welche Nachrichten noch aus dem Kessel Stalingrad herausgekommen sind, ist völlig ungewiß, und über die Tatsache, daß ich in Gefangenschaft gekommen bin, dürfte erst recht nichts zu Hause bekannt geworden sein. Auf der anderen Seite bedrückt uns in der jahrelangen Abgeschiedenheit hinter Stacheldraht, welches Schicksal unsere Familien in dieser langen Zeit durchzumachen gehabt haben und was das Kriegsende in Schlesien für sie mit sich bringen wird, zumal, als es sich abzuzeichnen beginnt, daß dieses Land unter polnische Herrschaft kommen soll. Bei all dem bangen Warten auf Antworten zu den vielen Fragen steigt nun die Hoffnung, daß sich die Verhältnisse insofern bessern werden, indem wenigstens eine Postverbindung mit Deutschland zustande kommen wird. Doch zunächst ändert sich daran und an dem täglichen Ablauf des Lagerlebens hier im Klosterlager von Jelabuga nichts.

Bemerkenswert sind dagegen aber die Vorgänge im Zusammenhang mit dem Nationalkomitee Freies Deutschland und dem Bund Deutscher Offiziere, um die es nach dem Ende des Krieges immer ruhiger wird. Dies erscheint uns aber durchaus verständlich, denn deren eigentliche Aufgabe bestand doch darin, unter der maßgebenden Regie der Russen und der kommunistischen Emigranten »Volk und Wehrmacht« — wie sie es in ihren Aufrufen und Manifesten propagierten — »zur Einstellung des Kampfes, zur Beseitigung Hitlers und zum Übertritt auf die Seite des Nationalkomitees« zu bewegen.

Mit der Kapitulation der Wehrmacht hat die Sowjetunion aber nun dieses Kriegsziel auch ohne maßgebende Erfolge durch die Propaganda des Nationalkomitees und des Bundes Deutscher Offiziere erreicht. Es ist sicher nicht zu bezweifeln, daß sich die Russen ursprünglich von der Arbeit dieser antifaschistischen Organisationen mehr versprochen haben und deshalb von ihnen enttäuscht worden sind.

Wenn es noch einer weiteren Bestätigung der allein den eigenen Interessen dienenden Absichten der russischen und deutschen Kommunisten bei der Ausnutzung der deutschen kriegsgefangenen Offiziere für ihre Kriegspropaganda bedürfte, so läßt sie sich daran erkennen, wie in einigen Fällen Angehörige des Nationalkomitees und des Bundes Deutscher Offiziere für ihre Dienste belohnt werden.

Ein Beispiel dafür ist in Jelabuga der als eifriger Lager-Aktivist hervorgetretene Major Cranz, dem nach seinen Worten erst in der Gefangenschaft die Augen aufgegangen sind und der noch am 9. Mai sich bei der Bekanntgabe der Kapitulation durch seine Dankesrede an Stalin »ausgezeichnet« hat. Er verschwindet plötzlich aus dem Lager ins Gefängnis, wird anschließend an die Tschechoslowakei ausgeliefert und dort als Kriegsverbrecher abgeurteilt, weil er im ehemaligen Reichsprotektorat tätig gewesen ist.

Bei der Suche und Verurteilung von sogenannten Kriegsverbrechern spielt das Verhalten in der Gefangenschaft für den Russen, selbst bei Funktionären und Aktivisten des Nationalkomitees und des Bundes Deutscher Offiziere, dann keine Rolle mehr, wenn man sie nicht mehr braucht und glaubt, sie für als Verbrechen deklarierte Vorgänge während ihres Einsatzes in Rußland verantwortlich oder mitverantwortlich machen zu können.
Selbst der von den Russen und den deutschen Politruks einst so hofierte General von Seydlitz — man brauchte ihn ja doch als Aushängeschild und werbewirksamen Vorsitzenden des Bundes Deutscher Offiziere —, der sich dann auch für diese Tätigkeit voll engagiert hat, betrifft dies. Er wird zwar nach der stillschweigenden Auflösung des inzwischen bedeutungslos gewordenen Offiziersbundes Ende 1945 zunächst unbehelligt gelassen. Doch im Zuge der 1949/50 noch einmal einsetzenden großen Verfolgungswelle in den Gefangenenlagern wird er als Kriegsverbrecher zum Tode verurteilt, dann allerdings zu 25 Jahren Kerker begnadigt. Dabei werden ihm Vorfälle zur Last gelegt, die sich bereits 1941 in der von ihm geführten Division in Rußland zugetragen haben sollen.
Es ist doch wohl ein beispielloser Zynismus, wie die Russen in derartigen Fällen ihre Helfershelfer erst bevorzugt behandelt und ausgenutzt haben, um sie dann in Gefängnissen und Straflagern übelsten Schikanen oder sogar dem Henker auszuliefern.
So lakonisch Worte, wie »Der Mohr hat seine Schuldigkeit getan, der Mohr kann gehn«, »Erst Zuckerbrot, dann Peitsche« oder »Der Russe liebt den Verrat, aber nicht den Verräter« klingen mögen, sie sind jedoch durchaus zutreffend für das, was sich hier in der Gefangenschaft abspielt.
Es kann sogar eine besondere Tragik dabei nicht übersehen werden, weil das Schicksal dieser Männer, wie zum Beispiel General von Seydlitz, mit dem Vorwurf belastet bleibt, sich freiwillig letztlich eben doch zu Handlangern der Russen haben machen zu lassen.
Bei denen, die dies unter Inkaufnahme besonderer Schikanen stets abgelehnt haben, gehört zu den ersten Opfern dieser rücksichtslosen Verfolgung von Kriegsgefangenen als Kriegsverbrecher ein ehemaliger Angehöriger des Block VI, Oberstleutnant Freiherr von Saß, den ich bereits in Susdal als vorbildlichen Offizier kennengelernt hatte. Er war als Kommandeur der in Welikij-Luki eingeschlossenen Kräfte in Gefangenschaft geraten. Mit großer Erschütterung erfahren wir, daß er nun nach Kriegsende dort öffentlich hingerichtet worden ist.
Eine andere Gruppe von Mitgliedern des Nationalkomitees und des Bundes Deutscher Offiziere, denen es offensichtlich gelingt, ihre Zuverlässigkeit auch weiterhin mit Erfolg glaubhaft zu machen und die sich dabei für ihre Zukunft wohl bessere Chancen ausrechnen, setzt nach der Auflösung dieser Organisationen die aktive Mitarbeit an der sowjetischen Nachkriegspolitik fort. Sie werden im Lauf der Zeit in dem unter Führung der kommunistischen Emigranten Pieck und Ulbricht in der Ostzone entstehenden sowjetischen Satellitenstaat eine Verwendung finden. Dabei

wird dann, da man ja in der Anfangszeit auf Unterstützung angewiesen ist, sogar eine »nazistische Vergangenheit« genauso übersehen, wie dies bereits im Nationalkomitee der Fall gewesen ist.
So werden zum Beispiel beim Aufbau der ostzonalen Volkspolizei, der späteren Volksarmee, Generale der Wehrmacht, wie Vinzenz Müller, Bamler, Lattmann und von Lenski maßgebend beteiligt sein, Hauptmann Markgraf wird Polizeipräsident von Ost-Berlin, Major Bechler Innenminister in Brandenburg, und Oberst Steidle bringt es bis zum Minister in der Regierung der DDR.
Inwieweit man diesen Männern lediglich Opportunismus oder, allerdings erst in der Gefangenschaft offenbarte, ehrliche Überzeugung als Triebfeder ihrer Einstellung und bei ihrem Verhalten unterstellen kann, läßt sich zwar nur sehr schwer, aber aufgrund so mancher Erfahrungen doch nicht ohne Skepsis beurteilen.
Sicher wäre es ihnen wohl kaum möglich gewesen, in Westdeutschland derartige herausragende Positionen zu erreichen, da ihr Verhalten in der russischen Kriegsgefangenschaft dort doch kritischer beurteilt worden und weitgehend auch auf Ablehnung gestoßen wäre. Vielen dürfte dies durchaus bewußt gewesen sein, zumal wenn sie — an sich in Westdeutschland beheimatet — dorthin nicht mehr zurückkehren wollten.
Große Vorbehalte sind aber auch bei zahlreichen Mitgliedern des Nationalkomitees und des Bundes Deutscher Offiziere angebracht, bei denen sich sehr oft der Eindruck bestätigte, daß sie stets ohne Skrupel um jeden persönlichen Vorteils willen ihr »Mäntelchen immer in den Wind hängen«.
Bezeichnend dafür sind einige Aktivisten und Funktionäre, die zunächst einmal ihre ursprünglich positive Einstellung gegenüber dem Dritten Reich als Irrtum bezeichnen und damit ihren Sinneswandel in der Gefangenschaft und die Unterstützung der Arbeit des Nationalkomitees begründen. Später, nach der dann aber doch dem Verbleiben im kommunistischen Machtbereich vorgezogenen Rückkehr nach Westdeutschland, treten sie damit hervor, daß sie wiederum von einem Irrtum sprechen, mit dem sie nun ihr Verhalten in der Gefangenschaft zu entschuldigen versuchen.
Zur Rehabilitierung oder Glorifizierung der Angehörigen des »Nationalkomitees Freies Deutschland« und des »Bundes Deutscher Offiziere« wird immer wieder einmal versucht, sie völlig ungerechtfertigt als Widerstandskämpfer im Dritten Reich aufzuwerten und damit den Opfern und Verfolgten des 20. Juli 1944 gleichzustellen. Das Ziel, für das sich die Widerstandskämpfer in Deutschland unter schwierigsten Bedingungen und dann auch mit verhängnisvollen Folgen für ihr eigenes Leben glaubten einsetzen zu müssen, war aber nicht nur die Beseitigung der verhängnisvollen Hitler-Diktatur, sondern auch ein freies, demokratisches Deutschland und bestand vorrangig in der Ablehnung jeder Form einer Diktatur.
Im Gegensatz dazu sind in der sowjetischen Kriegsgefangenschaft die Mitgliedschaft in den antifaschistischen Organisationen und die Unterschriften bei Manifesten und Resolutionen zur Beseitigung Hitlers ebenso wenig wie die persönlichen

Einsätze bei Propagandaaktionen in den sogenannten Frontkommandos, in der Zeitung oder dem Sender »Freies Deutschland« mit einem Risiko für das eigene Leben verbunden gewesen. Damit war aber für diese Antifa-Aktivisten immer ein erheblich besseres Leben in der Gefangenschaft verbunden. Sie lernten nicht Schikanen, Hunger und Entbehrungen kennen, sie wurden auch nicht zu schweren körperlichen Arbeiten wie »normale« Kriegsgefangene herangezogen, Unterernährung und Dystrophie blieb ihnen erspart.
Noch wichtiger ist aber, daß die Unterstützung dieser Propaganda mit den Aufrufen ***gegen*** die **Hitler**-Diktatur hier in der Sowjetunion zwangsläufig gleichzeitig das Eintreten ***für*** eine kommunistische **Stalin**-Diktatur bedeutet, wie sie dann in der Ostzone, dem ersten »Arbeiter- und Bauern-Staat auf deutschem Boden« verwirklicht wird.
Dieser ganz entscheidende Unterschied in dem »***WOFÜR***« läßt es ohne eine geschichtliche Verfälschung nicht zu, das »Nationalkomitee« mit dem »Bund Deutscher Offiziere« an die Seite der Widerstandsbewegungen in Deutschland zu stellen.
Der von Anfang an nicht zu übersehende bewußte Mißbrauch, der von sowjetischer Seite und von deutschen kommunistischen Emigranten in der Kriegsgefangenschaft mit nationalen und demokratischen Parolen — ausgerechnet auch noch in schwarzweiß-roter Umrandung — getrieben wurde, und dem einige Gefangene zunächst wohl noch gutgläubig oder unüberlegt zu folgen bereit waren, ist durch die Entwicklung in den deutschen, von den Sowjets besetzten Ostgebieten in erschreckender Weise Wirklichkeit geworden.
Doch jetzt kurz nach Kriegsende sind diese politischen Vorgänge in der Ostzone unter Mitwirkung von Angehörigen des Nationalkomitees in der Gruppe Ulbricht von uns in einem Kriegsgefangenenlager weit im Osten Rußlands am Rande des Urals noch gar nicht im einzelnen richtig einzuschätzen.
Zunächst berühren uns die politischen Auseinandersetzungen unverändert, in die wir als Kriegsgefangene unmittelbar hineingezogen worden sind. Nach wie vor bleibt es daher bei einer dadurch entstandenen Spaltung zwischen den Lagerangehörigen, bei Gegnern und Angehörigen des Nationalkomitees beziehungsweise Bundes Deutscher Offiziere. Weiterhin bleibt es beim Bemühen der Lager-Aktivisten, alle diejenigen zu diffamieren oder zu schikanieren, die als ihre Gegner bekannt sind. Dadurch wird unwillkürlich, sicher nicht einmal ungewollt, die Atmosphäre in diesem Offizierlager erheblich beeinträchtigt. Früher gewohnte, selbstverständliche und oft bewährte Kameradschaft wird schmerzlich vermißt. Sie ist jetzt eben nur noch in kleineren Kreisen Gleichgesinnter, dort aber um so intensiver, anzutreffen.
Damit in Zusammenhang läßt sich eine kleine Begebenheit aus dieser Zeit — Mai 1945 — im Klosterlager Jelabuga erwähnen, als ich von der Aufforderung überrascht werde, zum deutschen Lagerältesten, Oberstleutnant Wölfel, zu kommen. Wölfel und ich kennen uns aus der Zeit der Aufstellung der 376. Infanterie-Division

im Frühjahr 1942 in Südfrankreich. Dort gehörten wir beide dem Grenadier-Regiment 673 an. Das damals von ihm geführte II. Bataillon hatte ich im Oktober 1942 übernommen, während Wölfel bereits vorher als Regimentskommandeur zur 384. Infanterie-Division versetzt worden war.
Trotz dieser früheren Verbindungen hatte ich bisher ganz bewußt von mir aus keinen Kontakt zu ihm aufgenommen, denn als deutscher Lagerältester gehörte er natürlich zu den führenden Aktivisten im Bund Deutscher Offiziere. Wegen seines Monokels nur noch als »Scherbenwilli« bezeichnet, wird er besonders kritisiert, als er sein Ritterkreuz den Russen überläßt, die es bei einer Veranstaltung als Dekoration am Hals eines Hundes verwenden.
Deshalb bin ich eigentlich an einem Zusammentreffen mit Wölfel wenig interessiert und sehe dem Besuch bei ihm doch mit gemischten Gefühlen entgegen. Er begrüßt mich dann sehr freundlich mit der Entschuldigung, von meiner Anwesenheit im Lager erst jetzt erfahren zu haben, denn sonst hätte er sich schon eher einmal um mich gekümmert. Unser Gespräch dreht sich zunächst um das von ihm früher geführte Bataillon, nach dessen Angehörigen und den Weg in den Kämpfen bis zum Ende in Stalingrad er sich eingehend erkundigt. Im weiteren Verlauf unserer Unterhaltung geht es dann um die Gefangenschaft, wobei Wölfel meint, er könne doch etwas für mich tun, um damit vielleicht meine Situation zu verbessern. Dieses Angebot lehne ich mit der Begründung ab, daß ich als Voraussetzung dafür doch erst dem Bund Deutscher Offiziere beitreten müßte; er wisse aber sicher, daß ich als ehemaliger Insasse des Block VI im Kamalager zu denen gehöre, die diesen Bund und dessen politische Propaganda aus mehrfachen Gründen ablehnen. Daher werde es ihn auch nicht wundern, daß ich mit seinem Verhalten keineswegs einverstanden sei und dafür kein Verständnis aufbringen könne. Er versucht sich zwar damit zu rechtfertigen, daß er gerade als Lagerältester sich um bessere Lebensbedingungen bemühe, doch meine Hinweise auf die Behandlung der Nichtmitglieder des Bundes Deutscher Offiziere und die auf Kosten der Allgemeinheit gehende Bevorzugung der Lager-Aktivisten beenden schließlich unser Gespräch, das verständlicherweise keine Fortsetzung findet.
Ein ähnliches Angebot war mir früher schon einmal von meinem ehemaligen Divisionskommandeur, General von Daniels, gemacht worden, der sich als Vizepräsident des Bundes Deutscher Offiziere und Mitglied im Präsidium des Nationalkomitees im Lager Lunjowo befindet, und mir dies durch einen Angehörigen einer Delegation des Offiziersbundes bei deren Aufenthalt in Jelabuga übermittelte. Dabei wurde mir sogar in Aussicht gestellt, in dieses Renommierlager bei Moskau geholt zu werden. Nach meiner Antwort darauf hörte ich selbstverständlich von meinem Divisionskommandeur nichts mehr, zumal ich einige Zeit danach anstatt in Lunjowo im Block VI in Jelabuga landete.
Inzwischen bin ich auf einer größeren Hauptmannsstube im Erdgeschoß des Block II im Klosterlager gelandet, wo ich mich als Pritschennachbar mit Hauptmann Kling zusammengetan habe, mit dem ich vorher schon gemeinsam im Block VI in

der Zone III gewesen bin. Kling gehört zu denen, die besonders unter den hier wieder zahlreich vorhandenen Wanzen zu leiden haben. Er versucht, sich mit allen möglichen Mitteln gegen dieses Ungeziefer zu schützen, um wenigstens etwas Schlaf zu finden, während ich nach wie vor kein besonders gefragtes Objekt für diese Tierchen bin.
Doch eines Nachts werden wir nicht von Wanzen, sondern durch eine spektakuläre Filzungsaktion der Russen in unserem Schlaf gestört. Zusammen mit mehreren russischen Soldaten erscheint der Tagesoffizier, der uns alle von unseren Pritschen herunterjagt. Dann werden wir selbst und die gesamte Stube gründlich durchsucht, weder ein Strohsack noch sonst eine persönliche Habe werden ausgelassen. Der Tagesoffizier hat sich dabei auf einen hölzernen Schemel vor den in der Mitte des Raumes befindlichen Tisch gesetzt und läßt sich alle möglichen Dinge von den Soldaten vorzeigen. Am meisten sind dabei alle schriftlichen Aufzeichnungen gefragt, die mühsam mit behelfsmäßigen Mitteln angefertigt worden sind.
Der Sinn und Zweck dieser nächtlichen Aktion wird erst nach dem offensichtlich für die Russen nicht befriedigenden Ende und deren Abzug langsam erklärlich. Bei dem Besonderen, das hier bei uns gesucht wurde, handelt es sich wohl ziemlich wahrscheinlich um das eine Exemplar von Hitlers »Mein Kampf«, das ein Stubengenosse — wie ich jetzt erfahre — schon mehr aus Sport bisher durch sämtliche Filzungen in der Gefangenschaft durchgebracht hat. Jetzt wird unter allgemeinem, natürlich verhaltenem Gelächter dieses Buch ausgerechnet unter dem Schemel hervorgeholt, auf dem während der ganzen Zeit der Durchsuchungen der russische Tagesoffizier gesessen hatte. Bei dem Entschluß, dieses Buch nun aber doch nicht weiter zu behalten, nachdem seine Existenz längst mehr als sinnlos geworden ist, wird nur mit Bedauern festgestellt, daß dessen Papier nicht einmal mehr zum Rauchen, das heißt zum Drehen einer Machorka-Zigarette, geeignet ist.
Wenn auch in dieser Zeit nach dem Mai 1945 mit dem Ende des Krieges, wie bereits erwähnt, das Nationalkomitee Freies Deutschland und der Bund Deutscher Offiziere als Organisationen der deutschen Kriegsgefangenen und kommunistischer Emigranten mehr oder weniger stillschweigend ihre Tätigkeiten einstellen, so bleiben in den Lagern jedoch weiterhin Antifa-Aktiv-Gruppen bestehen. Deren Aufgabe besteht neben einer prosowjetischen Propaganda in der Hauptsache in der Unterstützung der Russen bei der Ausnutzung aller Kräfte für den Arbeitseinsatz. Für diesen umfassenden Arbeitseinsatz wird das Motto der »Wiedergutmachung durch Arbeit« herausgegeben; womit für uns die moralische Rechtfertigung der Russen geschaffen werden soll, vorerst nach Kriegsende noch keine allgemeine Entlassung der Kriegsgefangenen durchführen zu müssen. In Resolutionen der Antifa-Aktivs werden Unterschriften gesammelt, mit denen sich diejenigen, die dieser Aufforderung folgen, zwangsläufig als Schuldige am Krieg gegen die Sowjetunion und am dabei angerichteten Schaden in Rußland zu dieser »Wiedergutmachung« verpflichten. Dabei wird der Eindruck hervorgerufen, als ob erst diese Verpflichtung zur »Wiedergutmachung« eine spätere Heimkehr möglich machen wird.

Die beiden Hauptlager in Jelabuga, das Kama- und das Klosterlager, werden allerdings keine ausgesprochenen Arbeitslager, da der Arbeitseinsatz hier nach wie vor fast ausschließlich auf den Holztransport für den Lagerbedarf selbst beschränkt bleibt. An einen zwangsweisen Einsatz der Stabsoffiziere zur Arbeit ist offensichtlich nicht gedacht.
Der eigentliche Arbeitseinsatz in Jelabuga findet nunmehr verstärkt in einigen Außenlagern statt, die im Zuständigkeitsbereich des Rayonchefs und Lagerkommandanten, des Gardeoberstleutnants Kudriatschow, liegen. Zu der Arbeit in diesen Außenlagern werden ohne jede Rücksicht auf die Bestimmungen über die Behandlung kriegsgefangener Offiziere jetzt nach Kriegsende endgültig alle Offiziere bis einschließlich zum Dienstgrad Hauptmann herangezogen.
Das dürfte sicher auch im Zusammenhang mit der Proklamation der »Wiedergutmachung durch Arbeit« stehen, bei der die Russen nach dem gewonnenen Krieg offensichtlich den internationalen Status der Kriegsgefangenen nicht mehr als verbindlich ansehen, um aus diesen Gefangenen nun weiterhin erhebliche Vorteile durch jahrelangen kostengünstigen Arbeitseinsatz ziehen zu können.
Bei dieser nunmehr allgemeinen Regelung für Leutnante und Hauptleute beim Arbeitseinsatz stellt sich für mich die Frage, ob ich weiterhin meine während des Krieges durchgehaltene Verweigerung jeder Arbeit außerhalb des Lagers durchsetzen will und kann. Nach langer, reiflicher Überlegung und so mancher Unterhaltung mit gleichgesinnten Kameraden komme ich mit ihnen zu der Ansicht, daß künftig bei der doch noch recht ungewissen Dauer der Kriegsgefangenschaft alles Tun und Lassen auf eine vielleicht eines Tages doch mögliche gesunde Rückkehr in die Heimat ausgerichtet sein muß.
In einer weiteren Verweigerung bei einem Arbeitseinsatz außerhalb des Lagers kann ich nun unter den durch das Ende des Krieges geschaffenen Verhältnissen keinen vernünftigen Sinn mehr sehen. Das bedeutet allerdings keineswegs, daß ich damit in irgendeiner Form die Verpflichtung zu einer »Wiedergutmachung durch Arbeit« anerkenne und dies weder durch eine mündliche noch durch eine schriftliche Bestätigung gegenüber den Russen oder anderen Funktionären der Antifa dokumentieren werde. Ebenso gehe ich dabei davon aus, daß mein eigener Einsatz bei jeder Art von Arbeit sich danach richten wird, wie ich meine Gesundheit dabei so gut wie möglich erhalten kann.
Der erste Einsatz zu einer Arbeit läßt auch nicht lange auf sich warten. Bereits im Juni 1945 werde ich in das Außenlager Kokschan verlegt. Dort komme ich zunächst in eine Arbeitsbrigade, die zu einer verhältnismäßig leichten Arbeit eingesetzt ist. Diese Arbeit besteht darin, den Bast von gefällten Bäumen zu schälen, der in Rußland zur Herstellung der danach benannten Bastschuhe verwendet wird.
Für russische Verhältnisse ist es durchaus nichts Ungewöhnliches, daß Bäume, die wir zu bearbeiten haben, vorher von einer Frauen-Arbeitsbrigade gefällt worden sind. Bei der weitgehend praktizierten Gleichberechtigung gibt es in der Sowjetunion wohl kaum noch Tätigkeiten, die allein den Männern vorbehalten sind.

Ein Tag in dieser Zeit verläuft für mich ganz außerhalb der »Norm«. Das kommt daher, weil ich wegen meiner inzwischen erworbenen russischen Sprachkenntnisse ausnahmsweise als Dolmetscher bei unserer Brigade eingeteilt werde. Normalerweise kommen für derartig bevorzugte Tätigkeiten, bei denen man nicht zu arbeiten braucht, nur Mitglieder des Bundes Deutscher Offiziere, oder, wie es jetzt allgemein bezeichnet wird, nur Antifaschisten in Betracht. Offenbar ist aber zur Zeit keiner davon verfügbar, der diese Voraussetzungen erfüllt.
Da es in so einer kleinen Arbeitsbrigade bei der gewohnten Arbeit für einen Dolmetscher kaum etwas zu tun gibt, sagt der Posten zu mir, ich könne ruhig im Wald spazieren gehen, wenn ich dazu Lust hätte. Auf diese Weise komme ich zum ersten Mal in der Gefangenschaft dazu, wenigstens für eine kurze Zeit mich ohne einen Posten im Rücken ganz allein und frei bewegen zu können. Diese Gelegenheit nutze ich an diesem schönen und warmen Sommertag natürlich, so gut wie unter diesen Umständen möglich, aus. Ganz in Gedanken versunken und in dem Gefühl, weit und breit in diesem Wald und auf den freien Flächen darin allein zu sein, achte ich nicht einmal auf die Beeren, die es hier reichlich gibt. Obst und Beeren sind doch etwas, was wir in der Gefangenschaft noch nie bekommen haben. Diese seltene, erstmalige Gelegenheit wird mir erst bewußt, als ich auf einer Waldlichtung im hohen Bewuchs eine ältere Frau treffe, die dort mit einem Kind beim Beerenpflücken ist. Diese, wie es sich bald herausstellt, sehr freundliche Russin begrüßt mich und fragt mich sofort, ob ich ein deutscher Kriegsgefangener bin. Daraus entwickelt sich ein längeres Gespräch, wobei die Frau sich vor allem dafür interessiert, wo ich zu Hause bin, ob ich dort Frau und Kinder hätte und ob ich nicht bald wieder dorthin käme. Als sie dann erfährt, daß ich schon seit 2 1/2 Jahren nichts mehr von meinen Angehörigen wüßte und eine Heimkehr doch noch völlig ungewiß wäre, hat sie so großes Mitleid mit mir, daß sie aus ihrem Eimer alle Beeren in meine Mütze schüttet und mir eine baldige Heimkehr wünscht.
Allzu schnell ist diese vorübergehende »Freiheit« und damit dieses besonders unvergeßliche Erlebnis vorbei, und ich muß wieder in die normale Gefangenschaft zurück.
Einige Tage später werde ich einer anderen Arbeitsbrigade zugeteilt, die jeden Tag mit einem LKW nach Bonjuga an der Kama gefahren wird, um dort Schiffe zu entladen. Dabei ist wieder festzustellen, daß die Kama bei den schlechten Straßen- und Bahnverbindungen in diesen weiten Gebieten Rußlands eine wichtige Rolle bei der Versorgung der Bevölkerung spielt.
Als wir zum Entladen von Zementsäcken eingeteilt werden und diese schwere Last nur mit größter Mühe vom Schiff herunterzuschaffen vermögen, werden wir auf einen anderen Lastkahn geschickt, der voll mit Salz beladen ist. Dieses Nahrungsmittel ist hier in der Tatarenrepublik so schwierig zu beschaffen, daß es sehr begehrt und teuer ist und auch auf dem Schiff schwer bewacht wird. Daher eignet es sich für uns recht gut als Tauschmittel, wenn wir Gelegenheit zu solchen Geschäften haben. Allerdings wird nicht nur dieses »Salzschiff« schwer bewacht,

ebenso werden wir beim Verlassen dieser Arbeitsstelle gründlich durchsucht, ob wir auch kein Salz bei uns haben. Aber inzwischen kennen wir aus den Erfahrungen mit derartigen Filzungen doch eine ganze Reihe von Tricks, um trotzdem dabei mit Erfolg durchzukommen.
Bei der täglichen Fahrt von unserem Lager nach Bonjuga und zurück durchqueren wir durch einige Dörfer. Dadurch bekommen wir wenigstens einen kleinen Eindruck von dem, wie uns gesagt wird, recht stolzen und selbständigen Volk der Tataren. Berührungsmöglichkeiten mit der Bevölkerung gibt es sonst für uns so gut wie gar nicht.
Ein wohl durchaus recht bezeichnendes Beispiel für die Mentalität der Tataren erleben wir eines Abends auf der Rückfahrt in das Lager. Es ist schon leicht dämmrig, als unser LKW plötzlich mitten auf der Landstraße anhält. Unser Kommandoführer ist ein junger Leutnant, der vorn im Fahrerhaus sitzt und nun laut fragend nach draußen ruft: »Russki — Russki?« Da erkennen wir am Straßenrand vor uns eine menschliche Gestalt, die sich beim Näherkommen als ein älterer Mann entpuppt. Der geht ganz ruhig auf den Leutnant zu und antwortet ihm laut und vernehmlich: »Njet Russki — Tatarski!« (Ich bin kein Russe, sondern ein Tatare!)

Offensichtlich war sich unser russischer Leutnant nicht ganz sicher, ob nicht doch vielleicht einer von uns hinten von der Ladefläche des LKW abgehauen war. Aber ein Fluchtversuch in dieser Gegend ist so aussichtslos, daß er für uns leider kein Thema sein kann.
Darüber ist sich unser Kommandoführer, der in Rumänien recht schwer an einem Bein verwundet worden ist, wohl auch durchaus im Klaren. So läßt er uns ein anderes Mal bei einer Rückfahrt von Bonjuga auf dem LKW am Eingang eines Dorfes stehen, während er wohl einen Bekannten besuchen geht. In dieser Zeit fällt mir nicht weit entfernt vor einem Haus an der Straße ein junges Mädchen auf, das uns erst einige Zeit beobachtet und dann plötzlich in dem Haus verschwindet. Als es wieder herauskommt, bleibt es zunächst wieder, diesmal mit den Händen auf dem Rücken, in einiger Entfernung von uns stehen. Erst als wir wieder anfahren, kommt es plötzlich auf den LKW zugelaufen und reicht mir hastig etwas auf das Fahrzeug herauf. Wie ich dann beim Weiterfahren feststelle, halte ich eine kleine Rose und in Papier eingewickelten Tabak in den Händen. Auch so etwas gibt es in russischer Kriegsgefangenschaft!
Bei einem anderen Arbeitseinsatz kommen wir zu Fuß durch ein Dorf, wo wir auf dem Dorfplatz einen Basar und die in bunte Trachten gekleideten Tatarenfrauen sehen können. Auch sie versuchen, uns Brot und Tabak zuzustecken, was aber bei den Posten, die die Frauen sofort zurückdrängen, kaum gelingt.
Außerhalb eines Dorfes sehen wir auf einem dieser Fußmärsche schon von weitem einen alten Mann, der bei unserem Herankommen so aufgeregt ist, daß er sich mitten auf den Weg hinsetzt. Wie es sich dann herausstellt, ist er im Ersten Weltkrieg in deutscher Gefangenschaft im Saargebiet gewesen und kann wohl gar nicht fassen,

seitdem zum ersten Mal wieder Deutsche sehen und sprechen zu können. Doch unsere Wachposten haben dafür kein Verständnis und lassen uns mit dem deswegen sehr enttäuschten Mann nicht länger reden.
Das überwiegend freundliche Verhalten der Bevölkerung in der Tatarenrepublik uns kriegsgefangenen Deutschen gegenüber findet sich aber weniger bei den Kindern und jungen Leuten. Bei denen kommt es öfter vor, daß wir von ihnen beschimpft, ja sogar mit Steinen beworfen werden. In derartigen Fällen bekommen wir dann auch die bekannten Sprüche zu hören, wie »Gitler kaputt« oder »Faschist«. Besonders schlimm ist es dann, wenn einem Kameraden durch einen Stein die hier doch unersetzliche Brille kaputt geworfen wird. Gegen diese plötzlichen Überfälle sind unsere Begleitposten recht machtlos, besonders wenn wir auf dem LKW auf der Fahrt durch ein Dorf sind, und der Posten vorn im Fahrerhaus sitzt.
Ende Juli bekomme ich in diesem Arbeitslager Kokschan einen ekzemartigen Ausschlag an der Gürtellinie, der zwar erfolgreich mit Eigenblutübertragung geheilt wird, doch nach einer weiteren Untersuchung werde ich wohl wegen meines allgemeinen Zustandes wieder nach Jelabuga zurückgebracht. Dort lande ich diesmal erneut im Kama-Lager, und zwar auf einer mir schon bekannten Hauptmannstube im Block I.
Das Klosterlager ist inzwischen wieder von den bisherigen Insassen bis auf die Antifa-Aktivs geräumt worden. Dort befinden sich jetzt »Neugefangene«, die nach den abschließenden, verzweifelten Kämpfen in Ostpreußen nach der Kapitulation in Gefangenschaft gekommen sind. Die für »Neugefangene« übliche Quarantäne soll diesmal bei den Kapitulationsgefangenen, wie sie bei uns genannt werden, wohl auch noch zu einer ungestörten politischen Bearbeitung dienen, obwohl doch eigentlich die »Wiedergutmachung« das eigentliche Ziel der Antifa-Arbeit ist.
In den Herbstmonaten dieses Jahres 1945 bleibe ich zunächst von weiteren Arbeitseinsätzen verschont, so daß das Lagerleben in der gewohnten Form verläuft.
Das endet aber zu Weihnachten 1945. Ausgerechnet am Morgen des 24. Dezember wird ein Kommando von etwa 120 Offizieren in den Dienstgraden Leutnant bis Hauptmann aus dem Kama-Lager in ein Außenlager in Marsch gesetzt. Dabei ist nicht bekannt, um welches Lager und welche Art von Arbeit es sich handeln wird. So marschieren wir an diesem sonnigen, aber dafür auch klirrend kalten Wintertag, am Morgen des Heiligen Abend, meist im tiefen Schnee erst einer hinter dem anderen eine Spur tretend, in eine ungewisse Zukunft. Die Stimmung ist trotz aller winterlichen Schönheit recht gedrückt. Denn wir hatten uns doch alle etwas auf das Weihnachtsfest im Kameradenkreis des Lagers vorbereitet. Nun wissen wir nicht, wie diese Tage sich überhaupt für uns entwickeln und ob wir Weihnachten vielleicht nur auf dem Marsch durch Kälte und Schnee erleben werden.
Den ganzen 24. Dezember stapfen wir durch den Schnee, in einigem Abstand werden wir für einige Zeit sogar von Wölfen begleitet. Am Spätnachmittag erreichen wir ein Dorf, wo wir zunächst längere Zeit auf der Dorfstraße warten müssen, bis die Wachposten eine Unterbringung für die Nacht gefunden haben. Dabei sieht es

keineswegs danach aus, als ob dafür eine Vorbereitung getroffen worden wäre. Schließlich werden wir zu einem der wenigen steinernen Gebäude geführt, in dem sich die Dorfschule befindet.
Als wir uns dort müde und froh darüber, wenigstens einen warmen Ofen zu haben, in der Schulstube niederlassen, verspüren wir nur noch den Wunsch, diesen Heiligen Abend mit Ausruhen und Schlafen zu verbringen. Vorher werden wir aber dann doch noch mit einer »Bescherung« überrascht. Diese besteht in einem Eimer voll mit gekochten Pellkartoffeln, der uns von einer Russin gebracht wird. Als wir dann noch eine Kanne mit heißem Tee bekommen, fühlen wir uns zwar nur in den Gedanken an zu Hause etwas weihnachtlich, aber ganz leise singen wir trotzdem »Stille Nacht« vor uns hin und fallen dann in einen tiefen Schlaf.

Am nächsten Morgen — zu Hause ist heute der erste Weihnachtsfeiertag — geht der Marsch bald nach dem Hellwerden weiter. Wieder stapfen wir bei blauem Himmel und klirrendem Frost, meist in Gedanken versunken, durch den Schnee im Gänsemarsch hintereinander her.
Auf einmal werde ich von meinem Hintermann, einem Zahlmeister, den ich bis jetzt noch nicht weiter kennengelernt habe, mit der Frage angesprochen, ob ich in Hirschberg im Riesengebirge gewohnt hätte. Als ich ihm dies bestätige, sagt er mir, daß seine Frau früher einmal in Hirschberg bei einer Familie Zank in Stellung gewesen wäre. Dabei stellt es sich schließlich heraus, daß der hier im fernen Rußland zufällig hinter mir gehende Mitgefangene damals in den Jahren 1926/27 als Angehöriger des Hirschberger Jäger-Bataillons seine Frau kennengelernt hat, während sie tatsächlich in dieser Zeit bei uns oben auf dem Fischerberg in unserem Haus tätig gewesen ist. Kein Wunder, daß in den kommenden Wochen, in denen wir in Lubijan zusammen sind, abends im Lager auf der Pritsche die Erinnerungen an Hirschberg und das Riesengebirge eine große Rolle bei unseren Gesprächen spielen.
An diesem ersten Weihnachtsfeiertag dauert unser Marsch nicht so lange wie am Vortage. Bereits am frühen Nachmittag erreichen wir unseren Bestimmungsort Lubijan. Hier wird nun mit unserem Arbeitskommando in einer Holzbaracke mit doppelstöckigen Pritschen ein neues Gefangenen-Arbeitslager eingerichtet. Wie es sich dann bald herausstellt, sind wir hierher gebracht worden, um ein größeres Waldstück abzuholzen. Dieses Holz soll dann später im Frühjahr, wenn die Kama wieder schiffbar ist, flußabwärts bis zu einer Fabrik mit Flößen gebracht werden. Ein derartiges mit nur 120 Insassen neu eingerichtetes Lager hat offensichtlich so manche Vorteile. Dazu gehört einmal, daß es hier kein Lager-Aktiv von Antifaschisten wie in Jelabuga gibt. So bleiben wir von der politischen Propaganda und auch Wiedergutmachungsparolen verschont. Ebenso gibt es keine bereits eingespielte deutsche korrupte Lagerleitung und somit keinen »Lageradel«, der auf Kosten der Allgemeinheit ein besseres Essen bekommt. Die relativ kleine Küchenbesatzung erweist sich als durchaus korrekt beim Umgang mit der angelieferten Verpflegung,

was sich dann bei der Qualität unserer warmen Mahlzeiten deutlich feststellen läßt. So wird uns einmal der bemerkenswerte Unterschied zu den Verhältnissen in den Hauptlagern in Jelabuga demonstriert.
Als Lagerkommandant ist zunächst ein russischer Feldwebel tätig, während die Bewachungsmannschaft aus Zivilisten besteht. Es sind nämlich die Waldarbeiter, deren Arbeit wir wohl auch mit übernehmen müssen. Dafür haben sie, mit vorsintflutlichen Flinten bewaffnet, jetzt auf uns aufzupassen. Ihr Eifer dabei wirkt oft recht komisch, obwohl ihnen ihre Aufgabe von uns wirklich nicht unnötig schwer gemacht wird.
Der erste Abschnitt unserer Waldarbeit in Lubijan besteht im Fällen der Bäume und ihrem Entasten. Dazu werden wir in Arbeitsgruppen zu je drei Mann eingeteilt. Während zwei davon mit einer Säge für das Fällen der Bäume zuständig sind, hat der Dritte mit einer Axt jeweils die Kerben für die richtige Fallrichtung der Bäume zu schlagen und anschließend die Äste davon abzuschlagen. Mit diesem Astholz wird an der Arbeitsstelle ein kleines Feuer für die Aufwärmpausen unterhalten.

An sich sind die Arbeitsbedingungen im Wald den Verhältnissen entsprechend gar nicht so schlecht. In der winterlichen Kälte ist es doch recht vorteilhaft, sich im schützenden Wald mit einem Feuer zum Aufwärmen aufhalten zu können. Ein Problem ist allerdings das Handwerkszeug, die Sägen und Äxte, die jeden Tag neu verteilt werden und sich in recht unterschiedlichem Zustand befinden. Man hat auch nicht den Eindruck, als ob für die Pflege und Wartung etwas getan wird. Deshalb hängt auch unser Arbeitseifer und somit der Erfolg unserer Arbeit recht wesentlich von der Qualität des jeweils empfangenen Werkzeuges ab.
Das gilt auch für den zweiten Abschnitt dieser Waldarbeit, bei dem die gefällten Bäume nun in einzelne Stücke zersägt, die dickeren Stämme dann noch gespalten und schließlich in Holzstapeln aufgeschichtet werden müssen.
Bei diesen — und auch späteren — Arbeitseinsätzen wird für die tägliche Arbeit immer eine ganz bestimmte »Norm« verlangt. Diese »Norm« ist das Mindestmaß für die jeweils zu erbringende Tagesleistung eines einzelnen Kriegsgefangenen. Das entspricht den Arbeitsbedingungen im sowjetischen Arbeiter- und Bauern-Staat, wo sich der Arbeitslohn nach dem Maß richtet, in dem diese »Norm« erfüllt wird.
Wir nehmen es allerdings mit der Erfüllung der Norm nicht gar so ernst. Einmal halten wir es schon gar nicht für zulässig, daß dieses Normverfahren auch für Kriegsgefangene angewendet wird. Zum anderen erhalten wir ja auch für unsere Arbeit keinen Lohn. Wohl um wenigstens einen Anreiz für eine möglichst große Arbeitsleistung bei uns zu schaffen, wird in den Fällen, wo jemand die Norm übererfüllt, eine zusätzliche Brotration ausgegeben. Allerdings geschieht dies keineswegs regelmäßig, denn oft bleibt dieses »Norm-Brot« aus. Bei unserem Kräftezustand ist es dabei ohnehin mehr als zweifelhaft, daß der für eine Übererfüllung der Norm erforderliche körperliche Einsatz durch so eine kleine Menge von zusätzlicher Verpflegung ausgeglichen werden kann.

Wonach die Norm für eine bestimmte Arbeitsleistung festgelegt wird, wissen wir natürlich nicht. Von unseren russischen Bewachern erfahren wir nur, daß es gefährlich ist, wenn allzu oft oder von allzu vielen die Norm übererfüllt wird. Denn dann kann es sehr schnell passieren, daß die Norm allgemein einfach höher angesetzt wird. Daher ist es leicht erklärlich, daß in Rußland niemand daran interessiert ist, mehr als unbedingt notwendig zu arbeiten und eine Norm durch Übererfüllung in Gefahr zu bringen, erhöht zu werden.
Eine andere Begleiterscheinung bei diesem sozialistischen Arbeitsbewertungs- und Entlohnungsverfahren ist der ständige Versuch, die Erfüllung einer Norm durch betrügerische Machenschaften zu erreichen.
Das lernen auch wir recht schnell bei unserer Waldarbeit. Wenn wir zum Beispiel Baumstämme in Einzelstücke aufzusägen, zu spalten und aufzuschichten haben, wird immer wieder mit Erfolg versucht, Holzstücke von einem in den vergangenen Tagen errichteten und bereits vermessenen Stapel noch einmal für einen neuen Stapel zu verwenden. Selbst wenn unser Natschalnik diese Holzstapel beim Vermessen gekennzeichnet hat, gibt es Mittel und Wege, trotzdem Holz »umzuschichten«. Außerdem bringen uns sogar unsere zivilen Wachposten bei, wie man einen Holzstapel mit möglichst großen Luftlöchern so aufschichtet, daß er mit weniger Holz mehr Raummeter ergibt. Zuweilen geben sie uns auch unauffällig zu verstehen, daß wir uns bei der Arbeit doch mehr Zeit lassen sollen. Verständlicherweise scheinen sie zu befürchten, daß ihnen die deutschen Kriegsgefangenen bei zu großem Arbeitseifer die Norm verderben können. Immerhin kann das für sie später von Nachteil sein, wenn sie wieder selbst arbeiten müssen und nicht mehr Wachposten spielen können.
So kommt es, daß der Natschalnik jeden Abend beim Vermessen der am Tag gefällten, zersägten und gestapelten Holzmenge bei den einzelnen Arbeitstrupps eine Raummeterzahl aufmißt und notiert, die keineswegs der tatsächlich geleisteten Arbeit entspricht.
Da derartige Dinge beim Normverfahren in der Sowjetunion allgemein üblich sind und aus den verschiedensten Gründen so zustande gekommene Arbeitsergebnisse »nach oben« gemeldet werden, ist es leicht verständlich, warum groß propagierte Erfolgsstatistiken in Jahres- und Fünfjahresplänen niemals den Tatsachen entsprechen können.
Unser russischer Lagerkommandant entpuppt sich recht bald als ein übler Antreiber. Dabei geht er so weit, daß er uns eines Abends nicht in das Lager zurücklassen will, weil wir unsere Norm nicht erfüllt hätten. Doch als es immer dunkler wird, während wir einfach nur an unseren Feuerstellen ruhig sitzen bleiben, bekommen unsere Bewacher dann doch Angst, daß ihnen einer von uns verloren gehen könnte. Plötzlich kann es nicht schnell genug in das Lager zurückgehen. Ebenso kümmert sich der Kommandant zunächst nicht um die offizielle Anordnung, wonach wir bei einer Kälte unter 10 Grad Minus nicht zur Arbeit auszurücken brauchen. Das hängt wohl alles damit zusammen, daß dieser Feldwebel als Lagerkommandant von der

Fabrikleitung, für die wir hier das Holz zu schlagen haben, bestochen worden sein soll. Jedenfalls wird er als Lagerkommandant plötzlich abgelöst, nachdem kurz vorher noch ein Streik von uns durchgeführt wurde. Dabei haben wir uns geweigert, das Lager zur Arbeit zu verlassen, weil das Thermometer an der Wache 20 Grad Kälte zeigte.
Für den Feldwebel wird nun ein Leutnant Lagerkommandant, der nach seinem Aussehen und Wesen genau so gut ein Angehöriger unserer eigenen Armee sein könnte. Sein Verhalten uns gegenüber ist nicht nur korrekt, sondern sogar als durchaus ungewohnt freundlich zu bezeichnen. Er erklärt uns ganz offen, daß er in uns in erster Linie Soldaten sieht, die er auch entsprechend behandelt.
Interessant ist darüberhinaus seine sonstige Einstellung zum Verhältnis unserer beiden Länder zueinander. In der Unterhaltung, die er immer wieder mit uns sucht, bringt er zum Ausdruck, daß eine politische und noch mehr wirtschaftliche Zusammenarbeit zwischen Rußland und Deutschland viel besser wäre. Eine Verbindung dieser beiden Länder, das eine, Rußland, als Agrar- und Rohstoffland und das andere, Deutschland, als Industrieland, könnte doch nur in beiderseitigem Interesse liegen.
Wir stimmen diesen Überlegungen durchaus zu, versuchen ihm aber dann klar zu machen, daß dies uns so lange nicht möglich erscheint, so lange das kommunistische System in der Sowjetunion maßgebend ist. Nach den kommunistischen Manifesten und nach der bolschewistischen Ideologie soll dieses System doch auf alle anderen Länder, gerade jetzt wieder auf Deutschland, übertragen werden. Diese Ziele der kommunistischen Weltherrschaft erschweren, ja verhindern alle durchaus sonst positiven Bündnisüberlegungen.
Diesem russischen Offizier kann man anscheinend sogar verständlich machen, welche Chancen die sowjetische Regierung und Parteiführung bei der Behandlung von Millionen von Kriegsgefangenen offensichtlich nicht nutzt. Denn statt diese in ihrer Hand befindlichen deutschen Kriegsgefangenen für eine Zusammenarbeit mit Rußland zu gewinnen, erreichen sie durch ihre Behandlung und ihre Schikanen gerade das Gegenteil. Es ist doch wohl kaum anzunehmen, daß die überwiegende Mehrheit dieser Kriegsgefangenen nach ihren Erlebnissen in Rußland für dieses kommunistische System eintreten wird, wenn sie einmal wieder in die Heimat zurückkommen wird.
Diese Monate Anfang 1946 im Außenlager Lubijan gehören aber immerhin noch zu denen, an die man nicht mit so besonders schlechten Erinnerungen zurückdenken wird. Einmal sind es die Verhältnisse in dem kleinen Lager, die nun noch dazu mit dem freundlichen russischen Leutnant als Kommandanten das Gefangenenleben den Umständen entsprechend erträglich machen. Sicher trägt auch das Fehlen von Antifa-Aktivisten und damit jeglicher politischer Propaganda und ein davon unbeeinflußtes, um so mehr kameradschaftlich bestimmtes Zusammenleben viel dazu bei. Zum anderen ist die Waldarbeit im Winter und dann in den Frühling hinein eine einigermaßen erträgliche Tätigkeit, bei der wir zudem unsere Kräfte den eige-

nen Fähigkeiten entsprechend einsetzen können. So fühlen wir uns, so weit man das in Gefangenschaft überhaupt sagen kann, mit der langsam auch wärmer werdenden Sonne in dieser Zeit einigermaßen mit unserem Schicksal zurecht.
Als im März der Schnee immer mehr verschwindet und von der inzwischen kahlgeschlagenen Waldfläche das Holz mit Pferden hinab zur wieder eisfreien Kama zum Bau und Beladen von Flößen geschafft wird, ist unsere Arbeit hier zu Ende. Deshalb wird auch das kleine Lager aufgelöst, und wir kehren Anfang April nach Jelabuga in das Kama-Lager zurück.
In dem guten Vierteljahr unserer Abwesenheit aus Jelabuga hat sich dort in den beiden Offizierslagern einiges verändert. Das Kloster-Lager ist von den deutschen Offizieren restlos geräumt worden. Dafür befinden sich dort jetzt japanische Offiziere. Von ihnen wird berichtet, daß sie sich noch streng nach in ihrer Armee üblichen Regeln auch als Kriegsgefangene verhalten, wobei sie sich mit großer Geschlossenheit und mit dem ihnen eigenen Stolz gegenüber den Russen durchzusetzen verstehen. Das gelingt ihnen sicher deshalb besonders gut, weil es bisher in ihren eigenen Reihen nach dem ja auch für sie enttäuschenden Ausgang des Krieges politische Auseinandersetzungen noch nicht gegeben hat.
Ein für uns ganz besonderes Ereignis ist aber zu Beginn des Jahres 1946 die Tatsache, daß wir jetzt Postkarten mit dem russischen Roten Kreuz und Roten Halbmond bekommen, die zugleich mit einer Antwortkarte verbunden sind und die wir nach Hause schicken können. Dabei ist zwar bei der ersten Karte im Januar die Anzahl der Worte, dic wir schreiben dürfen, auf 35 begrenzt, aber immerhin können wir doch hoffen, daß wir vielleicht dann auch eine Nachricht aus der Heimat erhalten werden. Für mich ist damit die Frage verbunden, wohin ich eigentlich schreiben soll. Denn immerhin liegen Hirschberg und das Riesengebirge in dem Teil ostwärts der Görlitzer Neisse, der nun von den Polen besetzt worden ist. Sicherheitshalber schicke ich deshalb die erste Karte nach Warburg in Westfalen an meine dort schon länger lebende Schwester Irmgard. Zwei weitere Karten können wir dann im April und im Juni schreiben.
Etwas Neues ist auch der Arbeitseinsatz, den sich die Russen haben einfallen lassen. Aus den beiden Offizierslagern werden deutsche wie japanische Offiziere aller Dienstgrade in zahlreichen Kommandos hinausgebracht, um in der Nähe der Stadt mit dem Spaten größere Ödflächen umzugraben und anschließend darauf Kartoffeln zu legen. Das geschieht zwar auch mit der Festsetzung von bestimmten Quadratmeter-Normen, mutet jedoch vielfach auch mehr als eine nutzbringende Beschäftigung an. Interessant ist es dabei für uns, die in der Nähe eingesetzten japanischen Offiziere zu beobachten, wie sie diese Arbeit mit einer nicht zu übersehenden Gelassenheit ausführen.
Bei den Saatkartoffeln, die mit mehr oder weniger Geschick in die Furchen gelegt oder geworfen werden, verschwinden verständlicherweise nicht wenige für den »eigenen Verbrauch«. Auf diese Weise lernen wir, rohe Kartoffeln zu essen, wobei allerdings etwas Salz zur besseren Bekömmlichkeit besonders wichtig ist.

Doch lange dauert nun mein Aufenthalt in diesem Lager 97 in Jelabuga nicht mehr. Mittlerweile ist schon ein Teil der deutschen Offiziere in verschiedenen Transporten weggekommen, wobei natürlich nicht bekannt ist, in welche Teile und Lager von Rußland sie gebracht worden sind. Mit einem derartigen Transport verlasse ich im Juni 1946 diese Stadt an der Kama, in deren Gefangenenlagern ich fast drei Jahre meiner Kriegsgefangenschaft zugebracht habe.
Aber mit dem Ende dieser zweifellos recht ereignisreichen und auch keineswegs immer leicht zu überstehenden Zeit in Jelabuga ist leider noch lange nicht das Ende der Kriegsgefangenschaft in Sicht.

Im Raum Pensa – Kuibyschew 1946 bis 1949

Der Abtransport von Jelabuga im Juni 1946 erfolgt nicht wieder mit einem Schiff auf der Kama, wie im September 1943, als wir hierher in die Tatarenrepublik gebracht wurden. Dieses Mal geht es zunächst mit einem LKW zu einer Bahnstation nordwestlich von Jelabuga. Sie liegt an der Bahnstrecke, auf der auch der Transsibirien-Expreß von Kasan aus über den Ural und dann weiter nach Swerdlowsk verkehrt. Doch wir fahren als »Plennys« natürlich nicht in einem Transsibirien-Expreß, aber wir fahren auch nicht nach Sibirien. Unsere Fahrt geht in einem Güterwagen-»Expreß« in entgegengesetzter Richtung westwärts, zunächst bis nach Kasan.

Damit beginnt wieder einmal das große Rätselraten, wohin man uns wohl diesmal in den Weiten Rußlands transportieren wird; die Hoffnung auf eine Fahrt zurück in die Heimat und damit auf ein Ende der Kriegsgefangenschaft erscheint dabei so abwegig, daß es keiner wagt, davon etwas auszusprechen. Aber, wie in einer solchen Lage unvermeidbar und durchaus verständlich, fehlt es nicht an unterschiedlichsten Gerüchten und Einfällen. Dazu gehört die Vermutung, daß wir vielleicht nach Stalingrad gebracht werden könnten, um dort beim Wiederaufbau der Stadt eingesetzt zu werden.

Hatten uns doch wiederholt Funktionäre des Nationalkomitees Freies Deutschland in den vergangenen Jahren einen derartigen Arbeitseinsatz in Stalingrad angedroht. Denn abgesehen davon, daß sie uns, soweit wir ihre politische Einstellung und Propaganda eindeutig ablehnten, als üble Faschisten beschimpften, waren sie darüberhinaus eifrig bemüht gewesen, unsere Heimkehr nach dem Ende des Krieges als recht fragwürdig und unverdient zu proklamieren. Stattdessen käme nach ihrer Ansicht für uns eigentlich nur eine Wiedergutmachung durch den Wiederaufbau der von uns zerstörten Stadt an der Wolga in Betracht.

Bei der Weiterfahrt von Kasan scheint die Fahrtrichtung, so weit wir das feststellen können, die Gerüchte bezüglich Stalingrad zunächst zu bekräftigen.

Immerhin haben wir es als junge Soldaten bereits gelernt, die Himmelsrichtungen auch ohne Kompaß festzustellen. Inzwischen hat sich in der Kriegsgefangenschaft diese Fertigkeit durch jahrelange Erfahrung noch weiter verbessert. Darüberhinaus ist es ja auch notwendig geworden, ohne eine Uhr das Gefühl für die jeweilige Tageszeit zu entwickeln. Aus der Not geboren, hat sich dieses Zeitgefühl mit einer erstaunlichen Genauigkeit laufend verbessert. Das Leben ohne eine Uhr gehört zu den Erscheinungen in der Kriegsgefangenschaft, über die man schon gar nicht mehr besonders nachdenkt.

Unser nunmehr in allgemein südlicher Richtung verlaufender Transport endet nach einer mit mehrfachen Aufenthalten unterbrochenen Nachtfahrt zu unserer Überraschung bereits am folgenden Tag auf einem größeren Bahnhof. Wie in derartigen Fällen üblich, gibt es zunächst noch einiges Hin und Her, bis wir unseren Güterwagen verlassen und feststellen können, daß wir uns in Pensa befinden.

Pensa ist die Hauptstadt des gleichnamigen Gebietes der föderativen Sowjetrepublik und geht als ehemalige Festung auf das 17. Jahrhundert zurück. Die Stadt liegt etwa auf der Hälfte der Strecke Moskau – Kuybischew.
Noch kann ich natürlich bei der Ankunft in Pensa im Juni 1946 nicht ahnen, daß ich in diesem Gebiet und dem sich nach Osten anschließenden Gebiet Uljanow — etwa 700 Kilometer von Moskau entfernt — die kommenden Jahre bis zum Ende meiner Kriegsgefangenschaft 1949 verbringen werde.
In diesem Raum werden nach unseren Beobachtungen Tausende deutscher Kriegsgefangene zum Straßenbau und damit zusammenhängenden Arbeiten — wie zum Beispiel in Steinbrüchen und zum Steineklopfen — eingesetzt.
Es wird davon gesprochen, daß es sich hier um den Bau einer strategisch besonders wichtigen Straße von Moskau nach Kuibyschew, der größten Stadt im ostwärtigsten Wolga-Bogen, handelt. Kuibyschew — bis 1938 hieß diese Stadt »Samara« — war 1941 nach dem Vorstoß der deutschen Truppen bis kurz vor Moskau das Ausweichquartier der sowjetischen Stalin-Regierung.
Welch eine Bedeutung einer derartigen Straße beizumessen ist, haben wir in den verkehrsmäßig meist recht wenig erschlossenen Gebieten Rußlands bereits ausreichend auf dem Vormarsch bis an die Wolga nach Stalingrad kennengelernt.
In allen im Verlauf dieses Straßenbaus zwischen Pensa und Kuibyschew eingerichteten Arbeitslagern befinden sich kriegsgefangene deutsche Unteroffiziere und Mannschaften. Der Unterschied zwischen diesen beiden Dienstgradgruppen spielt überhaupt keine Rolle mehr. Es ist ja auch durchaus verständlich, wenn bei dem jahrelangen gemeinsamen Schicksal in den Kriegsgefangenenlagern und bei dem oft so harten Arbeitseinsatz militärische Rangunterschiede bei den Unteroffizieren und Mannschaften völlig unwichtig geworden sind.
Im Gegensatz dazu besteht der Russe aber bei den Offizieren, die jetzt nach der Auflösung der Offizierslager, wie Jelabuga, bis einschließlich Hauptmann auf derartige Arbeitslager aufgeteilt werden, auf einer klaren Abgrenzung gegenüber den Unteroffizieren und Mannschaften.
Einmal werden wir in sogenannten Offizier-Brigaden zusammengefaßt bei der Arbeit eingesetzt, und zum anderen erhalten wir in diesen Arbeitslagern eine besondere Offiziersverpflegung. Eine für die in der Sowjetunion propagierte sozialistische-kommunistische neue Gesellschaftsordnung einfach unverständliche Regelung.
Unsere immer wieder unternommenen Versuche, wie es in der deutschen Armee üblich und selbstverständlich ist, alles in einen Topf zu werfen und für alle eine gemeinsame Verpflegung auszugeben, bleiben stets erfolglos.
Die Begründung für diese Maßnahme ist ein Befehl aus Moskau und der Hinweis darauf, daß es in der Roten Armee ebenso üblich sei, daß die sowjetischen Offiziere eine andere Verpflegung als die Unteroffiziere und Mannschaften erhalten. Dabei wird allerdings besonders betont, daß sich der Unterschied in der Verpflegung lediglich auf die Zusammensetzung im einzelnen bezieht. Nach dem Nähr-

Nach dem Eisenbahntransport von Kissner nördlich von **Jelabuga** *im Juni 1946 über Kasan nach Pensa:*
Aufenthalt in den Arbeitslagern im Raum **Pensa – Kuibyschew** *mit dem Hauptlager* **Perewolukij** *und im Lazarett* **Kusnezk** *(November 1948/März 1949)*

Nicht genau in der Karte verzeichnet sind die kleineren Orte mit den Neben-Arbeitslagern Achuny, Selikse, Malo Rosan, Bolsche Rosan, Sollny, Bachilowa, Alexandrowka, in denen ich von 1946 bis 1949 gefangengehalten wurde.

beziehungsweise Kalorienwert wäre sie vollkommen gleichwertig. Wenn wir Offiziere zum Beispiel eine tägliche Butterration erhalten, so befindet sich für die anderen Soldaten eine entsprechende Fettmenge in der warmen Verpflegung. Oder wenn es für Offiziere Fleisch gibt, erhalten die anderen dafür auch einmal Fisch. Eine Möglichkeit, derartige Aussagen zu überprüfen, haben wir natürlich nicht.
Nach der uns im Lauf der Zeit bekannt werdenden »Norm« für unsere Verpflegung ist dafür etwa folgende Regelung maßgebend:
Morgens: 400 g Brot, 25 g Butter, 30 g Zucker, Kaffee.
Mittags: 3/4 Liter Suppe, 300 g Brei (zum Beispiel Hirse).
Abends: 3/4 Liter Suppe, 300 g Brei (zum Beispiel Kartoffeln), 200 g Brot.
Diese Norm-Verpflegung ist aber keineswegs immer üblich. Oft fehlt etwas davon, weil angeblich — besonders im Winter — die entsprechenden Vorräte im Lagermagazin nicht vorhanden sind.

Die unterschiedliche Behandlung bei der Verpflegung gilt auch für die Ausgabe von Tabak. Während hier für Offiziere die tägliche Ration normalerweise 15 g Tabak oder 15 Zigaretten beträgt, erhalten die Unteroffiziere und Mannschaften nur 5 g oder 5 Zigaretten.
Diese fragwürdige Tabakzuteilung führt zwangsläufig zu einem recht bedenklichen Tauschhandel Tabak gegen Brot. Denn, so wie ich, verbrauchen viele Offiziere nur einen Teil dieser Tabakmenge, andere rauchen überhaupt nicht. Dagegen ist für viele Raucher bei den Unteroffizieren und Mannschaften die Tabakmenge nicht ausreichend. Die Folge davon ist, daß durch Eintausch von Tabak für Brot eine mögliche Gefahr für die Gesundheit bewußt in Kauf genommen wird.
Eines Tages kommt als weitere Sonderbehandlung der Offiziere die Ausgabe von monatlich 10 Rubeln hinzu. Dieses Geld wird dann natürlich besonders wertvoll, als es möglich wird, dafür Brot, Milch oder andere Verpflegungsmittel zu kaufen. Doch so weit ist es zunächst noch nicht.
Aufgrund dieser Verhältnisse bei der Behandlung besteht zwangsläufig die große Gefahr, daß zwischen den Kriegsgefangenen, und zwar den Offizieren einerseits und den Unteroffizieren und Mannschaften andererseits, in den Arbeitslagern zumindest eine gespannte Atmosphäre entsteht. Von den Russen würde das wahrscheinlich sogar nicht ungern gesehen, ja sogar begrüßt werden. Bei den sogenannten Antifa-Aktivs, die auch nach dem Ende des Krieges noch zu den Kriegsgefangenenlagern gehören, besteht offensichtlich daran ein nicht geringes Interesse.
Diese Antifa-Aktivs bei der jeweiligen russischen Lagerleitung spielen allerdings nicht mehr die Rolle wie in den Jahren bis 1945/46, als es noch ein Nationalkomitee Freies Deutschland und einen Bund Deutscher Offiziere mit ihrer Zeitung »Freies Deutschland« gegeben hat. Die Aufgabe dieser Antifa-Aktivs besteht nun im wesentlichen darin, die deutschen Kriegsgefangenen mit allen erdenklichen Mitteln, zum Beispiel auch Resolutionen, zu der mit großem Propagandaaufwand proklamierten »Wiedergutmachung« zu verpflichten und damit die Arbeitsleistungen so stark wie möglich zu verbessern.
Im allgemeinen wird den Offizieren die unterschiedliche Behandlung bei der Verpflegung und Tabakzuteilung von den Mitgefangenen nicht vorgeworfen, da die meisten Soldaten einsehen, daß dafür allein der Russe verantwortlich ist.
Dazu kommt auch noch, daß wir in den Offizier-Arbeitsbrigaden bei der Art des Arbeitseinsatzes oft auffallend schlechter behandelt werden als andere Arbeitsbrigaden. Daher besteht bei unserem Einsatz in diesen Arbeitslagern weitgehend eine immer wieder erfreuliche Solidarität, die auch dazu beiträgt, das schwere Los bei der für alle in gleicher Weise belastenden Ungewißheit über die Dauer der Gefangenschaft gemeinsam zu ertragen.
Das erste Arbeitslager, in das unsere Offiziersgruppe aus Jelabuga vom Ausladebahnhof Pensa gebracht wird, ist das nicht weit entfernte Lager Achuny.
Der Aufenthalt in diesem Lager dauert allerdings nicht sehr lange und ist für mich noch nicht mit einem Arbeitseinsatz verbunden. Das hängt anscheinend auch damit

zusammen, daß ich hier in Achuny die Gelegenheit habe, mit dem bemerkenswert zugänglichen Lagerkommandanten ein eingehendes Gespräch über den Arbeitseinsatz von kriegsgefangenen Offizieren zu führen. Dabei ist dieser russische »Kapitan« in recht freundlicher Weise bemüht, mir klarzumachen, daß der Arbeitseinsatz von Offizieren der Dienstgrade Leutnant bis Hauptmann eindeutig auf Anweisungen aus Moskau zurückzuführen ist. Von der Sowjetunion seien die für die Behandlung von Kriegsgefangenen maßgebenden internationalen Verträge — wie das Haager Abkommen — nicht unterzeichnet worden. Daher sei es eben sinn- und zwecklos, sich weiterhin gegen einen Arbeitseinsatz unter Berufung auf derartige Abkommen zu widersetzen. Schließlich sei eine körperliche Betätigung für die eigene Gesundheit auch von Vorteil. Für einen gesundheitsschädlichen Arbeitseinsatz bestehe keine Gefahr, da in allen Arbeitslagern für eine ausreichende ärztliche Kontrolle und Überwachung gesorgt ist.

Wie schon im letzten Winter bei dem Kommandanten im Lager Lubijan kommt dieser russische Offizier hier in Achuny auch auf die russisch-deutsche Zusammenarbeit zu sprechen. Meine Stellungnahme dazu ist natürlich nicht anders als damals in Lubijan.
Immerhin ist es doch interessant, wie wichtig für einzelne Offiziere in der Sowjetunion noch unter dem Eindruck des gerade zu Ende gegangenen Krieges die künftige Zusammenarbeit zwischen der Sowjetunion und Deutschland zu sein scheint. Dabei läßt sich natürlich zu dieser Zeit für uns die kommende Entwicklung des in Besatzungszonen aufgeteilten Deutschen Reiches noch gar nicht übersehen.
Doch für uns ist in diesen Monaten ein anderes Thema von viel größerer Bedeutung als das künftige, so ungewisse deutsch-russische Verhältnis. Das ist die Herstellung einer Postverbindung mit unseren Angehörigen.
Auf die Fragen danach gibt es immer wieder eine für die Russen typische, bei jeder passenden oder unpassenden Gelegenheit gebräuchliche Antwort: »Saftra budjet« — zu deutsch, »Es wird schon werden«, ganz wörtlich übersetzt, »Es wird morgen kommen«! Ebenso wird eine andere russische Antwort für uns zur Gewohnheit, die die Aussichten auf eine Heimkehr betrifft: »Skoro domoi« — zu deutsch, »Es geht bald nach Hause«! Die Folge dieser sich ständig wiederholenden Aussagen ist dann in »Plenny-Kreisen« der Kommentar: »Was der Russe verspricht, das behält er auch.«
Über ein Jahr ist nunmehr seit dem Ende des Krieges vergangen, ohne daß wir bisher eine Nachricht von unseren Angehörigen erhalten haben. Für uns Stalingrader sind es damit bis jetzt schon über 3 1/2 Jahre ohne eine Verbindung nach Hause. Angesichts der in diesen Jahren abgelaufenen Kriegs- und Nachkriegsereignisse, wie die Bombardierung deutscher Städte oder die Vertreibung aus den Ostgebieten jenseits der neuen Oder-Neiße-Grenze, ist die Ungewißheit über das Schicksal der Familie in der Heimat eine erhebliche Belastung und ein Ende dieses Zustandes immer noch nicht abzusehen.

Dazu kommt aber auch der Umstand erschwerend dazu, daß umgekehrt unsere Angehörigen seit ebenso vielen Jahren nicht wissen, ob wir überhaupt noch am Leben sind.
Von den sogenannten »Neugefangenen«, das heißt von den Kameraden, die erst 1944 und 1945, insbesondere natürlich nach der Kapitulation am 8. Mai 1945 in russische Kriegsgefangenschaft geraten sind, haben wir inzwischen erfahren, daß bei uns zu Hause allgemein die Existenz von Überlebenden der 6. Armee aus Stalingrad in russischer Gefangenschaft durchaus bekannt ist. Allerdings sind dabei einzelne Namen meistens kaum genannt worden. Immerhin erfuhren einige von uns »Altgefangenen« bei dieser Gelegenheit in einzelnen Fällen sogar etwas aus ihrer unmittelbaren Heimat, ja in wenigen Fällen sogar etwas über die eigenen Angehörigen.
Beim Stellvertretenden Generalkommando des VII. Armeekorps in München war nach dem Untergang unserer Armee in Stalingrad ein »Arbeitsstab Stalingrad« gebildet worden, um alle Angelegenheiten für die Angehörigen dieser Armee abzuwickeln. Für meine 376. Infanterie-Division gab es darüberhinaus noch eine Abwicklungsstelle in Berlin und bei unserem Ersatz-Bataillon in Füssen/Allgäu. Alle diese Stellen bemühten sich, einzelne Vermißtenschicksale aufzuklären. Dazu dienten natürlich in erster Linie Anhörungen von Wehrmachtangehörigen, die noch aus dem Kessel Stalingrad ausgeflogen worden waren.
In meinem Fall stellte der letzte offizielle Bescheid des »Arbeitsstabes Stalingrad« nach dem Abschluß der Ermittlungen vom 30. Juli 1943 fest, daß ich seit dem 15. Januar 1943 als vermißt gelte. Maßgebend dafür war, daß ich zu diesem Zeitpunkt noch lebend südwestlich von Pitomnik bei Jablonowskij (Jablotschnij) gesehen worden war.
Aus anderen, ebenfalls meiner Mutter zugegangenen Nachrichten ging hervor, daß ein verwundet ausgeflogener Angehöriger der 8. Kompanie meines Regiments, der Grenadier Heinz Velke ausgesagt hatte, er habe am 8. Januar von mir noch Zigaretten geschenkt bekommen und am 11. Januar 1943 vor seinem Abflug aus dem Kessel Stalingrad gehört, daß es dem Regimentsführer, dem Hauptmann Zank noch gut gehe. Eine weitere Mitteilung lautete schließlich, daß ich leicht verwundet bis zuletzt im Kessel gewesen und wahrscheinlich in Gefangenschaft geraten sei.
In anderen Zuschriften an meine Angehörigen wird aber auch die für die damalige Zeit verständliche, zweifellos als Trost gemeinte Auffassung vertreten, daß ich ... »meine Pflicht bis zum Letzten erfüllt«, ... oder auch, daß ich »mit meinen tapferen Soldaten bis zum letzten Schuß gekämpft und mit ihnen den Heldentod gefunden hätte ...«
Derartige, als Beispiel wörtlich zitierte »ehrenvolle Nachrufe« habe ich, wie alle diese Vorgänge in der Heimat nach dem Ende in Stalingrad, natürlich erst nach meiner Rückkehr aus der Kriegsgefangenschaft erfahren.
Dazu gehört auch der dann später während der ersten Jahre unserer Gefangenschaft von meiner Mutter geführte Briefwechsel mit den Frauen der Generale Paulus,

Stellv. Generalkommando VII. A.K.
(Wehrkreiskommando VII)
I b / Arbeitsstab Stalingrad

München, den 30.7.43

Sehr geehrte Frau Fank!

Der Abschluß der Ermittlungen über das Schicksal Ihres Sohnes, Herrn Hauptm. Horst Fank F.P. Nr. 06425 A der zuletzt im Kampfraum Stalingrad eingesetzt war, hat keine restlose Klarheit erbracht.

Er muß demnach als vermißt angesehen werden. (seit: 15.I.43)

Die Sowjet-Union lehnt die namentliche Bekanntgabe der in ihrer Hand befindlichen Kriegsgefangenen ab, obwohl ein derartiges Verhalten im Widerspruch zu dem Kriegsrecht steht.

Bemühungen internationaler Hilfsgesellschaften oder neutraler Staaten, die darauf abzielten, diese Haltung der Sowjet-Union zu ändern, sind bisher leider ergebnislos verlaufen.

Nachrichten, die über das Schicksal der Kriegsgefangenen umlaufen, sind unkontrollierbar und es besteht Anlaß zu der Annahme, daß sie zur Irreführung sowie Beunruhigung weiter Volkskreise als feindliche Zweckpropaganda in die Welt gesetzt sind.

Ich bedauere daher tief, daß ich nicht in der Lage bin, Ihnen eine aufklärende Mitteilung und tröstende Gewißheit zukommen zu lassen.

Heil Hitler!

Westphalen
Major und Dienststellenleiter

3/1963 W. Druckerei VII, München 6. 43

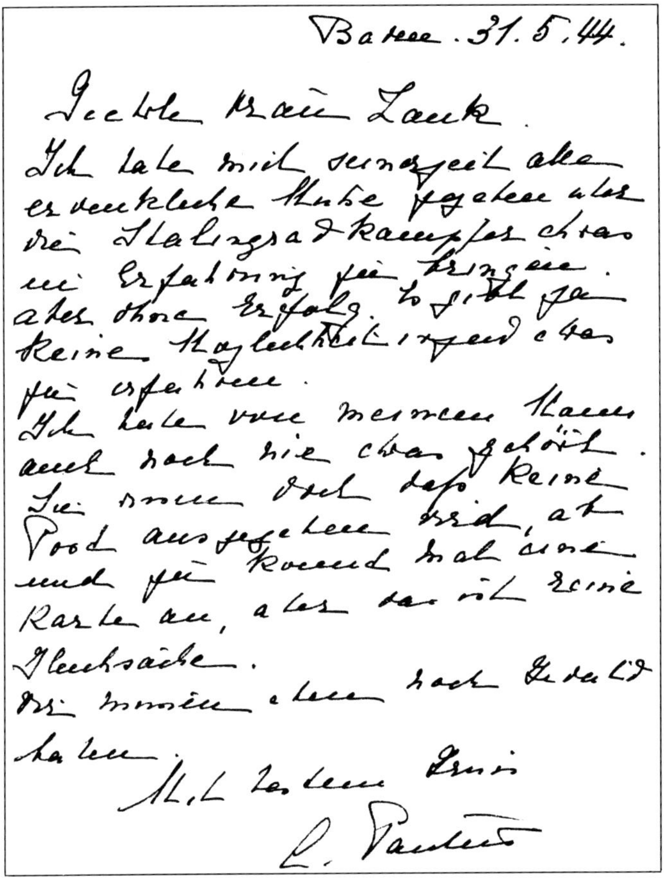
Baden 31.5.44.

Geehrte Frau Zank.
Ich habe mich seinerzeit alle erdenkliche Mühe gegeben über die Stalingradkämpfer etwas in Erfahrung zu bringen. aber ohne Erfolg. Es gibt ja keine Möglichkeit irgend etwas zu erfahren.
Ich habe von meinem Mann auch noch nie etwas gehört. Sie wissen doch daß keine Post ausgegeben wird, ab und zu kommt mal eine Karte an, aber das ist keine Glücksache.
Wir müssen eben noch Geduld haben.
Mit bestem Gruß
C. Paulus

Frau Elna Constanze Paulus am 31.5.1944 an Frau Vally Zank.

Strecker und Heitz. Dabei lag die berechtigte Vermutung nahe, daß in erster Linie die Angehörigen der führenden Generale der 6. Armee etwas über das Schicksal der vermißten Soldaten erfahren haben könnten. Auf diesem »Damendienstweg« sind zwar einige Nachrichten, zum Teil auch nur Gerüchte, weitergegeben worden, ohne daß dabei Einzelschicksale in größerer Zahl aufgeklärt werden konnten. Während der Dauer des Krieges bestand für uns »normale« Kriegsgefangenen keine Möglichkeit, unmittelbar unseren Angehörigen ein Lebenszeichen zukommen zu lassen.
Allerdings sind mit den Mitteln, die dem Nationalkomitee Freies Deutschland zur Verfügung standen, wie der Propaganda mit Flugblättern und Rundfunksendungen über den Sender »Freies Deutschland«, Namen von kriegsgefangenen deutschen Soldaten bekanntgegeben worden. Dabei handelte es sich aber fast ausschließlich um Kriegsgefangene, die die sich an Aufrufen und anderen Propagandaaktionen dieser Organisation beteiligten.

Frau Hedwig Strecker am 4.10.1943 an Frau Vally Zank.

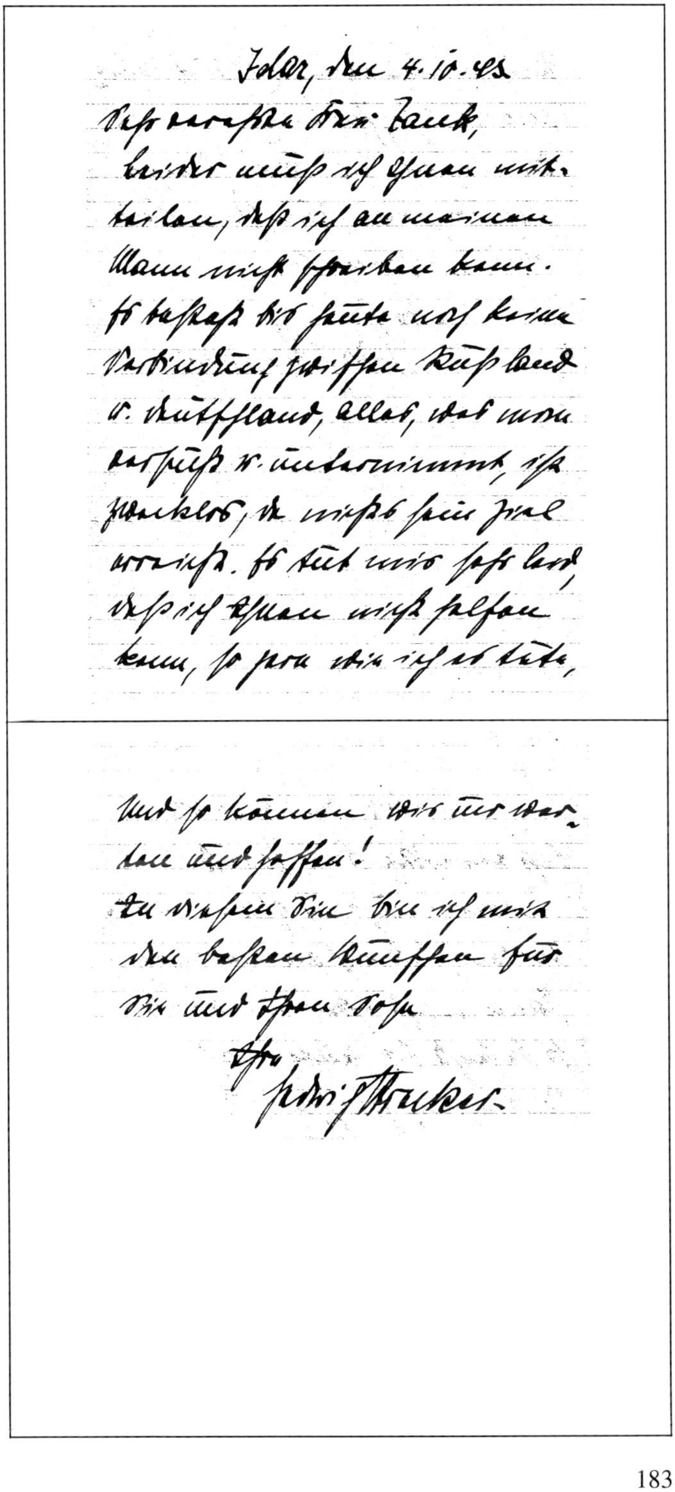
Idar, den 4.10.43

Sehr verehrte Frau Zank,
leider muß ich Ihnen mit-
teilen, daß ich an meinen
Mann nicht schreiben kann.
Es besteht bis heute noch keine
Verbindung zwischen Rußland
u. Deutschland, alles, was man
verspricht u. unternimmt, ist
zwecklos, da nichts sein Ziel
erreicht. Es tut mir sehr leid,
daß ich Ihnen nicht helfen
kann, so gern wie ich es täte,
und so können wir nur war-
ten und hoffen!
In diesem Sinn bin ich mit
den besten Wünschen für
Sie und Ihren Sohn
Ihre
Hedwig Strecker.

Bevor diese erste Schottersteinschicht gewalzt wird, müssen wir nach Ansicht unserer Aufseher zu groß geratene Steinstücke noch mit einem kleinen Steinhammer zerklopfen. Das ganze Spiel mit dem Auffüllen, Zerklopfen und Walzen wiederholt sich dann noch einmal mit einer zweiten Schottersteinschicht bevor eine abschließende, vorläufige Sandschicht als oberster Straßenbelag festgewalzt wird. Die endgültige Straßendecke mit einem Teerbelag soll erst zu späterer Zeit angebracht werden.
Doch bei dieser Art der »vorschriftsmäßigen« Ausführung aller Arbeiten stellt es sich recht bald heraus, daß auf diese Weise der für unseren Streckenabschnitt bis zum Beginn des Winters als »Norm« festgelegte Endpunkt nicht zu erreichen sein wird. Das läßt sich schon an den jede Woche erreichten laufenden Metern Straße erkennen.
Nun stellt aber die sozialistische Planerfüllung für die in der Sowjetunion maßgebliche Planwirtschaft etwas ganz Entscheidendes dar. In der täglichen Berichterstattung nimmt daher die 100- und mehrprozentige Normerfüllung und damit verbundene Auszeichnung einzelner Betriebe oder einzelner »Werktätiger« einen breiten Raum ein.
Die Folgen dieser sozialistischen Planwirtschaft, bei der die »Norm« beziehungsweise der »Plan« — und das bedeutet in den meisten Fällen allein die Quantität — maßgebend ist, während die Qualität der zu erbringenden Arbeitsleistung eine untergeordnete Rolle spielt, lernen wir bei unseren Arbeitseinsätzen in der Kriegsgefangenschaft immer wieder kennen.
Zum besseren Verständnis ist vielleicht folgendes Beispiel geeignet: Für einen Tischler ist als »Norm« für eine täglich zu leistende Arbeit die Fertigstellung eines Stuhls festgelegt. Wenn dann am Abend ein Stuhl fertiggestellt ist, bedeutet das für ihn die 100 %ige Normerfüllung. Dabei ist es aber ohne Bedeutung, wie lange derselbe Stuhl seine Funktion erfüllt und wann er wieder repariert werden muß.
Bei unserem Straßenbau im Sommer 1946 in Selikse treiben uns nun auf einmal die gleichen Natschalniks, die bisher so unerbittlich auf die genaue Ausführung einzelner Arbeiten achteten, aus verständlicher Sorge um die verlangte Planerfüllung nur noch dazu an, jeden Tag möglichst viele laufende Meter beim Bau der Straße voranzukommen. Es spielt nun keine Rolle mehr, ob daß Straßenbett immer gleichmäßig »ausgekoffert« wird, ob die Steinfüllung mit Schottersteinen in ein oder zwei Schichten erfolgt und auch, ob die Schottersteine klein genug zerschlagen worden sind.
Uns Plennys berührt es allerdings recht wenig, ob und wie bei dieser Art des Straßenbaus der »Plan« erfüllt wird. Genausowenig interessiert es uns, wie die Natschalniks dabei die täglichen Abrechnungen über die Art und Weise der tatsächlich erbrachten Arbeitsleistung aufstellen, beziehungsweise »frisieren«.
So ziehen wir in diesem Sommer jeden Tag zur Arbeit an der Straße aus dem Lager hinaus und sind zufrieden, wenn wieder ein Tag vorüber ist. Bei diesem, mit der Zeit doch recht eintönigen Sraßenbau tritt zwangsläufig immer wieder die Frage in den Vordergrund, ob es zutrifft, daß wir nach der Fertigstellung dieses Straßenab-

schnittes angeblich nach Hause fahren werden. Die stille Hoffnung, es könnte in diesem Fall das reichlich strapazierte »skoro domoi« sich vielleicht doch einmal als zutreffend erweisen, drückt sich bei jedem von uns je nach optimistischer oder pessimistischer Veranlagung unterschiedlich aus. Immerhin ist aber damit stets für reichlichen Gesprächsstoff bei der Arbeit und am Abend im Lager vor dem Einschlafen auf der Pritsche gesorgt.
Dagegen ist es uns völlig gleichgültig, wenn wir sehen, wie Teile der gerade fertiggestellten Straße und der dazu gehörenden Böschungen bereits kurz danach wieder beschädigt werden. Die Fahrer der russischen Lastkraftwagen — Personenkraftwagen sind in dieser Zeit hier überhaupt nicht zu sehen — nehmen weder auf Absperrungen, noch auf frisch angelegte Böschungen Rücksicht, sondern fahren einfach so, wie es ihnen gerade in den Sinn zu kommen scheint. Es interessiert anscheinend niemanden, wenn nach der Abnahme eines Teilabschnittes Schäden an und auf der Straße entstehen, die spätestens im kommenden Jahr bei der vorgesehnen Befestigung mit einer Teerdecke beseitigt werden müssen. Auch dabei zeigt sich wieder der »Vorteil« einer sozialistischen Planwirtschaft, in der sich keiner über den Rahmen eigener Zuständigkeit hinaus verantwortlich zu fühlen braucht.
Unser Arbeitseinsatz bei diesem Straßenbau vom Lager Selikse aus dauert bis zum Oktober. Der tägliche An- und Abmarsch zur Arbeitsstelle wird im Lauf der Zeit mit dem Fortschreiten der Bauarbeiten immer länger. Das ist allerdings für uns kein besonderes Problem. Dagegen ist es viel unangenehmer, daß wir bei den kälter werdenden Tagen im Herbst mit häufigem Regen abends oft völlig durchnäßt in das Lager zurückkommen. Trockene Bekleidungsstücke zum Wechseln besitzen wir natürlich nicht. Bei mir wirkt sich das schließlich so aus, daß ich mich nach einiger Zeit vor Gliederschmerzen kaum noch bewegen kann. Daraufhin werde ich sogar für einige Zeit von der Arbeit befreit und kann so lange im Lager bleiben, bis sich dieser Zustand wieder bessert.
Anfang November werden die Arbeiten an der Straße infolge Schnee und Kälte endgültig eingestellt. Damit wird unser Lager Selikse nicht mehr für einen weiteren Arbeitseinsatz benötigt.
Von einem Abtransport der Lagerbesatzung in Richtung Heimat ist allerdings inzwischen überhaupt keine Rede mehr!
Allerdings gibt es für uns tatsächlich einen Abtransport. Bei dem geht es aber aus dem Lager Selikse wiederum in ein anderes Abeitslager. Auf den von seit Jahren in Rußland gewohnten, holprigen, jetzt wieder festgefrorenen russischen Wegen geht es bei dieser Fahrt mit dem Lastkraftwagen in die Dunkelheit eines winterlichen Novemberabends bis vor das Tor eines größeren Barackenlagers. Wie es sich dann herausstellt, befinde ich mich nun im Hauptlager unseres Lagerbezirks im Raum Pensa – Kuibyschew. Dieses Lager — Perewolukij — trägt für unsere Adresse die Nummer 399/5. Es liegt auf dem Höhengelände westlich der Wolga, wie es bei allen russischen Flüssen gegenüber dem ostwärts flach auslaufenen Flußgelände anzutreffen ist. Der Ort Perewolukij befindet sich weiter nördlich unmittelbar am

Wolgaufer, so daß wir dahin in keine Beziehung kommen. Weiter südlich an der Wolga liegt die Rayonstadt Sysran.
Jetzt sind hier im Winter 1946/47 im Lager Perewolukij etwa 1.200 deutsche Kriegsgefangene untergebracht.
Die unmittelbar nach unserem Eintreffen in diesem Lager auf uns zukommenden Lebens- und Arbeitsverhältnisse lassen uns gar nicht so richtig zu Bewußtsein kommen, daß inzwischen vier Jahre vergangen sind, seitdem in ähnlich kalten Wintertagen im November 1942 sich der Untergang unserer Armee im Kessel von Stalingrad abzuzeichnen begann.
Etliche Kilometer nördlich von der Stelle auf diesem schicksalhaften Fluß, wo ich damals versucht habe, auf dem Eis den letzten Ausweg aus Stalingrad zu finden, um vielleicht doch noch dieser Gefangenschaft zu entkommen, und auf dem ich im Sommer 1943 von Dubowka bis Wolsk eine 2tägige Wolga-Traumfahrt als Gefangener erlebte, werde ich nun am Ufer dieses wieder zugefrorenen Flusses als »Plenny« Steine klopfen.
Die »Empfangsformalitäten« beim Eintreffen im Lager sind wir inzwischen gewohnt. Danach komme ich mit meinen Kameraden in einen unbeleuchteten Barackenbau, in dem nicht einmal der Ofen mangels Heizmaterial zum »Empfang« in Betrieb genommen werden kann.
Dieser Auftakt soll sich recht bald als bezeichnend für die Zustände und die Behandlung in diesem Lager erweisen. Immerhin ist der Lagerkommandant nur unter dem vielsagenden Namen »Tiger« bekannt. Dieser russische Offizier soll sich angeblich damit gebrüstet haben, bereits ein Lager »liquidiert« zu haben. Es käme ihm daher auch nicht darauf an, das mit unserem Lager zu wiederholen.
Die Wirklichkeit sollte dieses Gerücht recht bald als durchaus gar nicht so unglaubwürdig beweisen. Denn bereits nach zwei Monaten werden in diesem Lager Perewolukij zwei Drittel der Kriegsgefangenen nicht mehr arbeitsfähig sein.
Ohne Rücksicht auf die winterliche Kälte und eisige Schneestürme müssen wir jeden Tag hinunter an das Ufer der Wolga. Dort wird unsere Arbeitsbrigade zum Steineklopfen eingesetzt. Gerade die Steine vom Flußufer lassen sich nur sehr schwer in kleinere Stücke zerschlagen, wobei die ohnehin recht primitiven Stiele unserer kleinen Hämmer immer wieder zerbrechen und meist nur behelfsmäßig repariert werden können. Die Hoffnung, bei der morgendlichen Ausgabe des Arbeitsgerätes, vielleicht doch einmal ein stabileres Werkzeug zu ergattern, ist allerdings auch nicht dazu angetan, unsere Stimmung spürbar zu beeinflussen.
Es muß schon ein merkwürdiges, an Arbeitssklaven früherer Zeiten erinnerndes Bild abgegeben haben, wie wir da um einen Steinhaufen herumsitzen und bei der primitiven Arbeit versuchen, uns durch Gespräche und Erzählungen etwas abzulenken. Zwischendurch probieren wir, uns durch Herumlaufen wenigstens die Illusion eines Wärmegefühls zu vermitteln. An eines der kleinen Feuer werden wir von den

Wachposten kaum für längere Zeit herangelassen. Der schon zur Gewohnheit gewordene Schrei der Wachposten: »Dawai raboti!«, zuweilen unterstützt durch einen Kolbenstoß in den Rücken, kennzeichnet die entwürdigende Behandlung, der wir in diesem Lager ausgesetzt sind.
Dazu gehört auch als besondere Schikane, daß das allein schon wegen der Kälte sehnsüchtig erwartete Mittagessen in Form einer warmen Suppe des öfteren an einzelne Arbeitsbrigaden nicht ausgegeben wird. Begründet wird diese Maßnahme vom Kommandanten oder einem Natschalnik damit, daß die davon Betroffenen heute nicht die vorgeschriebene Norm bei ihrer Arbeit bis zum Abrücken in das Lager erfüllen und daher selbst diese Strafaktion verschulden würden.

Infolge des ständig unzureichenden Heizmaterials im Lager sind wir bereits tagsüber während der Arbeit, aber besonders auf dem bei einsetzender Dunkelheit erfolgenden Rückmarsch durch das Kussel- und Baumgelände vom Wolgaufer hinauf auf die Wolgahöhe bemüht, Holz in jeder Form und Größe zu organisieren. Dabei kommt es allerdings auch vor, daß uns davon wieder etwas am Lagertor abgenommen wird. Immerhin können wir nach der Rückkehr in unsere Baracke wenigstens unseren Ofen etwas länger in Betrieb halten, um uns aufzuwärmen und unsere nassen Sachen zu trocknen. Doch das Holz reicht trotzdem nicht dazu aus, daß wir uns nachts zum Schlaf richtig ausziehen und morgens ausreichend aufgewärmt wieder hinaus in die Kälte zur Arbeit ausrücken können.
In der zweiten Dezemberhälfte komme ich in eine andere Baracke. Wegen ihrer langen, schmalen Form mit einem Gang an der einen Seite und quer dazu stehenden Doppelpritschen an der anderen Seite, nennen wir sie die »D-Zug-Baracke«. In dieser Unterkunft sind die Verhältnisse insofern etwas angenehmer, als sie besser zu heizen ist. Zum Schlafen muß man sich jetzt wenigstens nicht mehr völlig angezogen hinlegen. Hier verbringe ich nun zum vierten Mal in der Kriegsgefangenschaft die Weihnachtstage und den Wechsel in ein neues Jahr.
Immer noch ohne eine Nachricht von zu Hause, dazu in der Ungewißheit über die Chancen, dorthin wieder einmal zurückzukehren und dazu in einem miserablen körperlichen Zustand. So kann nach fast vier Jahren hinter Stacheldraht in diesen Tagen kaum eine weihnachtliche Stimmung aufkommen. Abgesehen von dem Versuch, wenigstens an den Abenden des 24. und 31. Dezember etwas besinnliche Stunden im kleinen Kameradenkreis in der Baracke selbst zu gestalten, unterscheiden sich diese Tage so gut wie überhaupt nicht von den in Perewolukij inzwischen gewohnten Zuständen.
Der Beginn des Jahres 1947 ist unter diesen Verhältnissen doch recht deprimierend und läßt bei vielen von uns die Hoffnungen und damit die seelische und körperliche Widerstandskraft spürbar absinken.
Bei mir selbst verschlechtert sich mein gesundheitlicher Zustand so sehr, daß ich Anfang Januar krank und arbeitsunfähig in das Lagerlazarett einziehe. Die nachlassende körperliche Leistungsfähigkeit macht sich durch typische dystrophische

Erscheinungen, wie insbesondere am Morgen auftretende Ödeme bemerkbar. So ist bei mir morgens beim Wachwerden sogar der Kopf schmerzhaft angeschwollen.
Inzwischen ist die Zahl der erkrankten Mitgefangenen so groß geworden, daß bereits mehrere Baracken als Lagerlazarett eingerichtet werden müssen.
Das Schönste und Wichtigste nach diesem Wechsel in das Lazarett ist für mich an jedem Morgen das unbeschreibliche Gefühl, nicht mehr hinaus in die Kälte und in den oft so eisigen Schneesturm über die Wolgahöhen hinab zu deren Ufer zur Arbeit getrieben zu werden, sondern in einer warmen Unterkunft liegen, ausruhen und schlafen zu können.
Die im Lazarett besseren hygienischen Verhältnisse und die auch besser werdende Verpflegung tragen dazu bei, daß ich mich in den folgenden Wochen langsam wieder erholen kann. Nach der Entlassung aus diesem »stationären Lazarettaufenthalt« komme ich in den folgenden Monaten zu wechselnden Arbeitseinsätzen.
Die Form dieser Arbeiteinsätze hängt maßgeblich von den Entscheidungen der ärztlichen Kontrolluntersuchungen ab. Diese sogenannten »Kommissionierungen« mit ihren Verfahren und Methoden kenne ich bereits seit 1943 aus den Lagern in Jelabuga. Allerdings habe ich nach dem Abtransport aus Jelabuga im Juni 1946 in den Lagern Achuny, Selikse und hier in Perewolukij bis Anfang 1947 derartige ärztliche Kontrollen nicht mehr erlebt. Eine Folge davon dürfte wohl auch die große Zahl kranker und arbeitsunfähiger Kriegsgefangener sein, wie sie in diesem Winter 1946/47 im Lager Perewolukij die Lazarettbaracken gefüllt haben.
Wenn ich mich auch in der Zeit des Lazarettaufenthaltes soweit erholt habe, daß ich nicht mehr als »Dystrophiker« eingestuft werde, so schwankt in der folgenden Zeit das Ergebnis bei den ärztlichen Untersuchungen immer nur zwischen der Arbeitsgruppe »drei« und der Einordnung bei den Empfängern der »Aufbaukost«. Damit erreiche ich nach wie vor auch weiterhin in der Gefangenschaft nicht das normale Maß bei meinem Gesundheits- und Kräftezustand.
Mein erster Arbeitseinsatz im Frühjahr 1947 erfolgt als »Dreier« erst einmal wieder beim Straßenbau und beim Steineklopfen, wozu ja auch die Arbeitslager in diesem Bezirk in erster Linie eingerichtet worden sind.
Nach einer erneuten ärztlichen Kontrolluntersuchung im Juli 1947 komme ich ganz überraschend zunächst als »Aufbaukostler« zu Innendienstarbeiten in das Lagermagazin und kurz darauf auf eine Kolchose in der Nähe von Perewolukij. Auf einer Kolchose zur Arbeit eingesetzt zu werden, kommt mir nach den bisherigen Erlebnissen so vor, als ob ich in ein Erholungsheim geraten bin. Denn einmal ist die Arbeit dort nicht so anstrengend, zumal es dabei nicht immer die »Normantreiberei« gibt, zum anderen ist die Verpflegung besser, wobei man nebenbei auf einer Kolchose auch zusätzliche Nahrungsmittel »organisieren« kann.
Auf diese Weise komme ich zum ersten Mal mit der sowjetischen Landwirtschaft in unmittelbare Berührung, wobei man manchmal unwillkürlich dazu kommt, Vergleiche mit deutschen Verhältnissen zu ziehen. Als Beispiel dafür fällt mir die

Durchführung der Kartoffelernte ein, da ich dazu aus meiner Zeit im Arbeitsdienst 1937 auf einem Gut in Schlesien eigene, praktische Erfahrungen sammeln konnte. Damals habe ich erlebt, daß für die im Akkord arbeitenden Landarbeiter und die während der Kartoffelernte zusätzlich eingesetzten Dorfbewohner — sozusagen mit Kind und Kegel — die Zahl der gefüllten Körbe bei der Ablieferung und Abrechnung den Lohn bestimmte.
Demgegenüber gilt auf der Sowjet-Kolchose bei der Kartoffelernte eine bestimmte Fläche als »Norm«, die als Tagesleistung abgeerntet werden muß. Zwangsläufig führt dieses Verfahren dazu, daß es für die Landarbeiter weniger wichtig ist, ob auch möglichst alle Kartoffeln herausgeholt werden. Die Hauptsache ist, die Zahl der »abgeernteten Quadratmeter« stimmt! Für uns Plennys hat das den Vorteil, daß wir beim Weg über ein auf diese Weise abgeerntetes Kartoffelfeld ohne große Mühe beim »Buddeln« auf die begehrten Erdäpfel stoßen und uns damit bei nächster Gelegenheit ein zusätzliches Essen zubereiten können. Daß rohe Kartoffeln, besonders mit etwas Salz, durchaus zu essen sind, hat uns der Hunger gelehrt. Aber lieber lassen wir sie natürlich in der Glut eines Feuers garen.
Doch für mich ist in dieser Zeit viel wichtiger und aufregender, daß ich im Juli 1947 endlich die erste, so sehnsüchtig erwartete Post von zu Hause erhalte.
Wie oft mußte ich bisher doch zweifellos mit etwas Neid und Enttäuschung miterleben, wie eine mit der Zeit ständig größer werdende Zahl von Kameraden Post in Empfang nehmen konnte. Nun war ich endlich auch bei diesen Glücklichen!
Wenn diese erste Nachricht auch länger als einen Monat brauchte, ehe ich sie ausgehändigt bekomme, so ist damit die seit November 1942 schon fast fünf Jahre andauernde Zeit ohne Nachricht von zu Hause zu Ende.
Diese erste Postkarte kommt aus Warburg in Westfalen und bestätigt meine Vermutungen, wonach weder meine Mutter, noch meine Geschwister sich noch in der alten Heimat im Riesengebirge in Schlesien befinden. Zwar kommt von nun an die Post nicht so regelmäßig, wie wir monatlich eine Postkarte schreiben können, aber die Verbindung mit meinen Angehörigen in der jetzt für mich neuen Heimat in Warburg in Westfalen reißt nicht mehr ab.
Bei der Vorsicht, die beim Schreiben dieser Karten angebracht ist, erfahre ich allerdinge nicht alles, was mich über die Zustände in Deutschland und bei meiner Familie interessiert. Immerhin sind schon 'mal Stellen auf einer Karte von der Zensur geschwärzt, es läßt sich auch nicht überprüfen, ob alle Postkarten durchkommen.
Unter diesen Umständen erfahre ich erst im Laufe der Zeit, daß mein Bruder am Ende des Krieges in Berlin gefallen ist. Alles Nähere darüber, wonach er als Zivilist im Keller des von ihm bewohnten Hauses, nach dem Einmarsch der Russen in einem Stadtteil von Berlin erschossen aufgefunden worden ist, kann ich natürlich auf diesem Weg in die Gefangenschaft nicht mitgeteilt bekommen.
Die Existenz einer kleinen Nichte seit 1944 ist dagegen dann eine erfreuliche Nachricht.

Bei der durch die Herstellung der Postverbindung merklich verbesserten Stimmung kann mich ein anderes Vorkommnis nicht mehr so stark berühren, obwohl es keineswegs angenehm ist und sich in seinen Auswirkungen auf unser weiteres Schicksal noch gar nicht erkennen und übersehen läßt. Es handelt sich dabei um eine Reihe von Vernehmungen, die in dieser Zeit im Lager Perewolukij durchgeführt werden. Im Zusammenhang damit ist ein umfangreicher Fragebogen auszufüllen. Neben zahlreichen persönlichen Daten spielen in der Hauptsache Fragen nach der Zugehörigkeit zu nationalsozialistischen Organisationen eine besondere Rolle. Bei diesen Vernehmungen gerate ich an einen besonders unfreundlichen, zuweilen sogar ausgesprochen gehässigen Hauptmann (Kapitan) des NKWD.
Nachdem das Ende des Krieges inzwischen über zwei Jahre zurückliegt, geht es bei diesen Vernehmungen natürlich nicht mehr um militärische Angelegenheiten. Einmal existiert eine deutsche Armee nicht mehr und zum Anderen verfügen die Russen jetzt über genügend kompetente Quellen auf diesem Gebiet. Dazu gehören zahlreiche Angehörige des Nationalkomitees Freies Deutschland und des Bundes Deutscher Offiziere, die bereits zu den Zeiten, als diese Organisationen im Laufe des Krieges den Sowjets von Nutzen sein konnten, in der damals erscheinenden Zeitung »Freies Deutschland« sich entsprechend geäußert und profiliert haben. Danach kann man davon ausgehen, daß diese ehemaligen Offiziere der deutschen Wehrmacht erst recht nach Kriegsende ihre Kenntnisse und Erfahrungen den Sowjets bereitwillig zur Verfügung stellen werden. Nicht wenige von diesen Generalen und höheren Offiziere dürfen deshalb beim Aufbau der DDR und der Nationalen Volksarmee so lange eine führende Rolle übernehmen, bis nachgewachsene Kader aus der Partei diese Aufgaben übernehmen können.
Jetzt, hier im Sommer 1947, geht es in einem Arbeitslager für kriegsgefangene deutsche Soldaten bei den erneuten Vernehmungen in erster Linie um deren Verhalten während ihres Aufenthaltes in der Sowjetunion vor der Gefangenschaft. Und dabei handelt es sich eigentlich nur um ehemalige Unteroffiziere und Mannschaften, bei den relativ wenigen Offizieren höchstens um den Dienstgrad Hauptmann. Mit einer manchmal fast schon lächerlich anmutenden Hartnäckigkeit wird dabei eingehend nach dem »Wann und Wie« beim Aufenthalt während des Krieges in Rußland gefragt. Dabei spielt jede kleine Ortschaft eine Rolle, die man einmal berührt haben könnte. Selbst bei einem noch so guten Erinnerungsvermögen ist man verständlicherweise gar nicht in der Lage, präzise Einzelheiten über alle russischen Dörfer anzugeben.
Der eigentliche Grund für diese möglichst genaue Rekonstruktion der einzelnen Stationen während des vergangenen Feldzuges in der Sowjetunion ist offensichtlich darin zu sehen, daß nun auch auf diese Weise die Jagd nach Kriegsverbrechern aufgenommen werden soll, die sich bei der Behandlung der russischen Bevölkerung und gegenüber russischem Eigentum strafbar gemacht haben.
Wenn das Verhalten des vernehmenden NKWD-Offiziers mir gegenüber auch den Eindruck erweckt, er betrachte mich als ein besonders verdächtiges Exemplar eines

deutschen, für ihn »faschistischen Offiziers«, so berührt mich das im fünften Jahr der Gefangenschaft nicht so sehr, wie es von ihm wohl beabsichtigt ist. Ich habe ohnehin überhaupt keinen Anlaß zu der Befürchtung, als Kriegsverbrecher für schuldig befunden zu werden.
Während der gesamten Zeit meiner Teilnahme am Rußlandfeldzug bis nach Stalingrad habe ich niemals erlebt, daß sich deutsche Soldaten gegenüber der Zivilbevölkerung in irgendeiner Weise völkerrechtswidrig oder sonst nicht korrekt verhalten haben. Im Gegenteil, das gegenseitige Verhältnis zwischen uns und der Bevölkerung war stets ausgesprochen freundlich und hilfsbereit. Zum Beispiel bei der oft gastlichen Aufnahme in einem russischen Bauernhaus, wo man dann auch noch zum Schlafen den besten Platz auf dem warmen Ofen annehmen mußte, wenn man die Gastgeber nicht beleidigen wollte.
Es ist aber eben eine der zahlreichen Folgen des verlorenen Krieges, nachträglich in die Gefahr zu geraten, als Kriegsverbrecher zur Rechenschaft gezogen zu werden. So auch wegen des im Krieg in einem Notfall durchaus zulässigen Beschaffens von Verpflegung aus dem Land, selbst wenn es sich dabei nur um Heu und Stroh für die Pferde handelte. Deshalb werden auf einmal die für die Verpflegung in der Truppe zuständigen Zahlmeister und auch vorrübergehend eingesetzte Ortskommandanten zu besonders verdächtigten Wehrmachtangehörigen.
Glücklicherweise trifft für mich auch ein anderer, für einige Mitgefangenen folgenschwerer Umstand nicht zu. Das ist die Zugehörigkeit zu einer Division, die im rückwärtigen Kampfgebiet gegen Partisanen eingesetzt gewesen war. In einem derartigen Fall muß man damit rechnen, automatisch allein aufgrund der Verbandszugehörigkeit als Kriegsverbrecher eingestuft zu werden.
Das geht sogar so weit, daß diese Soldaten ohne Rücksicht auf ihre damalige Funktion und nicht einmal dann vor einem Verfahren sicher sein können, wenn sie in der fraglichen Zeit sich zum Beispiel wegen Urlaub oder Lazarettaufenthalt gar nicht bei ihrer Division in Rußland aufgehalten haben.
Unwillkürlich werde ich bei dieser Vernehmungsaktion in Perewolukij ständig an die Zeit von vor vier Jahren im Sommer 1943 im Lager Wolsk erinnert, wo ich damals bis an die Grenze des psychisch und physisch Erträglichen durch eine »Vernehmungsmühle« gedreht worden bin. Immerhin habe ich jetzt dabei das Gefühl, mich damals schon gegenüber diesen völlig ungewohnten Methoden von Verhören und den damit verbundenen Gefahren beinahe nur intuitiv richtig verhalten zu haben.
Dabei habe ich nun auch den Verdacht, daß der NKWD-Offizier hier in Perewolukij Unterlagen über die früheren Vernehmungen vorliegen hat. Ich bin mir auch nicht sicher, ob das Gleiche in bezug auf mein Verhalten später in Jelabuga in Verbindung mit den Vorgängen um das Nationalkomitee Freies Deutschland und den Bund Deutscher Offiziere zutrifft. Einiges in der Art der Befragung durch diesen ausgesprochen unangenehmen NKWD-Mann läßt durchaus darauf schließen. Die Existenz derartiger »Personalakten« sollte sich später auch bestätigen.

Meine inzwischen erworbenen russischen Sprachkenntnisse sind bei diesen neuerlichen Vernehmungen offensichtlich von Vorteil. Ist es mir doch dadurch möglich, die Übersetzungen meiner Aussagen durch den Dolmetscher kontrollieren und erforderlichenfalls korrigieren zu können.
Im Herbst und insbesondere mit dem Einbruch des Winters müssen die eigentlichen Straßenbauarbeiten zwangsläufig wieder eingestellt werden. Damit hängt es wohl auch zusammen, daß ich im November 1947 in ein kleines, etwa 14 Kilometer vom Hauptlager Perewolukij entferntes Außenlager verlegt werde. Das Besondere daran ist der Umstand, daß wir in diesem Lager — Malo Rosan — nur etwa 150 Kriegsgefangene sind, die alle der Arbeitsgruppe »Drei« angehören. Das führt zur Bezeichnung »Dreier-Lager«.
Angehörige dieser Arbeitsgruppe »Drei« sollen ja nur zu leichteren Arbeiten herangezogen werden. Nach den für uns nicht zu erkennenden Maßstäben bei der entsprechenden Einstufung von Arbeiten gehört offensichtlich die Arbeit in einem Steinbruch zu derartigen »leichteren« Arbeiten. Denn dafür werden wir hier im Lager Malo Rosan eingesetzt.
Dabei ist die Bezeichnung Steinbruch allerdings nicht mit den bei uns üblichen Verhältnissen zu vergleichen. Bei dem in dieser Gegend vorherrschenden, leicht welligen Gelände besteht nicht die Möglichkeit, etwa in einen Bergabhang hinein einen Steinbruch anzulegen. Hier geht es beim Abbau von Steinen so vor sich, daß nach dem Abtragen einer 1 bis 2 Meter dicken Erdschicht die darunter befindlichen Stein- oder Felsschichten herauszuholen sind. Auf diese Weise entstehen immer größer werdende Gruben mit einem Durchmesser bis zu circa 20 Meter und einer Tiefe bis zu etwa 5 Meter. Dabei müssen die Steine zunächst mit Brechstangen und Kreuzhacken herausgehauen und anschließend aus diesem Steinbruchloch herausgeholt werden. Je nach der dabei erreichten Tiefe der Grube werden diese unterschiedlich großen Stein- beziehungsweise Felsstücke in einer oder mehreren Etappen nach oben geschafft. Dort müssen sie schließlich für die spätere Verwendung beim Straßenbau entsprechend zerklopft werden. Bis zum Abtransport im kommenden Jahr landen sie auf einer großen Steinhalde.
Im Vergleich zu dem letzten Winter im Hauptlager Perewolukij sind in diesem Nebenlager die Verhältnisse doch merklich besser. Das hängt allein schon damit zusammen, daß es sich hier um ein relativ kleines Lager handelt, was sich in vieler Beziehung immer wieder als vorteilhaft erweist.
Natürlich ist die Arbeit bei Kälte, Schnee und eisigen Winden bei zudem nicht gerade befriedigendem körperlichen Zustand eine extreme Belastung. Bemerkenswert ist dabei, daß hier wieder einmal die Regelung gelten soll, wonach bei Temperaturen unter 10 Grad Kälte nicht zur Arbeit ausgerückt werden soll. Das hält den Lagerkommandanten aber keineswegs davon ab, uns dann eben nicht zur gewohnten Zeit morgens, sondern erst später am Vormittag zur Arbeit aus dem Lager zu treiben, wenn inzwischen das Thermometer an der Wache weniger als 10 Grad Minus anzeigt. Dazu wird es auch schon mal auf die »Sonnenseite« umgehängt, damit es

schneller ansteigt. Wenn wir erst einmal aus dem Lager hinaus sind, spielt die Temperatur ohnehin keine Rolle mehr. Auch dann nicht, wenn wir bis in den beginnenden Abend arbeiten müssen, um die am Morgen verlorene Zeit einzuholen.
Bezeichnend für unsere Situation in dieser Zeit ist ein Bericht eines meiner Kameraden, den er noch in frischer Erinnerung im August 1948 unmittelbar nach seiner Heimkehr an meine Mutter geschickt hat. Darin heißt es unter anderem:
»An einem kalten und schneereichen, stürmischen Wintertag kurz vor Weihnachten (1947), stapsten wir — unsere mit Fetzen und Lumpen umwickelten Füße in dicke und schwere Postenstiefel gesteckt — nach unserer Arbeitsstelle. In einer Reihe, denn der tiefe Schnee ließ die altbekannte Ordnung zu fünfen nebeneinander nicht zu, wankte ich vorwärts in Gedanken versunken und der bissigen Kälte wegen das Gesicht nach unten. Auf den Schultern die schweren, eiskalten Arbeitsgeräte geschultert. Der Gedanke an Weihnachten beschäftigte die müden Gehirne der Gefangenen. Plötzlich blieb ich stehen und ich wartete eine Weile auf Ihren Sohn, meinen Kameraden. Ich rief ihm im Schutz einer Russenbude zu: ›Glauben Sie, Herr Zank, daß dies unsere letzte Weihnacht hier wird?‹ — ›Ja‹ — ›Und wenn wir nächstes Jahr noch hier sind?‹ — ›Dann ist es traurig, sogar schrecklich. Aber in Geduld werden wir ein Jahr weiter hoffen und wünschen.‹ — Und wir schwankten weiter.«
Für diesen Kameraden, Robert Mahr, von dem noch zu berichten sein wird, sollte es die letzte Weihnacht in Rußland sein — für mich noch nicht.
Über die Tage dieses Weihnachtsfestes 1947 hilft uns die Tatsache etwas besser hinweg, daß die Mehrzahl von uns im Gegensatz zu den vorangegangenen Jahren inzwischen Post von den Angehörigen aus der Heimat erhalten hat.
Für unsere Post nach Hause gibt es Anfang Dezember noch eine bemerkenswerte Verbesserung. Denn von nun ab sind wir bei unseren Postkarten nicht mehr an die Höchstzahl von 35 Worten gebunden. Für mich ergibt sich außerdem noch die Gelegenheit, manchmal mehr als nur eine Postkarte monatlich schreiben zu können. Es gibt nämlich Kameraden, die aus verschiedenen Gründen die zugeteilte Postkarte nicht verwenden wollen oder auch nicht verwenden können. Die Ursache dafür ist fast immer, daß trotz aller bisherigen Versuche eine Verbindung mit den Angehörigen nicht zustandegekommen ist. Das betrifft in erster Linie diejenigen, die aus den jetzt von Polen oder Russen besetzten Ostgebieten oder aus dem Sudetenland stammen. Viele davon sind auch nicht in der glücklichen Lage, dann dafür wenigstens einen »Ersatz-Anlaufpunkt« für eine Verbindungsaufnahme zu finden. Als Folge davon gibt es immer wieder Mitgefangene, die darauf verzichten, jeden Monat erneut eine Postkarte zu schreiben. Da tauschen sie eben lieber die Karte gegen Brot oder Tabak ein. Weil ich meine Tabakration nicht voll verbrauche, kann ich damit ab und zu eine zusätzliche Postkarte eintauschen. Das mag sicher nicht als etwas besonders Erwähnenswertes erscheinen, aber in dieser Zeit spielt so etwas im fünften Jahr hinter Stacheldraht eine Rolle, die in dem sonst so gleichförmigen Gefangenenalltag durchaus als etwas Besonderes empfunden wird.

Bei der nunmehr gebotenen Möglichkeit, so viel wie machbar auf eine einzelne Postkarte schreiben und zum Teil auch mehr als eine Karte monatlich abschicken zu können, wagt man es aber trotzdem nicht, genauere Einzelheiten über die tatsächlichen Lebensverhältnisse oder gar über den Ort des Lagers und auch über die Art und Weise der Arbeitseinsätze zu schreiben. Man beschränkt sich daher auf allgemeine Mitteilungen — auf die vielen alltäglichen, kleinen Gedanken und Hoffnungen, die zwischen den Zeilen das eigene Befinden erkennen lassen sollen. Aber viel Raum nehmen dann die Fragen ein, die nach so einer langen Zeit ohne Nachrichten zwangsläufig für uns so wichtig geworden sind.

Bei dem, was ich in meiner Umgebung alles erlebe, ist doch besonders auffallend und beeindruckend, in welch' schwieriger Lage sich die Familienväter unter uns befinden, deren Frauen und Kinder in diesen Nachkriegsjahren ohne Mann und Vater, nicht selten dazu noch mit dem Verlust der Heimat oder der Wohnung zurechtkommen müssen. Von einem Kameraden, der so wie ich seit Stalingrad in Gefangenschaft ist, höre ich, daß seine Frau ihm nur ganz kurz und knapp mitgeteilt hat, sie warte nicht mehr auf seine Rückkehr. Sie habe inzwischen einen anderen Mann gefunden. Während seines letzten Urlaubs, unmittelbar vor dem Kessel Stalingrad, hatte die Hochzeit stattgefunden. So manche, zuweilen sicher recht voreilig geschlossene »Kriegsehe« war dann eben derartigen Belastungen nicht gewachsen. Solche Vorgänge gehören auch zu den vielfältigen Schicksalen infolge einer jahrelangen Kriegsgefangenschaft, deren Ende noch nicht abzusehen ist.

Das Jahr 1948 beginnt dann mit den in den folgenden Monaten immer wieder von »amtlicher sowjetrussischer Seite« gegebenen Zusicherungen, daß alle deutschen Kriegsgefangenen in diesem Jahr in die Heimat zurückkehren werden!

Gegenüber von uns geäußerter Skepsis betonen russische Offiziere nachdrücklich eine nicht zu bezweifelnde Glaubwürdigkeit derartiger Versprechungen.

— Skoro Domoi — wird so zum Schlagwort dieses Jahres 1948!

Bei uns im Lager verdichten sich Anfang März immer mehr die Gerüchte, wonach dieses »Dreier-Lager« in den nächsten Wochen bereits aufgelöst werden und für alle Insassen der Heimtransport beginnen soll. Als dann auch noch eine Ärzte-Kommission im Lager erscheint, der wir alle vorgeführt werden, sinken die Zweifel an der Richtigkeit der Gerüchte immer mehr. Man wagt es sogar, über die Möglichkeit einer baldigen Rückkehr in der Post nach Hause Andeutungen zu machen.

Da ich in der letzten Zeit wegen meines Gesundheitszustandes wieder einmal für unbestimmte Dauer von der Arbeit im Steinbruch befreit gewesen war, wurde mein Optimismus dadurch weiter unterstützt. Ende März ist es dann soweit, daß über den kurz bevorstehenden Abtransport keine Zweifel mehr möglich zu sein scheinen.

Es ist der 24. März — ein Tag vor meinem 28. Geburtstag. In der üblichen »Plenny-Art« habe ich mich auf diesen Geburtstag vorbereitet. Dazu gehört, daß man sich mit den zur Verfügung stehenden Mitteln, wie die monatlich an uns Offiziere ausgezahlten 10 Rubel, zusätzliche Verpflegung beschafft, um sich an diesem Tag einmal richtig satt essen zu können.

Ausgerechnet an diesem Tag vor meinem Geburtstag wird bekannt, daß am folgenden Tag alle »Dreier«, das bedeutet alle Lagerangehörigen bis auf eine kleine Stammbesatzung in der Küche und anderen internen Lagereinrichtungen von Malo Rosan abtransportiert und in ein Entlassungslager gebracht werden sollen. Kein Wunder, daß an diesem Abend bei uns in der Baracke eine bisher noch nie dagewesene Hochstimmung und gespannte Vorfreude herrscht.
Plötzlich erscheint ein russischer Posten in der Baracke, der sich erst einmal Gehör verschaffen muß und dann in der üblichen Art verkündet: »Kapitan Zank, Gorst Willi — dawai Kommandant!« So schnell begreife ich gar nicht, daß ich mit zum Lagerkommandanten kommen soll.
Was das an diesem Abend vor dem Abtransport und der endlich möglichen Heimkehr zu bedeuten hat, ist mir natürlich zunächst vollkommen unklar. Doch beim Weg durch das Lager hinüber zum Haus des Kommandanten habe ich so ein Gefühl, daß das kaum etwas Gutes zu bedeuten haben dürfte.
Als ich dann das Zimmer des Kommandantenhauses betrete, sitzt dort der russische Kapitan vor einem mit einer Petroleumlampe beleuchteten Tisch. Vor sich hat er eine, so weit ich erkennen kann, längere Liste mit verschiedenen Angaben ausgebreitet.
Von dem, was sich nun anschließend in diesem Raum abspielt, bleibt mir nur noch in Erinnerung, daß der russische Kommandant nach irgendwelchen Fragen und Antworten, wobei es auch um mein Alter geht, mich am Arm faßt und etwa folgendes sagt: »Nu, Kapitan, molodoj — nix domoi« — was auf deutsch so viel heißt wie: »Na, Hauptmann, du bist ja noch jung, du brauchst beziehungsweise kommst noch nicht nach Hause!«
Sein grinsendes Gesicht, als er daraufhin mit einer weitausholenden Bewegung auf der vor ihm liegenden Liste offensichtlich meinen Namen durchstreicht, bleibt mir unvergessen.
Am nächsten Morgen, am 25. März 1948, verlassen alle mit mir zusammen gerade »ausgemusterten Dreier« das Lager, um mit Lastkraftwagen abtransportiert zu werden.
Auf meiner Postkarte nach Hause kann ich am 1. April daher darüber nur schreiben: »Es waren für mich bewegte Tage — wenn ich neulich etwas über die Aussichten schrieb, so muß ich heute sagen, es ist eben nichts sicher und über Nacht ändert sich so Manches. Meine Zeit ist eben noch nicht gekommen — die Hoffnung, daß dieses Jahr die Heimkehr bringt, bleibt ja bestehen.«
Die Gründe dafür, warum ich auf diese Weise von einem bisher erstmalig fast als sicher geglaubten Heimtransport zurückgehalten werde, sind und bleiben unerklärlich. Es ist aber recht unwahrscheinlich, daß dabei mein Alter eine entscheidende Rolle spielt, wie es der Lagerkommandant mir gegenüber in einer besonders sarkastischen Art zu erklären versuchte.
Nach allen bisherigen Erlebnissen und Erfahrungen in der russischen Kriegsgefangenschaft dürfte mein ablehnendes Verhalten gegenüber der Propaganda der deut-

schen kommunistischen Emigranten und des Nationalkomitees Freies Deutschland während der ersten Jahre der Gefangenschaft eine entscheidende Rolle dabei gespielt haben. Das verstärkt meinen Eindruck, den ich aufgrund des Verhaltens von dem NKWD-Offizier bei den letzten Vernehmungen im Sommer 1947 in Erinnerung behalten habe. Es kommt mir so vor, als ob es sich infolge dieser letzten Erlebnisse nachträglich erklären lassen könnte, warum ich nach diesen Vernehmungen besonders mißtrauisch geworden bin.
Aber über derartige, bestimmt nicht aus der Luft gegriffenen Erklärungen und Vermutungen hinaus gibt es einfach keine Möglichkeiten, die Hintergründe für die sowjetischen Maßnahmen aufzuklären. Dafür ist mein Erlebnis mit der Rückstellung von einem Heimtransport — erstmalig im März 1948 — keineswegs das einzige Beispiel.
Einige Wochen später erreichen die aus dem Lager Malo Rosan abtransportierten Kriegsgefangenen die Heimat. Unter ihnen ist der ehemalige Leutnant Robert Mahr, mit dem ich seit Perewolukij ständig zusammengewesen bin. Noch in letzter Minute, als es sich herausstellt, daß ich nicht bei diesem Heimtransport dabei sein werde, verspricht er mir, nach seiner Rückkehr nach Westdeutschland meine Mutter zu unterrichten. Auf diese Weise erfahren im Mai 1948 meine Angehörigen zum ersten Mal Genaueres darüber, wo ich mich in Rußland befinde, in welchem seelischen und körperlichen Zustand ich die vergangenen Jahre überstanden habe und unter welchen Verhältnissen ich leben und arbeiten muß.
Aus dem, was Robert Mahr dann unmittelbar nach seiner Heimkehr unter anderem über mich berichtet, kann man sich ein Bild davon machen, wie es in dieser Zeit um mich aus der Sicht eines Kameraden bestellt ist. Dazu folgende Zitate: »Früher muß er sehr lustig und dem Leben zugetan gewesen sein; denn ab und zu bricht sich das Echte und Wahre an ihm mit Macht Bahn und sprudelnd erzählt er interessant aus seiner reichen Vergangenheit und niemand kennt den sonst so stillen und berechnenden Hauptmann Zank wieder, dessen lautere, vaterländische Gesinnung ich bereits im vorigen Herbst kennenlernte. — Als ich von ihm Abschied nahm, ging es ihm nicht besonders gut, weil er sehr schwach war; aber er hatte, so viel ich weiß, keine körperlichen oder organischen Fehler. Er sollte am gleichen Tag, also an seinem Geburtstag, für einige Zeit in der Küche arbeiten.«
Tatsächlich komme ich nun in die für einen »Normal-Plenny« gewöhnlich nur im Traum vorstellbare Lage, in der Lagerküche zur Arbeit eingesetzt zu werden. Allerdings ist das unter diesen Umständen für mich keineswegs ein brauchbarer Trost für die Rückstellung vom Heimtransport.
Trotzdem, man ist eben inzwischen schon so manche Rückschläge und Enttäuschungen gewohnt, nutze ich diese Gelegenheit, um mich etwas besser »aufpäppeln« zu können. Denn ich lehne es ab — wie es sich in meinem Fall ohnehin als berechtigt erweist — sich sozusagen selbst mit Absicht »arbeitsunfähig« zu halten oder zu machen, um damit eher die Chance zu haben, nach Hause zu kommen. Derartige Fälle habe ich schon früher in Perewolukij erlebt, nachdem es offensicht-

lich geworden war, daß diejenigen Kriegsgefangenen zuerst für einen Heimtransport ausgesucht wurden, die als Arbeitskraft für die Russen nicht mehr zu gebrauchen sind. Das führt dann so weit, daß einige von uns sich durch bewußte »Hungerkuren« arbeitsunfähig halten oder machen wollen. Dazu verschenken sie ihr Essen an Mitgefangene oder hoffen durch Einnahme großer Mengen von Salz als Dystrophiker schneller »Lazarettreife« zu erlangen und damit Heimkehrer zu werden. Die damit verbundenen Gefahren für irreperable organische Schäden sind ihnen trotz aller eindringlichen Warnungen von Kameraden gleichgültig. Ein wohl besonders nachdenklich stimmendes, tragisches Beispiel dafür, was einige von uns in Kauf zu nehmen bereit sind, nur um so schnell als irgend möglich vielleicht doch aus dieser einmalig bedrückenden Situation herauszukommen.

Die kommenden Monate im Sommer dieses Jahres 1948 verbringe ich im Wechsel zwischen dem Hauptlager Perewolukij und dazugehörigen Nebenlagern, nachdem ich mich durch die Küchenarbeit in Malo Rosan körperlich doch wieder etwas erholen konnte. Der Arbeitseinsatz wechselt wieder zwischen Straßenbau und Steinbruch.

Bei meinem Aufenthalt im Juni im Hauptlager Perewolukij, wo sich infolge des noch nicht zurückgegangenen Frühjahrshochwassers auf der hier in nicht allzu weiter Entfernung vorbeifließenden Wolga mit ihren zahlreichen Nebenarmen eine besonders lästige Mücken- und Fliegenplage bemerkbar macht, können wir jetzt sogar deutsche Zeitungen — allerdings nur aus Ost-Berlin — lesen. Sie liegen in einer neu eingerichteten »Club-Baracke« aus. Dort befindet sich auch ein »Schreibzimmer«, in dem man in aller Ruhe seine Postkarte nach Hause schreiben kann. Auf diese Weise werden wir nun erstmalig durch deutsche Zeitungen über die Vorgänge in Deutschland unterrichtet. Daß es sich dabei nur um Nachrichten aus der russisch besetzten Ostzone handelt, ist natürlich nicht anders zu erwarten. Besonders interessiert uns dabei einmal alles das, was in dieser Zeit über die Währungsreform in Westdeutschland zu erfahren ist. Noch mehr allerdings berühren uns die in den ostzonalen Zeitungen herausgestellten Spannungen zwischen der Sowjetunion und den Vereinigten Staaten von Amerika. Bei dem danach gegenüber der gerade vergangenen Kriegszeit völlig veränderten Verhältnis zwischen den »Siegermächten« kommt sogar bei einigen von uns die Sorge auf, daß sich daraus auch Gefahren für unsere Entlassung aus der Kriegsgefangenschaft ergeben könnten. Nach der Art und Weise der ostzonalen Berichterstattung halten Pessimisten unter uns die Gefahr kriegerischer Auseinandersetzungen zwischen den USA und der Sowjetunion nicht für ausgeschlossen. Damit wären natürlich alle Hoffnungen auf unsere Heimkehr als illusorisch anzusehen.

Aber trotz aller dieser möglichen Deutungen der weltpolitischen Lage aus unserer begrenzten Sicht hinter Stacheldraht bleibt für uns immer noch die Zusicherung maßgebend, im Laufe dieses Jahres entlassen zu werden. Wir zählen schon die Tage bis zum 31. Dezember, so wie am 8. August, wo ich nach Hause schreibe, daß es höchstens noch 145 Tage bis zur Rückkehr sein können.

Bei den Lebensverhältnissen hier in dem Lager Perewolukij, wo nach wie vor die Erinnerungen an den schlimmen Winter 1946–1947 nicht in Vergessenheit geraten können, hat sich inzwischen auch einiges gebessert. Dazu gehört die für uns nach wie vor an erster Stelle stehende Verpflegung. An arbeitsfreien Sonntagen ist die Küche bemüht, das Essen etwas abwechslungsreicher als in der bisher jahrelang üblichen Form in Gestalt von Suppe und Brei — Kascha — zu gestalten. Das warme Sommerwetter trägt an schönen Tagen außerdem dazu bei, daß wir diese arbeitsfreien Tage doch viel erholsamer empfinden als es in der vergangenen Zeit der Fall gewesen ist. Auch in dem Nebenlager, wo ich mich im Juli–August zum Straßenbau befinde, fühlen wir uns in unmittelbarer Waldesnähe recht wohl. Hier gibt es eine kleine Lagermusik, die uns am Sonntag weckt und tagsüber für weitere Unterhaltung sorgt. Natürlich werden auch Regentage, die ein Ausrücken zur Arbeit verhindern, dann als Erholungstage ausgiebig genossen.
Für mich kommt allerdings bald darauf in der Zeit von August bis zum Jahresende eine weniger schöne Zeitspanne, da ich in diesen Monaten ohne jede Nachricht von zu Hause auskommen muß. Wie weit das durch die in dieser Zeit eintretenden Ereignisse bestimmt wird, läßt sich natürlich wieder einmal nicht übersehen.
Anfang September komme ich in das Nebenlager Bolsche Rosan, wo genauso wie vorher im Lager Malo Rosan in einem sogenannten Steinbruch gearbeitet wird. Dort werde ich zunächst einmal zum Steineklopfen eingesetzt. Wieder gibt es dabei das übliche »Spiel« mit der »Norm«. Auf inzwischen genügend erprobte Weise gelingt es, hinter dem Rücken der Natschalniks, durch »Umschichten« von den am Vortage geklopften Steinen, an jedem Abend die zur Erfüllung der Norm zur Vermessung vorzuweisenden Kubikmeter zusammenzubringen, ohne daß dies der tatsächlich geleisteten Arbeit entspricht. Verständlicherweise können auf diese Weise die später von LKW abgefahrenen Steinmengen zum Straßenbau nicht mit den Zusammenstellungen unserer Natschalniks übereinstimmen. Es sollen sogar einige von ihnen deshalb später zur Rechenschaft gezogen worden sein. Das hängt wohl auch damit zusammen, daß beim Abtransport der Steine die Möglichkeit einer entsprechenden, sonst durchaus üblichen »Norm-Manipulation« nicht gegeben zu sein scheint. Immerhin erleben wir so wieder einmal ein typisches Beispiel für »sozialistische Planerfüllung«.
Doch bereits nach kurzer Zeit werde ich in Bolsche Rosan zum Steinebrechen in einer der inzwischen beachtlich groß und tief gewordenen Steinbruch-Gruben eingesetzt. Dort geht die Arbeit in der Form vor sich, daß zunächst einmal auf der untersten Ebene in der Grube zwei Mann zu arbeiten haben. Während der eine mit der Brechstange oder Kreuzhacke die Steine aus der im Lauf der Zeit bis zu fünf Metern Tiefe hinabreichenden Steinwand herauszubrechen hat, muß der andere dann anschließend im Wechsel die herausgelösten Steine beziehungsweise Felsbrocken auf die nächste, höhergelegene Stufe hinaufbefördern. Von dort werden die Steine durch andere, für das anschließende Steineklopfen zuständige Kameraden weiter nach oben geschafft.

Zwangsläufig befindet sich nun aber über der bis zu ca. fünf Metern hinabreichenden Steinwand eine Erdschicht, deren Stärke zwischen ein bis zwei Metern liegt. Normalerweise muß diese Erdschicht ständig immer so weggeräumt werden, daß dann die darunterliegende Steinschicht ohne Behinderung durch herabfallende Erde abgebaut werden kann. Aber trotz aller unserer Proteste werden die Kubikmeter Erde, die dabei zu bewegen sind, bei der täglich festgesetzten Norm nicht mitberechnet. Die Folge davon ist, daß wir uns beim Abbau so weit wie irgendmöglich nur auf das Herausholen von Steinen beschränken. Deshalb kommt es immer wieder vor, daß wir die obere Erdschicht einfach unterwühlen und nur beim Herabfallen wegräumen. Dieses Verfahren sollte sich für einen meiner Kameraden und für mich selbst bald recht verhängnisvoll auswirken.

An einem Arbeitstag im September bin ich beim Steinebrechen auf der untersten »Sohle« eingesetzt. Während ich an diesem Tag die Aufgabe übernommen habe, mit der Kreuzhacke und Brechstange die Steine aus der Wand herauszubrechen, ist mein Mitarbeiter dafür zuständig, die jeweils dabei zusammengebrachten Steine weiter nach oben zu befördern. Beides läßt sich aber auf dem engen Raum unmittelbar vor der Steinwand nicht gleichzeitig machen. Deshalb wechseln wir uns unten ständig mit unserer Arbeit ab.

Als ich gerade wieder einmal eine zum Herausschaufeln ausreichende Menge an Steinstücken herausgehackt habe, gehe ich die eine Stufe nach oben, um dort abzuwarten, bis wieder genügend Platz für mich zum Weiterarbeiten vorhanden ist. Bei der diesmal herausgeholten Steinmenge lohnt es sich nicht, noch weiter nach oben zu gehen, um sich dort an einem kleinen Feuer aufzuwärmen und eine Zigarettenpause zu machen.

Unmittelbar nach dem Platzwechsel auf diesen etwas höher liegenden Absatz kann ich gerade noch kurz sehen, wie die vor und über uns befindliche Wand mit der darüberliegenden und schon ein wenig überstehenden Erdschicht in Bewegung kommt und auf uns herabfällt.

Als ich wieder zu mir komme, hat man gerade meinen Kopf aus der herabgefallenen Erde freigemacht. Einige Zeit später, mir kommt es allerdings unendlich lange vor, bin ich wieder ganz aus der herabgestürzten Erde herausgeholt. Neben blutenden Platzwunden am Kopf habe ich das Gefühl, in der rechten Schulter besonders viel abbekommen zu haben. Inzwischen gelingt es dann endlich auch, den im Augenblick des Einsturzes der Wand ganz unten arbeitenden Kameraden auszugraben. Dessen Verletzungen scheinen aber doch erheblich schwerer zu sein. Immerhin ist er nicht nur von der herabgefallenen Erde, sondern auch von ebenfalls eingestürzten Teilen der Steinschichten getroffen und verschüttet worden.

Neben der zweifellos, bereits erwähnten, fahrlässigen Arbeitsweise beim Abräumen der Erdschicht wurde dieser Einsturz in unserer Steinbruch-Grube wohl letzten Endes durch einen gerade nicht weit davon vorbeifahrenden Lastkraftwagen ausgelöst.

Auf der Ladefläche eines Lastkraftwagens werden wir beide, zwar nicht gerade sehr angenehm bei unseren Verletzungen, aber wenigstens recht bald, in das Lagerlazarett in unserem Hauptlager Perewolukij gebracht. Dort stellt sich bei meinem Kameraden heraus, daß er neben einem Beckenbruch offensichtlich auch noch schwere innere Verletzungen erlitten hat. Kurze Zeit darauf stirbt er an den Folgen dieses Unfalls.
Mit diesem Kameraden war ich erst ganz kurz in Berührung gekommen, so daß ich bisher so gut wie gar nichts über seine persönlichen Verhältnisse erfahren konnte. Da ich später auch nicht mehr mit den in dieser Zeit im Lager Bolsche Rosan untergebrachten Mitgefangenen zusammengetroffen bin, konnte ich nicht mehr feststellen, ob und wie die Angehörigen dieses auf so tragische Weise in der Gefangenschaft tödlich Verunglückten über sein Schicksal unterrichtet worden sind.
Da ich bei diesem Unfall das Glück hatte, etwas höher und auch nicht so dicht an der einstürzenden Grubenwand zu stehen, bin ich mit einer Gehirnerschütterung, Platzwunden am Kopf und einer nicht sofort genau festzustellenden Schulterverletzung davongekommen. Bei der Behandlung der Kopfverletzungen erlebe ich zum ersten Mal die erfolgreiche Anwendung von Penicillin. Daß dieses, offensichtlich aus Amerika stammende Medikament den Weg bis in ein Kriegsgefangenenlager gefunden hat, ist besonders bemerkenswert.
Von den mit mir in diesem Lagerlazarett liegenden Kranken erfahre ich, daß in letzter Zeit von hier aus einige Kranke fortgekommen und angeblich anschließend nach Hause gefahren sind. Als ich nun die Mitteilung bekomme, daß ich in Kürze auch von hier weggebracht werden soll, steigt dadurch natürlich die Hoffnung, als Verletzter jetzt vielleicht direkt in die Heimat entlassen zu werden. Immerhin sind es nur noch wenige Wochen bis zum Ende des Jahres, in dem wir alle die Heimfahrt antreten sollen.
Doch recht schnell erweist sich auch diese Hoffnung als trügerisch. Denn ich lande bald darauf in einem Kriegsgefangenenlazarett — es ist der 3. November 1948. Dieses Lazarett mit der Lagernummer 2738 befindet sich in Kusnezk, einer mittelgroßen Stadt an der Bahnlinie Pensa–Sysran–Kuibyschew, östlich von Pensa.
Das Lazarett ist in einem zweistöckigen Steingebäude untergebracht. Bei meiner Ankunft ist es bereits derartig überfüllt, daß ich die ersten Tage auf dem Korridor untergebracht werde, ehe ich in ein mit sieben Kranken belegtes Zimmer komme. Die ärztliche Versorgung und auch die Verpflegung sind im Vergleich zu dem, was ich bisher erlebt habe, durchaus als erfreulich zu bezeichnen. Das entspricht allerdings auch der allgemeinen Verbesserung der Lebensbedingungen, wie sie im Laufe dieses Jahres in den Gefangenenlagern festzustellen sind. Dazu kommt für uns im Lazarett die besonders beruhigende Aussicht hinzu, in dem gerade beginnenden Winter auf diese Weise von einem Arbeitseinsatz in Schnee und Kälte verschont zu bleiben.
Doch das alles ist zunächst erst einmal zweitrangig gegenüber der viel bedeutenderen Erwartung und Hoffnung, die für dieses Jahr wiederholt zugesagte Entlassung

aus der Gefangenschaft doch noch zu erleben. Mittlerweile wird die dafür noch in Frage kommende Zeit bis zum Jahresende immer kürzer. Dabei bleibt es nicht aus, daß wir langsam immer mehr von der Befürchtung erfaßt werden, vielleicht uns doch noch weiterhin für eine, dann um so ungewissere Zeit in Rußland hinter Stacheldraht einrichten zu müssen.
Noch im November erklärt uns hier im Lazarett Kusnezk ein russischer Offizier, daß doch noch genügend Zeit dafür vorhanden sei, um uns wie zugesichert, bis zum Ende des Jahres nach Hause zu bringen. Er zeigt sich bei unseren dazu geäußerten Zweifeln sogar ausgesprochen empört über so viel ungerechtfertigtes Mißtrauen gegenüber dem Wort eines sowjetischen Offiziers!

Doch in den folgenden Wochen deutet von Tag zu Tag alles immer mehr darauf hin, daß wir ein weiteres Mal, und zudem in besonders deprimierender Weise die Erfahrung machen müssen, was Versprechungen in der Sowjetunion für einen Wert besitzen.
Entsprechend niedergeschlagen und — je nach Temperament — erbost und entrüstet, verbringen wir diese Weihnachtszeit und den Wechsel in das Jahr 1949. Dieses kommende Jahr wird von uns mehr innere Kraft erfordern als bisher, um sich trotz aller Enttäuschungen nicht unterkriegen zu lassen.
Für mich ist es das zehnte Weihnachtsfest hintereinander, das ich seit Kriegsbeginn 1939 nicht zu Hause sein kann. Ein wohl recht fragwürdiges »Jubiläum«! Zugleich beginne ich bald danach das siebente Jahr in der Kriegsgefangenschaft, wobei die Bezeichnung »Kriegs« kaum noch zutreffend sein dürfte. Das alles und dazu noch die bei mir in den letzten Monaten wieder einmal unterbrochene Postverbindung bestimmen diese Tage im Lazarett.
Doch in unserer kleinen Stubengemeinschaft, in der natürlich jeder mit diesen allgemeinen und ebenso persönlichen Belastungen fertig werden muß, sind wir trotzdem um so mehr bemüht, uns gegenseitig aufzumuntern und nicht unterkriegen zu lassen. Wir haben es in diesen Jahren gelernt, wie gemeinsam ein derartiges Schicksal besser zu ertragen ist. Ebenso wie mit noch so klein erscheinenden Dingen der Alltag zu »verschönen« ist. Nicht zuletzt auch Möglichkeiten zu finden, um vor allem geistig »nicht zu verkommen«.
Nachdem nun zu Beginn des Jahres 1949 mit einer baldigen Heimkehr nicht mehr zu rechnen ist, sind wir intensiv bemüht, uns so lange als irgend möglich wenigstens diesen Winter hindurch den Vorteil eines Aufenthaltes im Lazarett zu erhalten.
Mir bereitet das keine besonderen Schwierigkeiten, da die Behandlung und Heilung meines Bruches im Schultergelenk noch längere Zeit in Anspruch nehmen dürfte. Mit Moorpackungen, Bestrahlungen und Massagen verbessert sich die Bewegungsfähigkeit der rechten Schulter und des Armes allmählich in spürbarer Weise. Das ist auch ein Verdienst des Masseurs. Es ist ein Mitgefangener, Max Knippe aus Bautzen, der sich ständig bemüht, mir zu helfen.

Aber auch bei meinem zweifellos immer noch nicht allzu guten Allgemeinzustand sind die russischen Ärztinnen und Ärzte in diesem Lazarett durchaus anerkennenswerter Weise um Besserung bemüht. Dabei werde ich allerdings noch einmal zu einem akuten »Krankheitsfall«, als ich auf eine Calcium-Injektion nicht nur mit einer Allergie reagiere, sondern auch noch infolge eines Kollapses umfalle und mir den Kopf aufschlage. Unter den derzeitigen Umständen empfindet man das gar nicht als Nachteil, wenn man an den kalten Winter draußen und einen Einsatz in einem Arbeitslager denkt. Ein Lazarettaufenthalt ist dagegen schon das kleinere Übel.

Wir haben allerdings auch den Eindruck, daß das russische Lazarettpersonal mit allen im Haus Beschäftigten keineswegs daran interessiert ist, den Lazarettbetrieb dadurch zu gefährden, indem die Patienten allzu schnell als geheilt entlassen werden. Die Tätigkeit in diesem Kriegsgefangenenlazarett dürfte für die meisten Russen mit Vorteilen verbunden sein, wie sie sonst bei anderen Arbeitsstellen in Kusnezk — und nicht nur dort — nicht anzutreffen sind. Dabei spielt allein schon alles das eine Rolle, was nicht nur für das Küchenpersonal mit der Lazarettverpflegung verbunden ist. Derartige Verhältnisse sind für uns ja nichts Neues und auch hier leicht festzustellen. Da geht so einiges von der Verpflegung unter der Hand in andere Kanäle. So ist es auch kein Wunder, daß das Lazarettpersonal keineswegs darüber erfreut ist, als im Lauf des März bekannt wird, daß in Kürze mit der Lazarettauflösung zu rechnen ist.

Mit dieser Nachricht verbinden sich natürlich für uns erneut Gerüchte über einen danach folgenden Heimtransport aller Lazarettinsassen.

Doch zunächst ereignet sich so schnell noch nichts. Es dauert einige Zeit, bis sich tatsächlich Anzeichen für ein bevorstehendes Ende des Kriegsgefangenelazaretts in Kusnezk erkennen lassen. Glücklicherweise geht inzwischen auch der Winter seinem Ende entgegen. Mit dem beginnenden Frühling wird selbst ein erneuter Einsatz in einem Arbeitslager nicht mehr als etwas besonders Schlimmes angesehen. Denn wer kann nach dem Jahr 1948 schon sicher sein, nicht anstelle der Entlassung wieder in ein Arbeitslager zu kommen?

Aber im Verlaufe der letzten Vorbereitungen für die Auflösung des Lazaretts in Kusnezk haben dann doch 24 Kameraden das große Glück, bereits jetzt für einen Heimtransport bestimmt zu werden. Dabei handelt es sich fast nur um ausgesprochene Invaliden oder Kranke, bei deren Zustand, wie zum Beispiel Tuberkulose, für die Russen die Entlassung in die Heimat verständlicherweise die beste und einfachste Lösung ist.

Mit dem 17. Mai 1949 endet der Aufenthalt im Lazarett Kusnezk.

Damit gehen für mich etwas mehr als 6 Monate meiner Zeit in der Gefangenschaft zu Ende, die im Vergleich zu den vorangegangenen Monaten und Jahren durchaus schon erträglicher gewesen sind. Jedenfalls fühle ich mich nicht nur durch die Ausheilung der Unfallschäden, sondern auch in meinem allgemeinen körperlichen Zustand einigermaßen erholt.

Nach den vorangegangenen Erlebnissen in den bisher durchlaufenen Gefangenenlagern muß man bei dieser Lazarettzeit auch feststellen, daß sich das russische Personal dort uns gegenüber keineswegs unfreundlich oder gar feindselig verhalten hat. Man konnte sich durchaus wie ein pflegebedürftiger Patient behandelt fühlen. Vielleicht hat man das auch deswegen besonders angenehm empfunden, weil in dieser Zeit die mit so großen Enttäuschungen verbundenen Vorgänge um das wiederholt zugesicherte »Heimkehrerjahr 1948« uns stark betroffen gemacht haben.
Die nächste Station nach dem Lazarett Kusnezk ist das etwa 100 Kilometer östlich von Pensa gelegene Lager Sollny. Es wird mit der Lagernummer 7399 — und dem russischen Buchstaben schtsch — bezeichnet. Die Unterbringung erfolgt in den üblichen Erdbunkern, die etwa zur Hälfte unterhalb und oberhalb des Erdbodens liegen.
Kurz nach der Ankunft in diesem Lager verlassen uns erst einmal die bereits im Lazarett ausgesuchten, glücklichen Heimkehrer. Darunter befindet sich Max Knippe, mein Masseur aus Kusnezk, dem ich viel bei meiner wiedergewonnenen Bewegungsfähigkeit der rechten Schulter und des rechten Armes zu verdanken habe. Außerdem fährt mit diesem Heimtransport ein Stubenkamerad aus dem Lazarett, Josef Krempel aus Opladen. Beide versprechen mir, nach ihrer Rückkehr meinen Angehörigen von mir zu berichten, was sie dann auch ganz selbstverständlich erledigen.
Nicht lange danach gibt es für uns Zurückgebliebene doch noch eine weitere Hoffnung. Denn angeblich soll in den nächsten Wochen in diesem Lager ein größerer Heimtransport zusammengestellt werden und etwa Mitte Juni abfahren. Daß es sich dabei um mehr als nur um ein Gerücht zu handeln scheint, können wir an dem Umstand erkennen, als in großzügiger, ungewohnter Weise unsere Bekleidung kontrolliert und meist durch bessere Stücke ausgetauscht wird. Offensichtlich ist man jetzt bei den Russen darum bemüht, die Heimkehrer nicht mehr in einem so erbärmlichen, abgerissenen Zustand nach Deutschland zu schicken, wie es vorher der Fall gewesen sein muß.
Doch für mich und einige meiner Kameraden kommt erneut »etwas dazwischen«, oder, wie es wohl treffender ausgedrückt werden kann, wir werden zum wiederholten Male schwer enttäuscht.
Abermals, so kann ich es in meinem Fall sagen, beginnt es mit dem Erscheinen eines russischen Posten. Als er nachmittags in unserem Bunker erscheint, wird er zunächst von uns gar nicht beachtet. Schließlich kommt uns sein Bemühen, gehört zu werden, doch verdächtig vor. Erst recht, als er uns erklärt, daß alle von ihm aufgerufenen »Plennys« sich mit allen ihren Sachen vor dem Bunkereingang einzufinden hätten. Irgendwie bekomme ich in diesem Augenblick ein ungutes Gefühl, und ich bin nicht einmal überrascht, als mein Name »Zank, Gorst, Willy« fällt.
Vor dem Bunkereingang wird mir beim näheren Hinsehen auf die dort mit mir sich einfindenden Kameraden recht schnell bewußt, was das ganze »Theater« nun wieder zu bedeuten hat.

Angefangen von einem Angehörigen der Waffen-SS, einem I C-Offizier, der von den Russen automatisch als Spion oder Agent angesehen wird, was mit der tatsächlichen Aufgabe im Zusammenhang mit der »Feindlage« bei Stäben nichts zu tun gehabt hat, dazu sonstige sogenannte Faschisten bis hin zu »kleinen« Zahlmeistern, sind bei dem rund ein Dutzend aussortierter Mitgefangener ganz offensichtlich diejenigen herausgeholt worden, die als besonders verdächtig gelten und noch nicht aus den Fängen des NKWD herausgelassen werden sollen. Die große Kriegsverbrecher-Prozeßwelle sollte ja erst noch kommen.

Meine Bemerkung zu den Umstehenden: »So, für uns dürfte die Heimfahrt wieder erst 'mal vorbei sein«, wird kurz darauf bestätigt. Wir werden nämlich in einen anderen Teil des Lagers geführt, der besonders abgegrenzt ist. Damit ist es klar, daß wir weiterhin in Gefangenschaft bleiben und sicher bald wieder zur Arbeit eingesetzt werden.

Einige Tage später komme ich mit einem Transport von Sollny in ein nicht allzu weit davon entferntes Arbeitslager im Raum Pensa, nach Bachilowa. In diesem Lager 7399/E werde ich in den Monaten Mai und Juni 1949 erneut beim Straßenbau eingesetzt.

Damit findet das nun schon hinlänglich gewohnte Leben in einem Arbeitslager seine Fortsetzung. Erwähnenswert sind hierbei für diese Zeit zwei Punkte, bei denen in diesem Sommer Veränderungen festzustellen sind. Einmal ist es bei den sogenannten Antifa-Aktivs, die nach wie vor aus »bewährten Antifaschisten« bestehen und bei den Lagerkommandanten eingesetzt sind, die allerdings immer mehr an Bedeutung verlieren. Ihre Aufrufe und Bemühungen um eine möglichst große Arbeitsleistung im Sinn der »Wiedergutmachung« werden von der Mehrheit der Lagerinsassen kaum noch ernsthaft zur Kenntnis genommen. Zum Anderen wird aber mit um so mehr Genugtuung registriert, daß die Verpflegung erheblich besser geworden ist. So kommt es zum Beispiel zum ersten Mal vor, daß uns die Küche an einem arbeitsfreien Sonntag mit Kaffee und Kuchen überrascht.

Dazu gibt es jetzt öfter als bisher die Gelegenheit, zusätzlich Lebensmittel zu kaufen. In erster Linie sind dies Brot, Milch, Butter und ab und an sogar ein Ei! Dagegen sind alle Arten von Obst weit und breit nicht zu bekommen. Auch ein Zeichen für die unzureichenden Versorgungswege in diesem riesigen Land.

Außer den inzwischen monatlich regelmäßig an uns Offiziere ausgezahlten Rubeln können neuerdings auch bei der Arbeit weitere Rubel verdient werden. Das ist allerdings nur dann möglich, wenn die täglich erreichte Arbeitsleistung über der jeweils vorgeschriebenen »Norm« liegt. Da dies aber praktisch von einem Einzelnen nicht zu erreichen ist, haben findige »Plennys« eine andere »Lösungsmöglichkeit« gefunden. Dabei wird zusammen mit den Nataschalniks — ohne die es sowieso nicht geht — für einige Mitglieder in einer Arbeitsbrigade bei der täglichen Abrechnung deren Leistung innerhalb der Gesamtaufrechnung so heraufgesetzt, daß wenigstens von diesen die Norm »übererfüllt« wird und damit Rubel ausgezahlt werden können. Dieses Geld wird dann gleichmäßig auf alle Brigadeangehörigen

einschließlich des Natschalnik verteilt. So sind die Natschalniks an derartigen Manipulationen nicht nur beteiligt, sondern außerdem auch daran interessiert, weil es im Interesse der Planerfüllung liegt.
Doch ein anderer Vorgang sollte sich hier im Lager Bachilowa bald als erheblich bedeutender und auch folgenschwerer für den weiteren Verlauf der Gefangenschaft erweisen. Zu Beginn ist das natürlich nicht so deutlich zu erkennen.
Anfang Juni werde ich am Abend nach der Rückkehr von der Arbeit unmittelbar zur Baracke des Lagerkommandanten geschickt, wo in den letzten Tagen bereits wieder einmal an sich nicht so unübliche Vernehmungen durchgeführt werden.
Dort gerate ich an einen mir bisher unbekannten NKWD-Offizier. Die folgende, von mir eigentlich schon als Routine empfundene Vernehmung, verläuft dann allerdings in einer Art und Weise, wie ich es bis dahin nicht gewohnt bin, so weit es die Form des Umganges betrifft. Diesmal nämlich nicht in gehässiger oder aggressiver Weise. Natürlich geht es wieder um Fragen aus der militärischen Vergangenheit, nach Einzelheiten über den Aufenthalt auf dem Weg durch Rußland. Neu ist allerdings die Frage nach dem Ziel im Fall einer Entlassung aus der Gefangenschaft, da meine Heimat in Schlesien polnisch besetztes Gebiet geworden ist. Dazu kann ich ja auch eine klare Antwort geben. Erstaunlich ist die entgegenkommende Reaktion des NKWD-Offiziers, wenn ich den Dolmetscher bei den Übersetzungen meiner Antworten korrigiere.
Als ich nach etwa einer Stunde den Raum verlasse, treffe ich auf dem Gang einen anderen NKWD-Offizier, der mir aus früheren Vernehmungen in Perewolukij in sehr unangenehmer Erinnerung geblieben ist, und den ich seitdem in Verdacht habe, nicht ganz unschuldig an meinen bisherigen Zurückstellungen von Heimtransporten gewesen zu sein. Da er in einem Nachbarraum Vernehmungen durchführt, bin ich in diesem Augenblick unwillkürlich recht froh, nicht erneut wieder mit ihm zusammengetroffen zu sein. Natürlich war dies eigentlich ein reiner Zufall, da ich vorher nicht wußte, wer die vernehmenden Offiziere sind. Einige Wochen später sollte ich an diesen Vorfall noch eindringlich erinnert werden.
Mitte Juni sind diese Vernehmungen aller Lagerangehörigen beendet. Kurz darauf werden wir mit dem bekannten Ruf: »Dawai-Transport« überrascht und vor dem Lagertor versammelt. Allerdings stellen wir dort fest, daß es sich dabei nur um etwas über die Hälfte der Lagerangehörigen handelt. Anschließend geht es mit dem LKW in ein anderes Lager, das auch zum Bereich der Staßenbau-Arbeitslager gehört. Wir landen im Lager Alexandrowka — 7399/G.
Erst im Laufe der nächsten Wochen wird uns verständlich, daß diese Verlegung für uns Kriegsgefangene schwerwiegende Hintergründe gehabt hat.
Zunächst folgt als Überraschung, die uns nach den bisherigen, jahrelangen Gefangenenerfahrungen beinahe unbegreiflich erscheinen muß, die Tatsache, daß wir hier in diesem Lager ohne Bewachung zur Arbeit geschickt werden. Lediglich beim Verlassen des Lagers und bei der Rückkehr werden noch die üblichen Kontrollen durchgeführt.

Ein besonderes Erlebnis ist es, wenn ab und an ein Elch im Wald zu beobachten ist, oder wenn ein Wolf nachts um den Pferdestall herumschleicht, aber sehr schnell in die Flucht geschlagen wird. Dafür sorgt allein schon unser »Hofhund«. Kein Wunder, wenn wir unter diesen Umständen nichts dagegen haben, unsere Zeit bis zur Heimfahrt hier in diesem Wald bleiben zu können.
Als Natschalnik und gleichzeitig als Lagerkommandant und Lagerwache in einer Person fungiert ein russischer Zivilist, der sonst als eine Art Waldhüter und Förster in diesem Waldgebiet zuständig ist. Für unsere Verpflegung ist ein zu unserem Kommando gehöriger Koch aus dem Lager zuständig.
Unser Natschalnik scheint unausgesprochen mit uns darüber einig zu sein, dieses Holzverladen möglichst nicht so schnell zu beenden. Dabei haben wir den Eindruck, daß er mit unserer Arbeit und mit dem Holz nebenbei auch einiges in die eigene Tasche wirtschaftet. Wie das im Einzelnen vor sich geht, ist schwer zu erkennen. Aber das, was uns einer der LKW-Fahrer berichtet, ist sicher keine Seltenheit. Einer der als Fahrer eingesetzten deutschen Kriegsgefangenen erzählt von einigen Fällen, wo von dem abgefahrenen Holz ganze LKW-Ladungen schwarz verscheuert worden sind. Er selbst habe das bereits auch mit Erfolg gemacht. Als er dann in der Fabrik, wo das Holz an sich hingefahren wird, mit dem leeren LKW angekommen ist, hat er einfach einen Teil der so »verdienten« Rubel dem zunächst erstaunt fragenden Natschalnik abgegeben. Damit war der Fall erledigt.
Allerdings hören wir von unserem Natschalnik, daß es schwer bestraft wird, wenn sich die russische Bevölkerung ohne Erlaubnisschein Reisig oder andere Holzreste aus dem Wald für den eigenen Gebrauch holt. Auf diese Weise können sogar Kinder in ein Straflager kommen. Dieses Vergehen wird als Diebstahl am Volkseigentum rücksichtslos geahndet.
Für das russische Improvisationsgeschick ist es bezeichnend, was wir hier über den technischen Zustand der LKW beobachten können. Keines dieser Fahrzeuge könnte auch nur annähernd »normalen« verkehrstechnischen Forderungen entsprechen. Sozusagen mit Hammer und Brechstange bekommen die russischen Fahrer aber in jeder Lage ihre Fahrzeuge zum Laufen. So ist es für sie überhaupt kein Problem, wenn das Zündschloß herausgerissen oder defekt – oder gar der Zündschlüssel verloren gegangen ist. Dann werden eben die herausgezogenen Drähte einfach zusammengebogen und die Zündung auf diese Weise in Gang gesetzt.
Das sind so kleine Begebenheiten aus dem russischen Alltagsleben, wie wir sie nun erleben können, wenn wir nicht mehr so streng abgeschirmt und bewacht zur Arbeit eingesetzt werden. Bei der Art des Arbeitseinsatzes im Straßenbau und Steinbruch, wie ich ihn in diesen Jahren erlebt habe, ist es kaum möglich gewesen, mit der russischen Bevölkerung und ihren Lebensverhältnissen näher in Berührung zu kommen. In anderen Lagern und bei anderen Arbeitseinsätzen sind die Verhältnisse in dieser Beziehung recht unterschiedlich gewesen. Bei einem unmittelbaren Kontakt mit Russen während der Arbeit haben Kriegsgefangene natürlich sehr inter-

essante Erlebnisse und Erkenntnisse über die Mentalität und andere Eigenschaften und Verhaltensweisen der Bevölkerung in der Sowjetunion sammeln können.
Anfang September ist dann leider dieser Aufenthalt in unserem »Waldlager« zu Ende, da es dort keine Arbeit mehr für uns gibt. Doch im Lager Alexandrowka werden wir mit der Nachricht empfangen, daß in Kürze ein weiterer Heimtransport zusammengestellt werden wird. Die Namensliste der dazu aus unserem Lager vorgesehenen Teilnehmer soll in den nächsten Tagen bekanntgegeben werden.
Als ich am 18. September auf einer Postkarte nach Hause die Möglichkeit einer baldigen Entlassung andeute, kann ich aber nach der Bekanntgabe dieser Namensliste schnell noch vor dem Abschicken der Karte in einem Zusatz anführen, »daß es auch diesmal wieder noch nicht für mich so weit ist«.
Danach verläuft zunächst das gewohnte Leben im Lager und bei der Arbeit in der A-B-C-Fabrik für uns Zurückgebliebene weiter. Für einige gibt es allerdings eine neue Überraschung. Sie können nämlich zum ersten Mal Päckchen aus der Heimat in Empfang nehmen. Diese Päckchen sind zwar vorher alle geöffnet und kontrolliert worden, wobei nicht festzustellen ist, ob der Inhalt noch vollständig vorhanden ist, aber trotzdem freuen sich die Empfänger natürlich sehr, auf diese Weise Nahrungsmittel oder kleinere Bekleidungsstücke von zu Hause zu bekommen.
Nicht zuletzt wegen der angelaufenen Zulassung von Päckchen ist die Stimmung bei uns weiterhin recht zuversichtlich. Wir rechnen doch langsam immer fester damit, bald mit dem Rest der Lagerbesatzung zur nächsten Heimkehrerrate zu gehören. Dies wird uns auch von der russischen Lagerleitung in Aussicht gestellt. Für das Antifa-Aktiv, das inzwischen doch große Mühe hat, mit sinnvollen Aktionen seine Daseinsberechtigung unter Beweis zu stellen, ist dies ein offensichtlich begrüßter Anlaß, eine entsprechende Resolution zu verfassen. Mit diesem »Pamphlet« soll jetzt kurz vor der zu erwartenden Entlassung der Dank dafür an die Sowjetunion unter Stalins Führung abgestattet werden, daß wir »nach Hause fahren dürfen«. Natürlich wird von allen Lagerangehörigen erwartet, daß sie dieses Schriftstück auch unterschreiben.
Für mich wird es nun nicht das erste, aber glücklicherweise das letzte Mal sein, daß ich mich nicht dazu bereit erkläre, als Kriegsgefangener unter Antifa-Erzeugnisse oder sonstige politische Aufrufe meine Unterschrift zu setzen.

Die Heimkehr im Dezember 1949

Am 22. November 1949 verlasse ich das Lager Alexandrowka zusammen mit allen bisher noch zurückgebliebenen Mitgefangenen. Mit Lastkraftwagen werden wir nach Sysran, der Rayon- und Industriestadt an der Wolga gebracht. Etwas weiter flußaufwärts liegt Perewolukij, wo ich einschließlich der dazu gehörenden Nebenlager längere Zeit in den vergangenen Jahren zugebracht habe.
In diesem Arbeitslager Sysran befindet sich, wie wir nach unserer Ankunft erfreut feststellen, jetzt auch ein Sammellager für das gesamte Gebiet, von dem aus in den letzten Wochen und Monaten bereits Heimtransporte abgefertigt worden sind.
Beim Zusammentreffen mit Gefangenen aus verschiedenen anderen Lagern hört man von recht unterschiedlichen Zuständen, die es dort gegeben hat. So hatte ich zum Beispiel nicht erlebt, daß die Angehörigen der Antifa-Aktivs nicht nur in der üblichen Form politische Propaganda getrieben, sondern sich auch durch übles, schikanöses Verhalten gegenüber den Lagerinsassen hervorgetan haben. Hier im Lager Sysran soll der mir aus früheren Jahren als eifriger Aktivist im Bund Deutscher Offiziere bekannte Leutnant Wilimzig deshalb besonders berüchtigt sein, zumal er sogar Landser mißhandelt haben soll. Derartige Vorfälle haben verständlicherweise die Stimmung gegenüber diesen deutschen Mitgefangenen angeheizt, was später in einigen Fällen nicht ohne Folgen geblieben ist. Doch davon wird noch zu berichten sein.
Für mich gibt es bei den jetzt hier Versammelten auch ein Wiedersehen mit Bekannten aus früheren Zeiten der Gefangenschaft. Dazu gehört der Oberarzt Dr. Ottmar Kohler, der mir besonders aus den ersten Monaten nach der Gefangennahme damals 1943 in Dubowka in guter Erinnerung geblieben ist.

Aus den Jahren 1944/45 in Jelabuga, wo wir in der Zone 3 des Isoliertenblocks VI eine recht eindrucksvolle, durch eine wohl selten anzutreffende Kameradschaft geprägte Zeit miteinander erlebt haben, treffe ich hier wieder mit dem Rittmeister Wilhelm Hasselmann zusammen. Mit diesem, inzwischen 53jährigen Kameraden, der aus Westercelle bei Hannover stammt, bleibe ich nun auch die gesamte Zeit auf der Heimfahrt zusammen. Von Dr. Kohler erfahre ich dagegen kurz vor unserer Abfahrt aus Sysran, daß er bei diesem Transport nicht dabei sei — er wird erst viel später zurückkommen.
Der Aufenthalt im Lager Sysran dauert nur wenige Tage. Die in dieser Zeit erfolgende Einkleidung mit neuen Wattejacken und Wintermützen deutet auch darauf hin, daß es tatsächlich mit der Heimfahrt immer ernster zu werden scheint.
Am 27. November ist es dann so weit, daß wir am Nachmittag zu einem am Rand des Bahnhofs wartenden Güterzug geführt und auf die einzelnen Waggons aufgeteilt werden. Selbst bei dieser Aufteilung bleibt es wieder dabei, daß der Russe uns Offiziere in einem gesonderten Güterwagen und nicht gemeinsam mit anderen Mitgefangenen unterbringt.

Danach stellt es sich heraus, daß die Abfahrt des Zuges noch einige Zeit auf sich warten lassen wird. Der Grund dafür ist offensichtlich, daß inzwischen noch eine Versammlung für alle zum Transport gehörenden Heimkehrer abgehalten werden soll, auf der Antifa-Vertreter die nun schon üblichen Dankes- und Lobreden auf den großen Stalin und die Sowjetunion halten wollen.
Um diesem Spektakel zu entgehen, mache ich mich mit Hasselmann zusammen auf, um im nahegelegenen Ortsteil von Sysran vielleicht noch Rubel loswerden zu können, die wir nicht über die Grenze mitnehmen dürfen. Auf der Suche nach einem Laden, wo wir etwas zu Essen kaufen wollen, finden wir lediglich eine Stolowaja. Dort gibt es aber nichts zu essen, sondern nur etwas zum Trinken. Da wir es nicht riskieren wollen, nach länger herumzusuchen, kommen wir auf die »Schnapsidee« , uns wenigstens jetzt nach fast sieben alkohollosen Jahren noch zum Abschluß als »Plenny« einen Wodka zu genehmigen. So ein Wodka wird in Rußland nur aus einem Stakan, das ist soviel wie ein Wasserglas, getrunken. Von diesem ungewohnten Genuß bleiben wir nicht so ganz »unbeeindruckt«, zumal wir, animiert von den beiden anwesenden Russen, uns auch ein zweites Glas leisten. Doch dann machen wir mit diesem erstmaligen und einmaligen Alkoholgenuß in der russischen Gefangenschaft lieber Schluß, um nicht gerade auf diese Weise die Abfahrt unseres Heimkehrertransportes zu verpassen. Die Russen in der Stolowaja sind ausgesprochen freundlich, als sie von unserer bevorstehenden Entlassung erfahren, und möchten am liebsten noch weiter dieses Ereignis mit uns feiern. So gibt es dann einen ausgesprochen »bewegten Abschied« in dieser Stolowaja in Sysran.
Als wir nach diesem kurzen Abstecher wieder zu unserem Güterzug zurückkommen, ist dort glücklicherweise die Abschiedsveranstaltung der antifaschistischen Funktionäre beendet. Und nicht allzu lange darauf setzt sich unser Transportzug am Abend des 27. November in Bewegung. Der Heimtransport hat begonnen — wird auch nichts mehr schiefgehen?!
In den folgenden Tagen geht die Fahrt zwar nicht immer so schnell, wie wir es uns eigentlich wünschen, aber immerhin fahren wir zunächst einmal auf der Strecke über Pensa in einem großen Bogen südlich um Moskau herum bis nach Smolensk. Auch wenn gegenüber den früheren Gefangenentransporten die Waggontüren jetzt nicht mehr verschlossen gehalten werden, läßt sich in der für uns unbekannten Gegend die Fahrtstrecke nicht so genau ausmachen. Doch von Smolensk über Orscha, Minsk, Baranowitschi bis nach Brest–Litowsk an der russisch-polnischen Grenze kommen wir durch Orte, die uns von früher bekannt sind.
Umgekehrt bin ich die Strecke Brest–Litowsk, Minsk, Baranowitschi im September 1942 gefahren, als ich auf einer abenteuerlichen Reise quer durch Deutschland, Polen und Rußland ein Marschbataillon mit Ersatz für meine Division von Füssen beziehungsweise Kempten im Allgäu bis in den Raum von Stalingrad bringen mußte.
Auch wenn jetzt diese Fahrt durch Rußland immer wieder durch Aufenthalte unterbrochen wird, was zum Teil bei den eingleisigen Strecken verständlich ist, die

Hauptsache ist dabei nur noch, daß unsere Reise immer weiter nach Westen geht. Immerhin ist mit der Ankunft auf dem Grenzbahnhof Brest–Litowsk für uns ein besonders entscheidender Abschnitt auf dieser erwartungsvollen und spannungsgeladenen Heimreise zurückgelegt.
In Brest–Litowsk, das noch bis 1939 zu Polen gehörte, ist für alle russischen Züge Endstation, da sich von dort weiter nach Westen die Spurweite der Eisenbahnen ändert. Gegenüber der in Europa allgemein üblichen Normalspur ist die russische Breitspur etwa 24,1 cm breiter. Deshalb mußten während des Rußlandfeldzuges in den von deutschen Truppen besetzten Gebieten die russischen Bahngleise auf Normalspur umgebaut werden, um alle Transporte möglichst dicht an die Front heranführen zu können. Inzwischen sind seit Beendigung des Krieges natürlich sämtliche Gleisanlagen in Rußland wieder auf die russische Breitspur umgestellt worden. Dies allein ist schon ein Grund dafür, daß es in Brest–Litowsk zu einem Aufenthalt kommt, bevor wir auf den Güterzug umsteigen können, der aus Frankfurt/Oder hierher gekommen ist, um uns abzuholen.
Doch ganz so einfach wird uns das Verlassen der Sowjetunion nun auch wieder nicht gemacht. Trotz aller optimistischen Erwartungen sind wir uns durchaus der Tatsache bewußt, daß wir erst nach dem Überschreiten der Zonengrenze nach Westdeutschland endgültig sicher sein werden, wirklich wieder freie Menschen zu sein. Das bestätigt sich jetzt in Brest–Litowsk erneut, als alle Offiziere aus unserem Transport erst eine gründliche Durchsuchung mit Leibesvisitation, also eine schon so oft in den vergangenen Jahren in der Gefangenschaft erlebte »Filzung«, und anschließend auch noch eine Vernehmung durch die NKWD überstehen müssen. Bei der Durchsuchung müssen wir uns völlig ausziehen und alle Bekleidungsstücke und unser »Handgepäck« — bei mir besteht das lediglich aus einem Brotbeutel — auf einem Tisch ausbreiten. Dahinter hat sich ein russischer Soldat aufgebaut, der sich dieses Mal mit einem Messer bewaffnet hat. Wie es sich herausstellt, dient dieses Messer dazu, dort, wo er zum Beispiel auf einen Kanten Brot aus unserer »Reiseverpflegung« stößt, diesen damit zu durchbohren; es könnte vielleicht etwas Verdächtiges darin versteckt sein.
Wir waren ohnehin schon früher davon unterrichtet worden, daß es sehr gefährlich und riskant ist, irgendwelche schriftlichen Aufzeichnungen oder sonstige Schriftstücke, natürlich auch Zeitungen, ja selbst russische Bücher, auf den Heimtransport mitzunehmen.
Um nun nicht etwa damit meine Chancen bei der Entlassung zu gefährden, hatte ich bereits im Lager Sysran vor der Abfahrt alle meine Aufzeichnungen vernichtet. Dabei handelte es sich um Notizen über in Stalingrad gefallene beziehungsweise in der letzten Zeit in der Gefangenschaft gestorbene Kameraden, um deren Angehörige nach der Heimkehr benachrichtigen zu können. Da mir diese Notizen schon einige Male, vor allem bei den bei Lagerwechsel üblichen Filzungen abgenommen worden waren, hatte ich mir diese Angaben inzwischen so eingeprägt, daß ich sie bis zur Heimkehr eigentlich nicht mehr vergessen konnte.

Die anderen, in den aus Papyrossi-Mundstücken angefertigten Heftchen aufgeschriebenen Dinge, wie zum Beispiel den Cornet von Rainer Maria Rilke, braucht man nun nicht mehr zu behalten.
Neben dieser eifrigen Suche nach verdächtigen Dingen in unserer Bekleidung geht es bei der Leibesvisitation vornehmlich um die berüchtigte Blutgruppe, wie sie bei den Angehörigen der Waffen-SS an der Innenseite des Oberarmes als Tätowierung angebracht wurde, während bei uns in der Wehrmacht die Blutgruppe auf der Erkennungsmarke eingestanzt war. Für einen Wehrmacht-Soldaten konnte es selbst zum Verhängnis werden, am Oberarm lediglich eine ganz normale Narbe zu haben. Denn es ist vorgekommen, daß dies von den Russen als Beweis für die nachträgliche Beseitigung der Blutgruppe angesehen wurde, um auf diese Weise die Zugehörigkeit zur Waffen-SS zu vertuschen. Nach wie vor gehören Offiziere der Waffen-SS zu den Kriegsgefangenen, die als potentielle Kriegsverbrecher vorerst nicht entlassen werden.
Im Anschluß an diese Filzungs-Aktion werden wir in der gleichen Baracke zu den, auf mehrere Räume verteilten NKWD-Offizieren weitergeleitet. Ich komme dabei zu einem Major, der sich von meinem Eintritt erst einmal nicht stören läßt, sondern sich ungeniert mit der uniformierten Dolmetscherin beschäftigt. Schließlich läuft meine Vernehmung zunächst nach meinem Eindruck als eine Art lästiger Pflichtübung für den Russen ab. Dabei geht es nach den üblichen Fragen über Tätigkeiten und Aufenthalte in Rußland vor der Gefangenschaft auf einmal nur noch um meine Absichten nach der Entlassung. Das schon einmal deswegen, weil ich in meine jetzt unter polnischer Verwaltung stehende Heimat in Schlesien nicht mehr zurück kann. Als ich dem Major dazu erkläre, daß ich deswegen nun aber nicht etwa in die russische, sondern in die britische Zone nach Westfalen gehen werde, gibt es für mich eine recht merkwürdige Überraschung. Der russische Offizer meint nämlich, daß ich in Westdeutschland dann ja gleich wieder Soldat werden könne. Auf meine erstaunte Frage, was das denn zu bedeuten hätte, erzählt er mir von bereits fünf dort bestehenden Divisionen. Insgesamt sollen sogar 25 Divisionen zur Wiederaufrüstung im imperialistischen Westdeutschland unter amerikanischer Führung aufgestellt werden. Mir erscheint das allerdings recht unglaubwürdig, eigentlich völlig unmöglich, zumal wir darüber doch nicht erst jetzt, sondern bestimmt schon früher aus ostdeutschen Zeitungen oder vom Antifa-Aktivisten etwas gehört hätten. Denn das wäre doch ein höchst willkommener Beweis für die in der Ostzone und in der Sowjetunion propagierte Kriegsgefahr durch die Imperialisten, besonders durch die von ehemaligen Nazis unterstützten Amerikaner im Westen gewesen.
Ganz abgesehen davon wäre ein russischer NKWD-Offizier bestimmt der Letzte, dem ich über eine derartige Berufsabsicht etwas sagen würde.
Deshalb erwidere ich dem Russen auf diese »sensationelle« Nachricht erst einmal, daß ich nach den Erfahrungen und Erlebnissen im vergangenen Krieg und noch mehr in der Kriegsgefangenschaft die »Schnauze voll« und kein Interesse mehr an meinem Beruf als aktiver Offizier habe. Auf seine Frage, was ich denn dann beruf-

lich machen wolle, fällt mir in diesem Augenblick nichts anderes ein, als zu sagen: »Ich werde Apotheker«. Dabei habe ich bis zu diesem Zeitpunkt über die Frage eines künftigen Berufes überhaupt noch nicht ernsthaft nachgedacht, beziehungsweise mir klare Vorstellungen dazu machen können. Immerhin muß ich doch erst einmal die Verhältnisse und Möglichkeiten in meiner neuen Heimat selbst kennenlernen. Auf die Apothekerlaufbahn komme ich in diesem Moment wohl nur deshalb, weil ich ja weiß, zunächst nach der Entlassung aus der Gefangenschaft in der Warburger Apotheke mein erstes Unterkommen zu finden. Mein Abitur liegt inzwischen bald 13 Jahre zurück und das noch auf einem humanistischen Gymnasium, wo die für die Pharmazie nicht unwichtigen Kenntnisse auf dem Gebiet der Naturwissenschaften keine große Rolle gespielt haben.
Die Art und Weise, wie dieser sowjetische Offizier mich schließlich »verabschiedet« ist zwar auch unglaublich und eigentlich unverschämt, aber erschüttern kann mich das nun auch nicht mehr. Passend zu seinem ohnehin recht überheblichen Benehmen bekomme ich folgendes von ihm zu hören: »Nu ladno, Kapitan« — sinngemäß übersetzt: »Aber wenn wir Dich noch einmal erwischen, dann ...«, und dazu führt er mit der Hand eine Bewegung aus, die man als Durchschneiden der Kehle oder einfach als »Kopf ab« deuten kann.
Nach diesem verständlicherweise unvergeßlichen Erlebnis zum Abschluß dieser Vernehmung habe ich das Gefühl, diesmal — in des Wortes wahrer Bedeutung — gerade noch einmal davongekommen zu sein!

Nicht zuletzt deswegen glaube ich langsam immer mehr an das bevorstehende Ende der jahrelangen Machtlosigkeit als Kriegsgefangener gegenüber dem Sowjetischen Volkskommissariat für innere Angelegenheiten — NKWD —. Inzwischen ist es das Volkskommissariat für Staatssicherheit — NKGB —, zu dem eben auch die — GPU —, Staatliche politische Verwaltung, gehört. GPU kommt von der russischen Bezeichnung: — Gossudarstwennoje Politischeskoje Uprawienije —.
Damit schließt sich für mich so etwas wie ein Kreis zwischen dieser bemerkenswerten Drohung bei der letzten Vernehmung in Brest–Litowsk Anfang Dezember 1949 mit der Vernehmung durch das NKWD in Wolsk im Juli 1943, wo ich zum ersten Mal ein ähnliches Verhalten der Kommissare kennengelernt hatte.
Als wir dann aus der NKWD-Baracke auf die andere Seite des Bahnhofs zum Zug geführt werden, der uns nach Frankfurt/Oder bringen soll, stellen wir in unseren Güterwagen fest, daß zwei unserer Kameraden fehlen. Angeblich sollen bei dem einen ein in seinen Rock eingenähtes Deutsches Kreuz in Gold, auf dem sich ja ein Hakenkreuz befindet, und bei dem anderen schriftliche Aufzeichnungen gefunden worden sein. In der kurzen, noch bis zur Abfahrt verbleibenden Zeit ist nicht mehr zu klären, warum diese Beiden tatsächlich praktisch im letzten Augenblick in Rußland zurückbehalten werden.
Dieser Vorfall erinnert mich sehr stark an eigene, frühere Erlebnisse und dürfte meinen Verdacht bestätigen, wonach hier von den NKWD-Kommissaren bewiesen

werden soll, daß ihre Genossen in den Gefangenenlagern eben doch nicht alle »Kriegsverbrechen-Verdächtigen« erkannt und rechtzeitig vom Heimtransport ausgeschlossen haben.
Zur gleichen Zeit, wo wir Offiziere zur Durchsuchung und Vernehmung durch die NKWD-Baracke geschleust werden, findet für die übrigen Heimkehrer wieder einmal eine Versammlung statt. Dabei gibt es die üblichen Reden der Politruks, bei denen man sich eigentlich nur fragen muß, von welchem fortschrittlichen Arbeiter- und Bauernstaat sie berichten und wo wir uns die ganze Zeit in der Gefangenschaft aufgehalten haben. In einem Punkt können wir die Redner allerdings voll unterstützen. Das ist die wiederholte Aufforderung, zu Hause nur die Wahrheit über diese Zeit zu berichten. Die Fabelgeschichte von den in Westdeutschland aufgestellten und vorgesehenen Divisionen einer neuen deutschen Armee wird bei der Gelegenheit ebenfalls aufgetischt. Auch später läßt es sich nicht aufklären, wie es zu einer derartigen Behauptung hat kommen können.
Diese Vorgänge am letzten Tag in der Sowjetunion sind passend zu den Methoden und Zuständen, denen wir als Kriegsgefangene in diesem sozialistischen Staat — oft im Gegensatz zum Völkerrecht — jahrelang ausgesetzt gewesen sind. Wir haben uns schon so daran gewöhnt, daß wir daran nicht mehr etwas Besonderes, oft auch nichts Unrechtes empfinden!
Doch als wir am Nachmittag dieses 5. Dezember 1949 aus Brest–Litowsk abfahren und kurz danach die russisch-polnische Grenze passieren, sind unsere Gedanken nur noch mit dem beschäftigt, was jetzt vor uns liegt.
Die Weiterfahrt über Warschau und Posen geht verhältnismäßig zügig, wobei wir von Land und Leuten recht wenig mitbekommen. Denn auf dieser Fahrt durch Polen müssen die Waggontüren verschlossen bleiben.
Später wird davon gesprochen, daß in dieser Zeit angeblich zwei Antifa-Lageraktivisten, die sich durch ihr Verhalten in einem Arbeitslager besonders verhaßt gemacht haben, aus dem fahrenden Zug geworfen sein sollen. Unwahrscheinlich ist das sicher nicht, aber verständlicherweise wird über die Einzelheiten dieses Vorganges, der einer Lynchjustiz gleichkommt, nicht gesprochen.
Nach zwei Tagen auf der natürlich ungewohnten und angespannten Fahrt durch Polen gibt es am späten Nachmittag plötzlich große Aufregung in unserem Waggon. Durch die kleinen Luken können wir gerade noch erkennen, daß wir über eine größere Eisenbahnbrücke fahren. Das kann nur die Brücke über die Oder sein. Damit haben wir die neue Ostgrenze zwischen Polen und Deutschland erreicht. Es dauert dann auch nicht lange, bis wir am Abend des 7. Dezembers in den Bahnhof von Frankfurt an der Oder einfahren und der Zug an einem Personenbahnsteig hält.
Für mich ist das ein Erlebnis ganz besonderer Art, denn hier in dieser Stadt bin ich vor 30 Jahren, am 25. März 1919 geboren worden. Jetzt wird meine Geburtsstadt bei der Rückkehr aus fast siebenjähriger Kriegsgefangenenschaft noch einmal in meinem Leben zu einer einschneidenden Etappe, diesmal auf dem Weg in eine lange entbehrte Freiheit.

Als wir erfahren, daß unser Zug hier vorerst auf diesem Bahnsteig stehenbleiben und erst später weiterfahren wird, bin ich einer der Ersten, die aus dem Waggon herausspringen. Diese unerwartet gebotene Gelegenheit, sich auf dem Bahnhof umsehen zu können will ich natürlich sofort ausnutzen. Immerhin ist es der erste deutsche Bahnhof und eben auch meine Geburtsstadt. Es ist beinahe so eine Art zweiter Geburtstag.
Über die Treppe von dem Bahnsteig hinunter komme ich an einem Kiosk vorbei, wo ich von einem Mädchen freundlich mit »Herzlich Willkommen« begrüßt werde. Im ersten Augenblick bin ich ganz perplex und starre das Mädchen wohl recht ungläubig an. Ich kann es eben einfach noch nicht so schnell begreifen, auf einmal von einer jungen Frau deutsch angesprochen zu werden. Wie lange hat man das nicht mehr erlebt!
Bald darauf — inzwischen ist der Bahnhof überall von zahlreichen Heimkehrern bevölkert — stellen wir fest, daß es dort einen besonderen Wartesaal für russische Soldaten gibt. Eigentlich hatten wir bis jetzt an so eine Möglichkeit gar nicht gedacht, nachdem wir in Brest–Litowsk glaubten, nun keinen Russen mehr zu begegnen. Hier holt uns aber die Nachkriegswirklichkeit schnell ein, mit der wir natürlich auch erst noch fertig werden müssen.
Aber, abgesehen von dieser Feststellung, entsteht dann erhebliche Unruhe, als uns jemand darauf aufmerksam macht, daß im Wartesaal ein deutsches Mädchen mit zwei sowjetischen Soldaten sitzt. Sofort bildet sich vor dem Wartesaal eine Ansammlung von Heimkehrern, die mit recht deutlichen Worten ihre Meinung dazu äußern. Den beiden Russen und dem Mädchen wird daraufhin die Lage recht ungemütlich und sie verlassen hastig diesen Raum. Auf dem Gang bekommt das Mädchen plötzlich einen Stoß von hinten, so daß es der Länge nach auf den Boden fällt. Ohne sich darum zu kümmern, machen sich ihre Begleiter auf und davon.
Nach diesen ersten Eindrücken auf dem Bahnhof in Frankfurt an der Oder fährt unser Transportzug später am Abend ein Stück aus dem Bahnhof hinaus, wo wir dann die erste Nacht in Deutschland in unserem Güterwagen zubringen. Am nächsten Morgen kommen wir nach einer kurzen Fahrt in das Lager Gronenfelde, dem Anlaufpunkt für alle in dieser Zeit aus Rußland kommenden Heimkehrertransporte. Nach den rund zwei Wochen, die wir seit der Abfahrt aus Sysran unterwegs gewesen sind, können wir uns endlich wieder einmal gründlich waschen und bekommen auch unsere Wäsche gewechselt. Bei einer Registrierung geht es dann um die Orte, wohin wir entlassen werden wollen. Danach erfolgt die Einteilung für die weitere Fahrt in die einzelnen Zonen in Westdeutschland. Außerdem wird ein Entlassungsgeld in Höhe von 50 Ostmark ausgegeben.
Das Wichtigste ist aber die Möglichkeit, ein Telegramm aufgeben zu können. So kündige ich mit den Worten »Ich komme« meine bevorstehende Ankunft in Warburg in Westfalen bei meiner Mutter an.
Mit dem für die britische Zone bestimmten Transport fahre ich am nächsten Morgen von Gronenfelde ab, glücklich darüber, nun auch diese Klippe hinter mich

gebracht zu haben. Denn angeblich sollen in diesem Lager wiederum einige von uns zurückgehalten worden sein.
Die Zeit der Transporte in Güterzügen scheint auch vorbei zu sein. In einem ganz normalen Personenzug kommen wir gegen Mittag in Leipzig an. Bei dieser Fahrt durch die Ostzone über Cottbus und Torgau fällt uns besonders auf, daß die Bahnstrecken nur noch eingleisig befahren werden; dort, wo eigentlich das zweite Gleis liegen müßte, ist nur der Schotter auf dem Bahndamm vorhanden. Was man mit den abgebauten Gleisen gemacht hat, ist so schnell nicht zu erfahren. Vielleicht, so vermuten wir, sind sie als Reparationen nach Rußland gebracht worden. Was können die Russen nicht gebrauchen? Bei einigen Aufenthalten, die es unterwegs gibt, kommen immer wieder Kinder, aber auch Erwachsene an den Zug heran. Offensichtlich freuen sie sich über jedes Stück Brot von uns. Sie erzählen nicht gerade Erfreuliches über die Versorgungslage in diesem Teil Deutschlands. Daher ist es für uns selbstverständlich, daß wir die noch in Gronenfelde ausgegebene Marschverpflegung verteilen. Schließlich weiß niemand besser als wir, was Hunger bedeutet.
In Leipzig gibt es einen längeren Aufenthalt. Bis zur Weiterfahrt am späten Nachmittag können wir uns deshalb frei in der Stadt bewegen. Zusammen mit Wilhelm Hasselmann gehe ich zunächst in ein Restaurant in der Nähe des Bahnhofs, wo wir Mittag essen wollen. So können wir die in Gronenfelde ausgezahlten Ostmark-Beträge sinnvoll anlegen.
Als wir mit dem Essen fast fertig sind, betreten zwei, wie wir richtig vermuten, Volkspolizisten das Lokal und kontrollieren alle Gäste. An uns gehen sie allerdings wortlos vorbei. Offensichtlich sind wir durch unsere Bekleidung deutlich als Rußland-Heimkehrer zu erkennen und für die Vopos uninteressant. Da wir keine Ausweise besitzen, hatten wir uns eine passende Antwort für den Fall einer Kontrolle zurechtgelegt. Doch dann sind wir ziemlich überrascht und verwundert, als drei der Gäste im Lokal von diesen »Vopos« zum Mitkommen aufgefordert, vor die Tür geführt werden und dort einen wartenden Lastkraftwagen besteigen müssen, auf dem bereits einige Frauen und Männer sitzen. Als wir einen Tischnachbarn nach einer Erklärung für diesen merkwürdigen Vorfall bitten, erfahren wir, daß derartige Kontrollen durchaus üblich sind. Sie dienen dazu, sogenannte arbeitsunwillige Frauen und Männer ausfindig zu machen, die sich vor gemeinschaftlichen »freiwilligen« Einsätzen bei den Trümmer-Aufräumungsarbeiten drücken wollen.
Bei unserem weiteren Spaziergang durch Leipzig bekommen wir zum ersten Mal einen unmittelbaren Eindruck von den Folgen des Bombenkrieges in einer größeren deutschen Stadt. Wenn auch bereits in vielen Fällen die gröbsten Spuren beseitigt sind und einiges wieder aufgebaut worden ist, macht uns dieser Anblick natürlich recht nachdenklich.
Wir finden dann auf Empfehlung von mehreren Passanten, die uns als Heimkehrer immer wieder ansprechen, eine HO-Gaststätte, wo man ohne Essenmarken Kaffee und Kuchen bekommt. Sehr schnell kommen wir auch hier wieder mit anderen

Besuchern ins Gespräch, die uns allerdings gar nicht viel fragen lassen, weil sie viel mehr von uns etwas über unsere Erlebnisse in der russischen Gefangenschaft wissen wollen. Als wir schließlich bezahlen wollen, weil wir zum Bahnhof zurück müssen, lassen das unsere umsitzenden Gesprächspartner nicht zu, sondern verabschieden uns als alte Freunde.

Wie wir dann auf dem Bahnhof feststellen, ist immer noch so viel Zeit bis zur Abfahrt unseres Zuges, daß wir noch in aller Ruhe unsere letzten Ostmark in der Bahnhofsgaststätte ausgeben können. Doch sowohl hier als auch erst recht anschließend auf dem Bahnsteig haben sich inzwischen mehrere Frauen und einige Männer eingefunden, die uns in der Hoffnung ansprechen, eine Auskunft über vermißte Angehörige zu erhalten. Aber, und das ist ebenso bedrückend für uns, es gibt auch Fälle, wo wir um Brot und Zigaretten angebettelt werden.

Leider können wir bei den vielen Fragen und vorgehaltenen Aufnahmen von vermißten Angehörigen in Rußland, dabei auch in Stalingrad, keine befriedigenden Auskünfte geben. Nach unseren eigenen Erfahrungen sind ohnehin die Aussichten für eine Aufklärung dieser zahllosen Vermißtenschicksale recht fragwürdig geworden. Auch mit Brot und Zigaretten können wir nicht mehr helfen, da wir bereits alles restlos verteilt haben.

Ganz unter dem Eindruck dieser Erlebnisse an diesem Tag in der Ostzone fahren wir am Abend von Leipzig bis nach Heiligenstadt, wo wir in der Nacht ankommen und bis zum frühen Morgen in einer Schule untergebracht werden.

Angesichts der Tatsache, daß wir uns jetzt bis auf einige wenige Kilometer der Grenze zu Westdeutschland genähert haben, ist in den kommenden Stunden in dieser Nacht an Schlaf natürlich nicht zu denken. Es ist uns auch völlig gleichgültig, als hier zu später Stunde in der Aula eine Versammlung abgehalten wird, auf der wir uns aus unerfindlichen Gründen noch einmal eine Rede eines ostzonalen Funktionärs anhören müssen. Aus den Reihen der offensichtlich uninteressierten Zuhörer bekommt er lediglich am Ende seiner ansonsten üblichen Ansprache Zustimmung. Denn dort fordert auch er dazu auf, bei unserer Rückkehr nach Westdeutschland nur die Wahrheit über das zu berichten, was wir in der fortschrittlichen sozialistischen Sowjetunion gesehen und erlebt haben.

Am nächsten Morgen – es ist der 10. Dezember 1949 – fahren wir noch eine kurze Strecke mit der Eisenbahn, um dann das letzte Stück bis zu dem Übergang an der Zonengrenze zu Fuß zurückzulegen.

Mit jedem Schritt auf diesem Weg ist wohl jeder von uns nur noch mit dem Gedanken beschäftigt: »Gleich hast du es geschafft!«

Bald ist von weitem der Grenzübergang zu erkennen, wo wir offensichtlich bereits erwartet werden. Während auf der anderen Seite Angehörige des Roten Kreuzes und britische Soldaten zu sehen sind, stehen auf der ostzonalen Seite russische Soldaten und Volkspolizisten. Kurz vor dem bereits geöffneten Schlagbaum gibt es einen Halt, da man uns noch einmal abzählen will. In altgewohnter Weise müssen wir uns dabei zu »Fünfen« – »Po pjatj« – aufstellen.

Was sich dann abspielt, als wir eigentlich nur noch sofort nach drüben losrennen wollen, war vorher überhaupt nicht abgesprochen worden. Ganz spontan setzt sich in diesem letzten Moment, unmittelbar vor dem Überschreiten der Grenze, von der ersten Fünferreihe nach hinten fort, daß wir alle unsere Wintermützen vom Kopf reißen und sie rechts und links von unserer Kolonne den dort stehenden Volkspolizisten und russischen Soldaten vor die Füße werfen.
Bevor wir diese einmalige Reaktion selbst richtig begriffen haben, sehen wir schon den Schlagbaum über uns und wissen im gleichen Augenblick: »Wir sind über die rettende Grenze hinweg – jetzt kann uns nichts mehr passieren!«
Am liebsten würden wir wohl allen Menschen, die uns hinter dem Schlagbaum freudig begrüßen, sofort um den Hals fallen. Das ganze Durcheinander, was sich dabei abspielt, wo wir auch heiße Getränke angeboten bekommen, findet bald ein Ende, als wir in die bereitstehenden Busse einsteigen und in das Lager Friedland gefahren werden.
Hier im Flüchtlingslager Friedland/Leine werde ich mit dem Entlassungsschein – Kontrollblatt D 2 von der britischen Kriegsgefangenen-Entlassungsstelle – am 10.12.1949 als aktiver Offizier vom Heer entlassen.
Beglaubigt wird diese Entlassung von einem britischen Offizier – Allied Discharging Officer in Block Capitals –.
Die Abwicklung aller Entlassungsformalitäten geht recht zügig vor sich, denn das ist in diesen Wochen bereits bei vielen Heimkehrertransporten zur Routine geworden. Dazu gehört eine ärztliche Untersuchung, wo mein Tauglichkeitsgrad mit »Temp unfit« festgelegt wird.
Eine weitere Station ist die »Befragung« durch einen Offizier des britischen Geheimdienstes. Überraschenderweise geht es dabei auch um den »Fall Wilimzig«. Dr.jur. Walter Wilimzig, Leutnant, ist mir vom Lager Jelabuga her bekannt. Dort machte er als Antifa-Aktivist und eifriger BDO-Propagandist auf sich aufmerksam. Wie bereits in zahlreichen anderen Fällen bei ehemaligen Angehörigen von NS-Organisationen verstand er es, so als früherer Scharführer der Studenten-SA, dann als Mitbegründer des »Bundes Deutscher Offiziere« sich zeitgemäß anzupassen.
Trotz seines uneingeschränkten Bekenntnisses zu den Zielen des BDO benutzte er dann die Ostzone nur als Durchgangsland und tauchte im Jahr 1947 bereits wieder in Göttingen auf, wo er es als Regierungsrat bis zum Leiter der Jugendvollzugsanstalt brachte.
In einem »Kameradenschinder-Prozeß« wird er aber 1950 von einem Göttinger Gericht aufgrund von 128 Zeugenaussagen wegen seines Verhaltens als Lagerleiter im Lager Sysran zu vier Jahren und sechs Monaten Gefängnis verurteilt. Die Beweislast der von ihm geprügelten und geschundenen Kriegsgefangenen führte zu dieser hohen Gefängnisstrafe.
Doch in den meisten Fällen führen alle Versuche, derartige »Kameradenschinder« vor einem deutschen Gericht zur Rechenschaft zu ziehen, zu keinem Erfolg. Bei den psychischen und physischen Schikanen in den Kriegsgefangenenlagern ist es

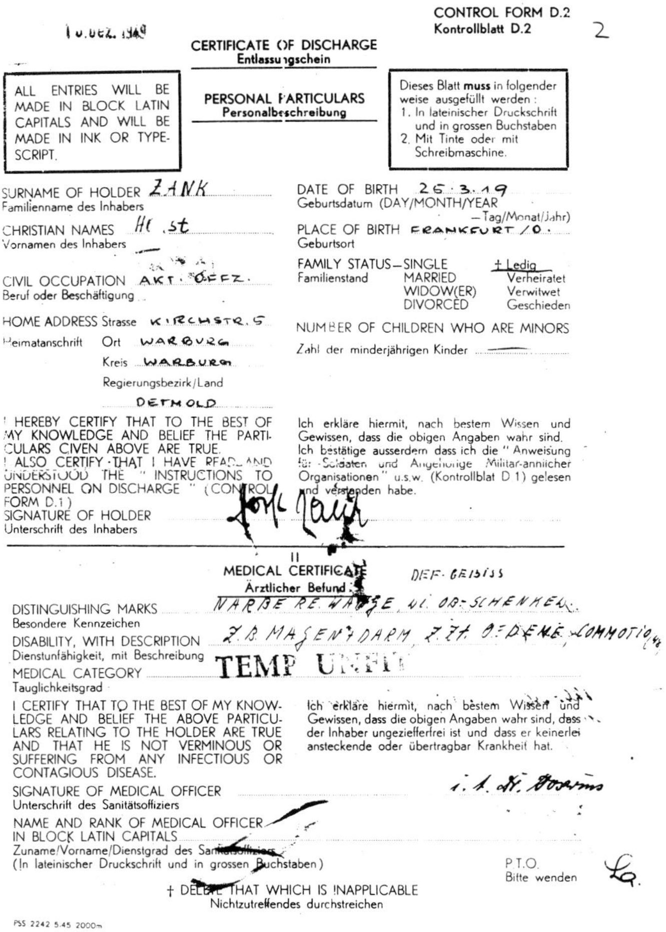

10. DEZ. 1949

CONTROL FORM D.2
Kontrollblatt D.2

2

CERTIFICATE OF DISCHARGE
Entlassungschein

ALL ENTRIES WILL BE MADE IN BLOCK LATIN CAPITALS AND WILL BE MADE IN INK OR TYPESCRIPT.

PERSONAL PARTICULARS
Personalbeschreibung

Dieses Blatt **muss** in folgender weise ausgefüllt werden:
1. In lateinischer Druckschrift und in grossen Buchstaben
2. Mit Tinte oder mit Schreibmaschine.

SURNAME OF HOLDER ZANK
Familienname des Inhabers

CHRISTIAN NAMES Horst
Vornamen des Inhabers

CIVIL OCCUPATION AKT. ÖFFZ.
Beruf oder Beschäftigung

HOME ADDRESS Strasse KIRCHSTR. 5
Heimatanschrift Ort WARBURG
Kreis WARBURG
Regierungsbezirk/Land DETMOLD

DATE OF BIRTH 25.3.19
Geburtsdatum (DAY/MONTH/YEAR — Tag/Monat/Jahr)

PLACE OF BIRTH FRANKFURT/O.
Geburtsort

FAMILY STATUS — SINGLE † Ledig
Familienstand MARRIED Verheiratet
WIDOW(ER) Verwitwet
DIVORCED Geschieden

NUMBER OF CHILDREN WHO ARE MINORS
Zahl der minderjährigen Kinder —

I HEREBY CERTIFY THAT TO THE BEST OF MY KNOWLEDGE AND BELIEF THE PARTICULARS GIVEN ABOVE ARE TRUE.
I ALSO CERTIFY THAT I HAVE READ AND UNDERSTOOD THE "INSTRUCTIONS TO PERSONNEL ON DISCHARGE" (CONTROL FORM D.1)

Ich erkläre hiermit, nach bestem Wissen und Gewissen, dass die obigen Angaben wahr sind. Ich bestätige ausserdem dass ich die "Anweisung für Soldaten und Angehörige Militär-ähnlicher Organisationen" u.s.w. (Kontrollblat D.1) gelesen und verstanden habe.

SIGNATURE OF HOLDER
Unterschrift des Inhabers Horst Zank

II
MEDICAL CERTIFICATE
Ärztlicher Befund

DEF. GEISTSS

DISTINGUISHING MARKS NARBE RE. WANGE, LI. OB-SCHENKEL
Besondere Kennzeichen

DISABILITY, WITH DESCRIPTION Z.B. MAGEN/DARM, Z.ZT. ÖDEME, COMMOTIO
Dienstunfähigkeit, mit Beschreibung

MEDICAL CATEGORY TEMP UNFIT
Tauglichkeitsgrad

I CERTIFY THAT TO THE BEST OF MY KNOWLEDGE AND BELIEF THE ABOVE PARTICULARS RELATING TO THE HOLDER ARE TRUE AND THAT HE IS NOT VERMINOUS OR SUFFERING FROM ANY INFECTIOUS OR CONTAGIOUS DISEASE.

Ich erkläre hiermit, nach bestem Wissen und Gewissen, dass die obigen Angaben wahr sind, dass der Inhaber ungezieferfrei ist und dass er keinerlei ansteckende oder übertragbar Krankheit hat.

SIGNATURE OF MEDICAL OFFICER
Unterschrift des Sanitätsoffiziers

NAME AND RANK OF MEDICAL OFFICER IN BLOCK LATIN CAPITALS
Zuname/Vorname/Dienstgrad des Sanitätsoffiziers
(In lateinischer Druckschrift und in grossen Buchstaben)

P.T.O.
Bitte wenden

† DELETE THAT WHICH IS INAPPLICABLE
Nichtzutreffendes durchstreichen

PSS 2242 5.45 2000m

kaum möglich, dabei die Voraussetzungen für eine Anklage nach dem deutschen Strafgesetzbuch ausreichend zu erfüllen.

So bleiben leider viele dieser ehemaligen Antifa-Aktivisten nach ihrer Rückkehr in Westdeutschland unbehelligt, obwohl sie in der Gefangenschaft gegenüber Mitgefangenen nicht nur durch unkameradschaftliches Verhalten, sondern auch durch Denunziation, Schikanen mannigfacher Art und Unterstützung der kommunistischen Politruks, der russischen Lagerleitungen und des NKWD schwere Schuld auf sich geladen haben.

Opfer derartiger schändlicher Verhaltensweisen sind schließlich Tausende deutscher Kriegsgefangener, die nicht das Glück haben, jetzt bei der Entlassungsaktion 1949/50 dabei zu sein. In den sogenannten Kriegsverbrecherprozessen werden sie völkerrechtswidrig oft erst zum Tod und dann zu weiteren Jahren Strafarbeit verurteilt. Ihre Heimkehr wird erst in den Jahren von 1953 bis 1955 erfolgen. 10 Jahre

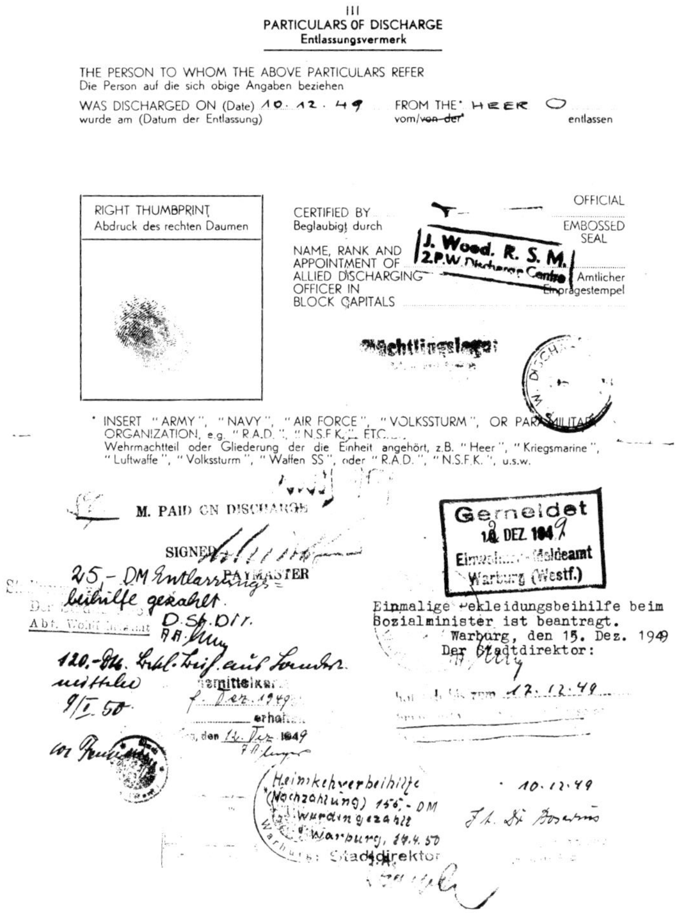
III
PARTICULARS OF DISCHARGE
Entlassungsvermerk

THE PERSON TO WHOM THE ABOVE PARTICULARS REFER
Die Person auf die sich obige Angaben beziehen
WAS DISCHARGED ON (Date) 10. 12. 49 FROM THE* HEER
wurde am (Datum der Entlassung) vom/~~von der~~* entlassen

RIGHT THUMBPRINT
Abdruck des rechten Daumen

CERTIFIED BY
Beglaubigt durch
NAME, RANK AND APPOINTMENT OF ALLIED DISCHARGING OFFICER IN BLOCK CAPITALS
J. Wood. R. S. M.
2.P.W. Discharge Centre

OFFICIAL EMBOSSED SEAL
Amtlicher Einprägestempel

* INSERT "ARMY", "NAVY", "AIR FORCE", "VOLKSSTURM", OR PARAMILITARY ORGANIZATION, e.g. "R.A.D.", "N.S.F.K.", ETC.
Wehrmachtteil oder Gliederung der die Einheit angehört, z.B. "Heer", "Kriegsmarine", "Luftwaffe", "Volkssturm", "Waffen SS", oder "R.A.D.", "N.S.F.K.", u.s.w.

M. PAID ON DISCHARGE
SIGNED
PAYMASTER

25,- DM Entlassungsbeihilfe gezahlt.
D.St.D.
120,- DM. Bekl. Beih. aus Landesmitteln
9/I. 50

Gemeldet
10. DEZ 1949
Einwohner-Meldeamt
Warburg (Westf.)

Einmalige Bekleidungsbeihilfe beim
Sozialminister ist beantragt.
Warburg, den 15. Dez. 1949
Der Stadtdirektor:

Heimkehrerbeihilfe
(Nachzahlung) 155,- DM
wurden gezahlt
Warburg, 14.4.50
Stadtdirektor

10.12.49

nach dem Ende des Zweiten Weltkrieges erfolgt dann die Entlassung und Rückkehr der letzten Kriegsgefangenen. Zu ihnen gehörte auch der Blockälteste des Block VI in Jelabuga, Oberst Wolff, der mit einigen anderen Stalingradgefangenen damit 12 Jahre als Kriegsgefangener und sogenannter Kriegsverbrecher von Stalin widerrechtlich festgehalten worden war.
Dagegen kann ich an diesem 10. Dezember 1949 nach dem Empfang von 80 DM Entlassungsgeld, eines Flüchtlingsmeldescheines und einer Fahrkarte das Lager Friedland verlassen. Für die Fahrt von Friedland über Kassel nach Warburg in Westfalen brauche ich nicht auf einen der Sammeltransporte zu warten, die in das Rheinland und Ruhrgebiet eingesetzt werden.

Als ich nun – so als wäre es ganz selbstverständlich – das Heimkehrerlager Friedland verlasse und mit einem kleinen Pappkoffer in der Hand allein vor dem Lager-

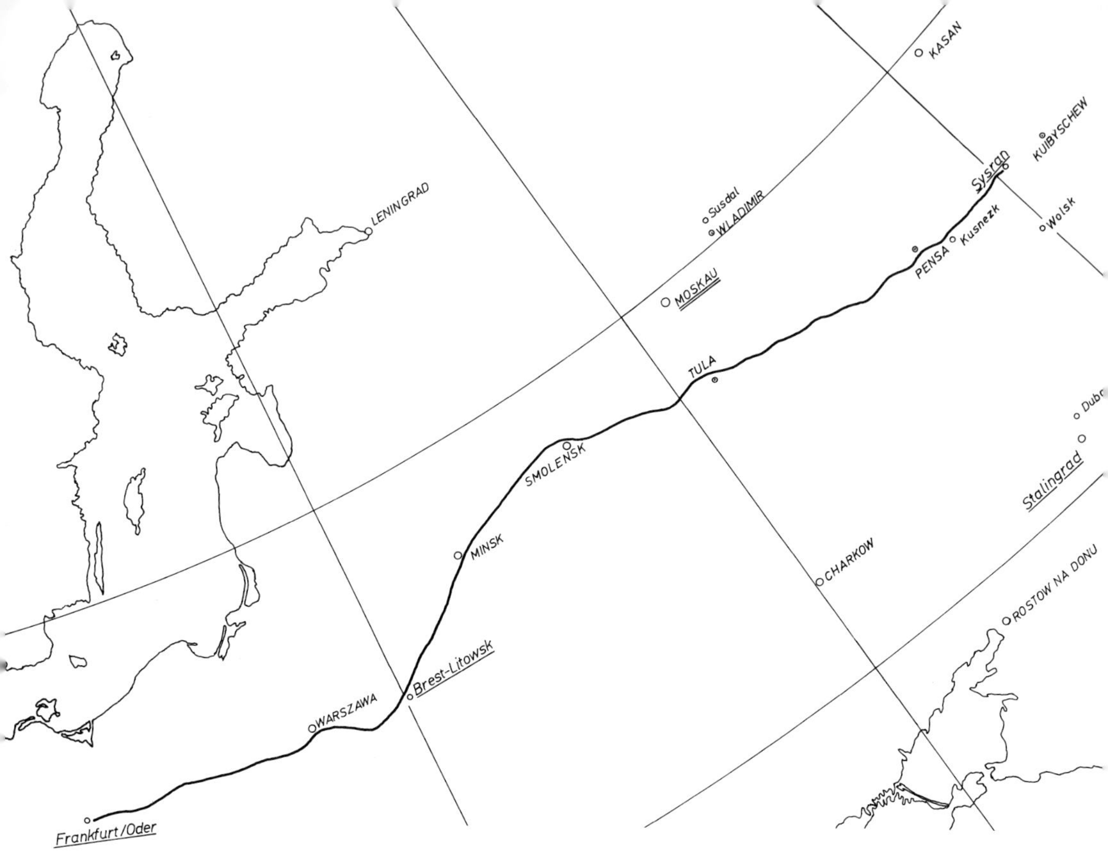

Heimtransport im November – Dezember 1949:
Von Sysran a.d. Wolga *über Pensa – Tula – Smolensk – Minsk – Brest Litowsk – Warschau* **nach Frankfurt a.d. Oder.**

tor stehe und mich noch einmal umsehe, wird mir erst ganz allmählich bewußt, was hier auf einmal mit mir vorgeht.
Nach sechs Jahren, zehn Monaten und zehn Tagen — das sind insgesamt 2.500 Tage als Gefangener in der Sowjetunion — bin ich plötzlich wieder ein freier Mensch! Zurück bleiben die Jahre hinter russischem Stacheldraht — verlorene Jahre. Wenn man die Kriegsjahre dazurechnet, ist es eine ganze Jugend!
Doch in diesem Augenblick werden derartige Gedanken von anderen Gefühlen verdrängt. Dazu gehört für einen Überlebenden dieser Kriegs- und Gefangenenjahre das überwältigende Gefühl einer unaussprechlichen Dankbarkeit.
Unzählige Freunde und Kameraden haben dieses Glück nicht mehr erleben dürfen, so zum Beispiel mein Jahrgangs-Regiments-Kamerad Petschelt, der bereits am zweiten Tag dieses Krieges in Polen sein Leben verloren hat. Und ich, ich habe sie alle — dabei auch Stalingrad und die Gefangenschaft — überlebt. Womit habe ich das verdient? Eine Frage, auf die es keine Antwort gibt.
Aber so ganz verloren waren diese Jahre doch wohl auch nicht. Es waren Jahre, die einen gelehrt haben, bewußter als früher und dankbarer für jeden Tag zu leben. Es waren Jahre, die einen für das weitere Leben entscheidend geprägt haben.

Es waren Jahre, in denen man niemals für sich allein sein konnte und gelernt hat, tolerant zu sein, Rücksicht zu nehmen und über Äußerlichkeiten hinwegzusehen. Dabei konnte man eine Menschenkenntnis erwerben, die einen im weiteren Leben begleitet und selten enttäuscht hat.
All' diese langen, endlosen Jahre hindurch — Tag für Tag, Nacht für Nacht — hat man immer wieder von diesem Augenblick geträumt und mühsam versucht, sich dieses Ende der Unfreiheit vorzustellen.
Jetzt, wo es Wirklichkeit geworden ist, und man auf einmal ganz allein irgendwo auf einer Straße steht, schwankt man zwischen Ratlosigkeit und Freude.
Wie lange wird es wohl dauern, bis man sich wieder an dieses neue Leben gewöhnt haben wird?
Der Weg zum Bahnhof in Friedland — die ersten Begegnungen mit Menschen im kleinen Wartesaal — die Eisenbahnfahrt durch ein Heimatland, das einem nur blühend erscheint — der Aufenthalt auf dem betriebsamen Bahnhof in Kassel — bis hin zum Eintreffen in Warburg, wo auf dem Bahnsteig meine Mutter und meine jüngste Schwester mich erwarten — alles dies gehört für mich zu dem unbeschreiblichen Erlebnis am Beginn eines neuen Lebensabschnittes, der aber niemals die vergangenen Jahre einer verlorenen Generation vergessen lassen kann.

Stalingrad — 42 Jahre später — Wolgograd 1985

Es war am Abend des 30. Januar 1943, als ich in Stalingrad-Mitte in unmittelbarer Nähe zum Roten Platz den Restkessel der 6. Armee über das Steilufer der Wolga hinab auf den damals zugefrorenen Fluß verlassen hatte.
Jetzt, 42 Jahre später, am Morgen des 22. August 1985, kehre ich fast an der gleichen Stelle wieder über das Ufer der Wolga in diese Stadt zurück, die inzwischen Wolgograd genannt wird.
Dieses Mal von einem Schiff aus, das uns von Rostow den Don aufwärts bis südlich von Kalatsch und dann durch den nach dem Krieg, auch von deutschen Kriegsgefangenen, gebauten Wolga-Don-Kanal nach Wolgograd gebracht hat.
Dieses Wiedersehen mit der inzwischen längst wieder aufgebauten Schicksalsstadt an der Wolga wird von zahllosen Erinnerungen begleitet — wie könnte es wohl auch anders sein.
Auf dem Roten Platz, heute »Platz der gefallenen Krieger«, steht natürlich nicht mehr jener Flak-Scheinwerfer, der das letzte Lebenszeichen einer untergehenden Armee in den nächtlichen Sternenhimmel gewesen war. Dort steht wieder ein Obelisk mit einer Gedenkstätte für alle sowjetischen Kämpfer seit der Oktoberrevolution. Davor Ehrenposten der Jungen Pioniere, wie sie in vielen Städten an Gedenkstätten für die Rote Armee anzutreffen sind.
Das Kaufhaus am Roten Platz, in dessen Keller der letzte Gefechtsstand der 6. Armee gewesen ist, weist eine kleine Tafel auf, die an die Kapitulation des deutschen Oberbefehlshabers am 31. Januar 1943 erinnert.
Etwas weiter nördlich am Hochufer der Wolga steht als einzige Ruine aus jenen Tagen noch die »Rote Mühle«, wie ich sie von den Einsätzen in Stalingrad-Mitte Ende Januar 1943 her kenne.
Auf der Höhe 102 — dem einst heiß umkämpften Mamai-Hügel — ist eine riesige Gedenkstätte errichtet worden, die von einer etwa 80 Meter hohen Frauengestalt mit einem erhobenen Schwert weit sichtbar überragt wird, genannt die »Mutter Heimat«. Den Mittelpunkt dieser monströsen Anlage bildet die Ruhmeshalle für die Helden von Stalingrad, in der ununterbrochen die Träumerei von Schumann vom Band läuft.
Doch vergeblich sucht man nach Kriegsgräbern oder einer Stelle zur Erinnerung an deutsche Soldaten, die hier in Stalingrad gekämpft und ihr Leben verloren haben.
So legen wir unsere Blumen zum Gedenken an unsere Kameraden zu Füßen eines Monuments nieder, das eine trauernde Mutter mit ihrem gefallenen Sohn darstellt und keine Inschrift trägt.

Hinflug: Frankfurt/Main – Moskau – Rostow/Don
Schiffsreise: Rostow/Don – Kalatsch – Don – Wolga – Kanal – Wolgograd (Stalingrad) – Saratow – Wolsk – Sysran – Kuibyschew – Togliatti – Uljanowsk – Kasan
Rückflug: Kasan – Moskau – Frankfurt/Main.

Gegenüber 1942/43 ist der Don jetzt ab Zimljansk auf etwa 300 Kilometer angestaut — »Zimljansker Stausee« —. Dieser Stausee reicht den Don aufwärts über Kalatsch nach Norden bis in den kleinen Donbogen. Nach Osten bildet er bei Kalatsch den Beginn des Wolga-Don-Kanals, der mit 13 Schleusen die Höhendifferenz von 40 Metern vom Don »hinab« zur Wolga ausgleicht.
Ebenso ist die Wolga — angefangen unmittelbar nördlich von Wolgograd — durch die beiden ausgedehnten Stauseen »Wolgograder Stausee« und »Kuibyschewer Stausee« bis über Kasan hinaus mit den entsprechenden Staustufen und Schleusenanlagen gegenüber früher auf etwa 1.500 Kilometer völlig verändert worden.

Auf der Fahrt vom Don zur Wolga waren wir unmittelbar am Dorf Marinowka vorbeigekommen, jenem Ort, der damals im November 1942 bis Januar 1943 die Südwestecke des Kessels Stalingrad bildete. Von dort konnte ich jetzt das nördlich davon befindliche Gebiet übersehen, wo wir im Raum von Illarionowskij und Dimitrijewka wochenlang die Westfront des Kessels gehalten haben.
Kurz davor erinnert am Ufer des Kanals ein Denkmal an die Stelle, wo russische Truppen am 23. November 1942 den Ring um die 6. Armee schließen konnten.
Am Abend des 22. August 1985 verlassen wir Stalingrad und fahren mit dem Schiff auf der Wolga die gleiche Strecke, die ich mit meinen drei Kameraden nach dem Ausbruch aus dem Restkessel Stalingrad-Mitte in der Nacht vom 30. zum 31. Januar 1943 auf dem Eis der Wolga nach Norden gezogen bin, um so vielleicht doch noch der Gefangenschaft entgehen zu können.
Viele Stunden dieser Nacht im August 1985 verbringe ich an Deck des Schiffes in Gedanken an diesen Weg auf der Wolga vor 42 Jahren.
Im weiteren Verlauf dieser nächtlichen Fahrt erreichen wir die Höhe von Dubowka, den Ort der ersten und schwersten Wochen in meiner Gefangenschaft, in denen es allein nur noch um Überleben oder Sterben gegangen war.
Aber es war auch jenes Dubowka, wo im Sommer 1943 diese Zeit einen vorläufigen Abschluß mit der »Traumfahrt« auf der Wolga gefunden hatte. Sie brachte mich damals noch auf dem ursprünglichen Flußverlauf über Saratow – im ehemaligen Siedlungsgebiet der Wolga-Deutschen – bis nach Wolsk.
Diesmal fahren wir die gleiche Strecke auf einem riesigen Stausee. Nördlich von Wolgograd passieren wir die Schleusen eines in den Jahren von 1951 bis 1962 erbauten Wasserkraftwerkes. Hier wird die Wolga mit einem 1.000 Meter langen Damm angestaut. Dieser »Wolgograder Stausee« ist stromaufwärts über 600 Kilometer lang, bis zu 20 Kilometer breit und bis zu 40 Meter tief. Den ursprünglichen Flußverlauf kann man nur noch an den mehr oder weniger steilen Abhängen am westlichen Ufer ausmachen.
Bei allen Ortschaften, die wir im Verlauf dieser Wolga-Fahrt passieren und die mit der Zeit meiner Gefangenschaft in Verbindung stehen, kann ich – allerdings nur vom Schiff aus – keine Veränderungen gegenüber der damaligen Zeit feststellen. Dies auch, als wir an Perewolukij vorbeifahren, wo ich im Winter 1946/47 bei eisiger Kälte am Ufer der Wolga Steine klopfen mußte.
Diese Schiffsreise in die Vergangenheit endet im Hafen von Kasan. Am letzten Abend auf der »Nikolai Tschernischewski«, bei einem eindrucksvollen Sonnenuntergang über dem Wasser der Wolga, gehen noch einmal die Gedanken zurück an den September 1943. Damals wurden wir in diesem Hafen nach dem Bahntransport von Susdal/Wladimir auf einen Frachtdampfer verladen, der uns dann die Kama aufwärts für weitere Jahre nach Osten in die Lager von Jelabuga brachte.
Ursprünglich erschien es mir unvorstellbar, hierher an Don und Wolga noch einmal zurückkommen zu können. Jetzt war es ein einmaliges Erlebnis. Vielleicht wird es eines Tages etwas Selbstverständliches.

Nachwort

In den Jahren von 1983 bis 1985 wurde dieses Buch mit den Berichten über den Untergang der 6. Armee im Kessel von Stalingrad und die sowjetische Kriegsgefangenschaft fertiggestellt.
Inzwischen sind in den vergangenen Jahren seit 1989 – für Deutschland vor allem dokumentiert durch die Öffnung und Beseitigung der Berliner Mauer – geschichtlich einmalig herausragende und folgenschwere Ereignisse eingetreten, die nicht zuletzt auch im Zusammenhang mit den Vorgängen in der sowjetischen Kriegsgefangenschaft des Zweiten Weltkrieges gesehen werden sollten.
Die Entwicklung eines katastrophalen Endes des Marxismus-Leninismus war in den kommunistisch-sozialistischen Regimen mit deren machtpolitischen und planwirtschaftlichen Strukturen zwar vorprogrammiert, aber in ihrem Beginn und Verlauf nicht vorhersehbar.
Auch wenn diese Vorgänge noch lange nicht abgeschlossen sind, Sozialismus und Kommunismus noch nicht der Vergangenheit angehören und für die Sicherheitslage in Europa allein dadurch schon keineswegs Anlaß für eine ausreichende Entspannung gegeben ist, scheint es angebracht, nachträglich diesem Buch mit den darin geschilderten Erlebnissen und Erfahrungen ein – Nachwort – anzufügen.
Immerhin ist mit der ehemaligen »Deutschen Demokratischen Republik« (DDR) das Regime, dem ehemalige deutsche Kriegsgefangene – vom einfachen Soldaten bis zum General – im sogenannten »Ersten Arbeiter- und Bauern-Staat auf deutschem Boden« gedient haben, ohne jede Anwendung von Gewalt von den Bürgern in Mitteldeutschland auf den Scheiterhaufen der Geschichte geworfen worden.
Bis zu ihrem Ende wurde in dieser »DDR« das »Nationalkomitee Freies Deutschland« (NKFD) als herausragende Tradition und Keimzelle des Staates herausgestellt und entsprechend gefeiert. Dies geschah noch im Juli 1989 aus Anlaß des Jahrestages der Gründung des »Nationalkomitees« im Jahr 1943 in Krasnogorsk bei Moskau.
Hauptredner bei dieser Festveranstaltung in Strausberg bei Berlin war ein Gründungsmitglied des NKFD, das wohl eine der erfolgreichsten Karrieren im SED-Staat vorweisen kann: der letzte Verteidigungsminister unter Erich Honecker, NVA-Generaloberst Heinz Keßler.
Dabei würdigte Keßler ausführlich neben den Kommunisten und Antifaschisten zahlreiche Mitglieder des dem NKFD angeschlossenen »Bund Deutscher Offiziere« (BDO) als Vorkämpfer für den Sozialismus. So zum Beispiel die Generale Walther von Seydlitz, Arno von Lenski und Vincenz Müller. Aber auch Heinrich Graf Einsiedel gehört danach als ehemaliger Radikalkommunist und Vizepräsident des

NKFD zu den verdienten Vorkämpfern. Eine andere geehrte Gruppe waren die Deserteure und Überläufer der Wehrmacht, zumal Keßler selbst als Angehöriger der 134. Infanterie-Division im Juni 1941 zu den ersten Deserteuren im Rußlandfeldzug gezählt werden kann. Dazu kamen die Mitglieder des NKFD, die im Dienst der Roten Armee in deutscher Uniform gegen ihre früheren Kameraden gekämpft hatten. Die Tradition des »Bundes Deutscher Offiziere« hatte in der DDR die »Arbeitsgemeinschaft ehemaliger Offiziere« (AeO) unter dem Vorsitz des Wehrmacht- und NVA-Generals Dr. Otto Korfes fortgeführt. Zu dieser AeO gehörten ebenfalls aus der Gefangenschaft in der Sowjetunion bekannte BDO-Funktionäre wie die Generale Lattmann und Bamler und die Obersten Steidle und van Hooven. Sie verkündeten nicht nur, daß **in der DDR die hohen Ziele des NKFD und BDO befreiende Wirklichkeit** geworden sind, sondern waren auch entscheidend an der Hetz- und Haß-Propaganda gegen den Militarismus und Imperialismus in der Bundesrepublik und gegen die NATO-Bundeswehr beteiligt.
Die sich unter Einbeziehung der Traditionen von NKFD und BDO in der DDR vollzogene historische Fehlentwicklung eines auf den sozialistisch-kommunistischen Prinzipien fußenden Staates, die schließlich im Herbst 1989 zum Bankrott des SED-STASI-Regimes führte, hat nunmehr auch alle diejenigen bestätigt, die in der Kriegsgefangenschaft jede Unterstützung und Propaganda der kommunistischen sowjetischen Machtpolitik und deren Handlanger abgelehnt hatten und dafür vielfache persönliche Nachteile und Zwangsmaßnahmen auf sich nehmen mußten.
Nicht zuletzt kann darin die Rechtfertigung eines Widerstandes deutscher kriegsgefangener Soldaten gegen die psychologische Kriegführung der 7. Hauptabteilung der Roten Armee unter der Diktatur Stalins gesehen werden, in deren Auftrag das Zentralkomitee der KPD und dessen Politruks in den Gefangenenlagern tätig waren. Um so unverständlicher, ja unerträglicher ist es besonders für noch lebende Angehörige der Kriegs- und Gefangenschafts-Generation, wenn ausgerechnet Mitglieder des »NKFD« und »BDO«, die den Weg für eine 40jährige Diktatur unter Walter Ulbricht und Erich Honecker bereitet und in diesem Unrechtsregime aktiv mitgewirkt haben, ohne jeden Skrupel den Anspruch auf Anerkennung als Widerstandskämpfer in der Zeit der Hitler-Diktatur erheben.
Mit der Aufnahme des »Nationalkomitees Freies Deutschland« in die Gedenkstätte Deutscher Widerstand — im Bendlerblock in Berlin — und das noch zu einer Zeit, als an der damals benachbarten Mauer des Walter Ulbricht Todesschüsse abgegeben wurden — ist eine geschichtlich in keiner Weise zu vertretende Fälschung sanktioniert worden. Bezeichnenderweise haben auch Angehörige der Opfer des Widerstandes im Dritten Reich dagegen scharfen Protest erhoben. Leider bisher ohne Erfolg. Es bleibt zu hoffen, daß die Aufarbeitung der Geschichte der ehemaligen Deutschen Demokratischen Republik und der Nationalen Volksarmee — unterstützt durch die Auswertung von Akten in bisher verschlossenen Archiven vor allem in der Ex-Sowjetunion — die ganze Wahrheit über diese Vorgänge in der Kriegs- und Nachkriegszeit an die Öffentlichkeit bringen wird.

Literaturhinweise

Folgende Dokumentationen über Stalingrad und die Kriegsgefangenschaft in der Sowjetunion sind besonders beachtenswert:

1. Beiträge zur Militär- und Kriegsgeschichte. Herausgegeben vom Militärgeschichtlichen Forschungsamt — Band 15:
   Manfred Kehrig,
   »Stalingrad« — Analyse und Dokumentation einer Schlacht.
   Deutsche Verlags-Anstalt, Stuttgart.

2. Janusz Piekalkiewicz,
   »Stalingrad« — Anatomie einer Schlacht.
   Südwest Verlag, München.

3. Karl-Heinz Frieser,
   »Krieg hinter Stacheldraht«. Dic deutschen Kriegsgefangenen in der Sowjetunion und das Nationalkomitee Freies Deutschland.
   v.Hase & Koehler Verlag, Mainz.